编委会

主 编

宋奕云　金　波

副主编

汪　金　关　月　唐　清　赵秋桐
罗　敏　王小兰　孙远林　陈云飞

编　委

（按姓名首字母排序）

边明永	陈　妮	陈建华	程　进	陈燕舞	陈俊萍	杜　杰	冯　靖
冯　静	高　健	郭　鑫	龚禧然	苟　琰	黄志刚	何　琼	胡江海
何　远	何吟婷	胡黎黎	黄　娟	胡　艳	黄　丹	黄　豪	胡永胜
胡　伟	蒋雪霞	敬凡珂	蒋红宇	蒋那娜	李献勇	李朝政	李军强
龙廷海	李　菲	林海霞	李薇娟	李　军	李　燕	李拥政	刘　利
林韵思	廖　聃	李海英	吕　青	刘运财	廖露沙	梁　慧	赖　艳
卢　娅	刘栋梁	刘利华	李茜雯	李春娇	门莉梅	马筱晓	彭晓爽
彭丽旭	彭文彬	邱雪翔	舒　狄	宋　文	田　慧	谭　俊	谭琳娜
唐莉铭	唐贵英	王　婉	王焱柯	王代彬	王　曦	未　春	王　勇
王建龙	吴雪娟	王　军	文　华	文成忠	薛发贵	向晓东	徐　利
熊菡梅	向海洋	肖黄坪	徐　然	肖　静	谢佳邑	徐文军	杨　婷
杨洪梅	杨　勇	颜佳俊	余　江	严菲菲	杨　明	颜友奇	姚启龙
袁　萍	杨静茹	朱　攀	周明亮	张明俊	张仕琳	张　慧	赵定波
	周成忠	张　娅	张　浩	张德斌	郑　博		

高品质
基础教育
学校建设实践案例

宋奕云　金　波　主编

四川大学出版社
SICHUAN UNIVERSITY PRESS

图书在版编目（CIP）数据

高品质基础教育学校建设实践案例 / 宋奕云，金波
主编 . -- 成都：四川大学出版社，2024. 12. -- ISBN
978-7-5690-7215-0

Ⅰ . G637

中国国家版本馆 CIP 数据核字第 20246AE819 号

书　　　名：高品质基础教育学校建设实践案例
　　　　　　Gaopinzhi Jichu Jiaoyu Xuexiao Jianshe Shijian Anli
主　　　编：宋奕云　金波

选题策划：张建全　庄　溢
责任编辑：庄　溢
责任校对：刘一畅
装帧设计：墨创文化
责任印制：李金兰

出版发行：四川大学出版社有限责任公司
　　　　　地址：成都市一环路南一段24号（610065）
　　　　　电话：（028）85408311（发行部）、85400276（总编室）
　　　　　电子邮箱：scupress@vip.163.com
　　　　　网址：https://press.scu.edu.cn
印前制作：四川胜翔数码印务设计有限公司
印刷装订：成都金龙印务有限责任公司

成品尺寸：170mm×240mm
印　　张：20.75
字　　数：392千字

版　　次：2025年1月　第1版
印　　次：2025年1月　第1次印刷
定　　价：88.00元

本社图书如有印装质量问题，请联系发行部调换

扫码获取数字资源

四川大学出版社
微信公众号

序

党的二十大报告明确提出到 2035 年建成教育强国。建设教育强国，基点在基础教育。基础教育需要加快建设高质量教育体系，为培养担当民族复兴大任的时代新人奠基。基础教育高质量教育体系需要高品质基础教育学校建设作为支撑。高品质基础教育学校是高品位和高质量的基础教育学校，是遵循教育规律、营造适合师生发展情境、实现学生全面而有个性地发展、促进学生终身可持续发展的学校。

在办学思想上，高品质基础教育学校建设要守正创新。守正是指高品质基础教育学校建设要坚定"为党育人、为国育才"的教育初心，坚守育人本真，遵循教育规律和学生身心发展规律，实现学生全面而有个性地发展，促进学生终身可持续发展。创新是指高品质基础教育学校办学要与时俱进，要贯彻新发展理念，培育新质生产力，增强发展新动能，促进学校教育高质量发展。

在办学追求上，高品质基础教育学校建设要顶天立地。顶天是指高品质基础教育学校建设要全面深入地贯彻党和国家的教育方针政策，不折不扣落实国家系列重大教育改革措施。立地是指学校要立足学生学段特点，根据自身人才培养实际，将党和国家的教育方针具化为学校的培养目标，将党和国家的重大改革措施具化为学校的实际行动，落实好立德树人的根本任务。

在办学实践中，高品质基础教育学校建设要系统设计。高品质基础教育学校建设要加强文化建设，提升学校文化品质；要转变管理模式，提升学校治理效能；要优化教师培训培养，提升教师队伍素质；要转变育人方式，强化学生发展指导；要深化课程教学改革，落实学生核心素养培养；要转变评价方式，从根本上扭转办学短视功利倾向。高品质基础教育学校要系统设计好学校教育的基本要素，统筹好学校各板块工作，提升学生生命质量，赋予每一个学生追梦的力量。

在办学样态上，高品质基础教育学校建设要各美其美。在全面推进义务教育优质均衡发展的大背景下，高品质基础教育学校建设主张各美其美的多样发展、共生共长的生态优化。因此，高品质基础教育学校建设应鼓励差异化、特色化发展。每所学校都有自己厚重的文化底蕴、独特的办学优势，因此在高品

1

质学校建设实践中要充分利用好自身的优势和学校周边的资源，扬长避短，错位发展，打造好自己的办学品牌，让高品质基础教育学校建设呈现出百花齐放的局面。

本书遴选了四川省内基础教育学校的实践案例 40 余个，涵盖基础教育全学段。这些学校在高品质基础教育建设领域取得了显著成就，形成了各具特色的办学模式与经验做法。这些案例覆盖了学校历史文化的挖掘与传承、发展起点的精准研判与科学定位、内涵品质的深入耕耘与全面提升、优化路径的积极开拓与持续创新等多个维度。

在本书的编纂过程中，我们力求内容翔实、分析深刻、逻辑严谨。每个案例均深耕学校办学与教育实践，精心撰写，力求真实再现其中的成功经验与独特魅力。同时，我们也注重从理论层面进行提炼与升华，以期为读者提供普遍适用、具有指导意义的启示。我们相信，这些实践案例的分享与传播，必将为更多基础教育学校的高品质建设提供一定的参考与借鉴；更期待广大教育工作者能够以此为契机，积极投身于高品质基础教育学校建设实践的洪流之中，共同推动基础教育事业的蓬勃发展。

编者

2024 年 10 月

目　录

第一章

高品质基础教育学校的校园文化建设

第一节 　理论分析

教育是一种文化行为，既是人们在长期的生产劳动创造过程中形成的产物，同时也是人类用以调节社会、培植文化的机制与手段。校园文化正是基于教育的文化本质，应学校的发展需求衍生而出的重要内容，是全校师生长期教育实践的结果，影响着学校的办学理念、育人理念、组织管理、发展特色等方方面面，是一所学校的灵魂。校园文化建设更关系国家意志和教育政策的贯彻落实，在整个基础教育中具有重要的地位。

党的十八大以来，以习近平同志为核心的党中央高度重视教育工作，并对教育工作提出了一系列新理念新思想新观点，也为新时代校园文化建设提出了明确目标和要求。为进一步推进高品质校园文化打造，把学校建设成校园环境优美、教育理念先进、育人氛围浓厚的立德树人主阵地，我们需准确把握校园文化建设内涵，积极构建校园文化体系，探索创新建设路径，不断提升校园文化建设水平，助力学校高品质发展。

一、明确基本概念，把握发展方向

要探究何谓"校园文化建设"，我们首先要比较准确地搞清文化、学校文化、校园文化等基本概念的定义以及内涵，以便对其能有一个较为完整的认识，这是研究校园文化建设的前提。

（一）文化

"文化"是一个在不断生长变化的词汇，有着丰富而动态的内涵界定。正如维克多·埃尔在《文化概念》一书中所说："这是一个时髦的术语，它在不

3

断地产生新词，产生奇特的意群和乍一看令人难以理解的词组。"[1] 在众多的"文化"定义中，张岱年和程宜山两位先生所下的定义被广泛认可，即"文化是人类在处理人与世界关系中所采取的精神活动与实践活动的方式及其所创造出来的物质和精神成果的总和，是活动方式与活动成果的辩证统一"。[2] 这个定义中包含了几组对立与统一的概念，即人与世界的相互影响，精神活动与实践活动的相互关联，活动方式和活动成果的相互转换等，极大地丰富了文化的内涵，体现了文化的民族性、时代性、可发展性。换句话说，文化的任一形式，都应具有以上的本质。

（二）学校文化

学校文化是在一定的社会历史环境中，学校和教职工在教书育人和组织管理生活中，为追求和实现共同目标而逐步创造和形成的观念形态和文化形式的总和，它包括价值观念、行为准则、道德规范、心理取向、规章制度、校风校貌、学校精神和学校形象等。作为社会文化的一个分支，学校文化与社会文化息息相关，会折射出社会政治经济文化影响变化的光影，能反映整个社会主流文化的基本精神。不同的是学校文化是经过学校教职工（包括校长和其他教育工作人员）选择后传递和创造出来的，具有明确的教育性，是师生之间冲突和融合、对立与统一的过程呈现。

（三）校园文化

与"学校文化"相比，"校园文化"是人们更熟悉的、谈论更多的概念。两者存在包含与被包含的关系。从"校园"与"学校"的词义来讲，"校园"更多的是空间维度内的地域性概念，而"学校"更多地指向一种培养人、教育人的组织机构。两者相比较，"校园"只能说是"学校"的组成部分。

有研究者指出校园文化的研究者所持的理论视角极为宽泛，主要包括社会学角度、文化学角度、教育学角度等，因此对"校园文化"的定义角度也各有差异。从校园文化的构成来看，许多研究者倾向于认为，校园文化由物质文化、精神文化和组织制度文化三大部分组成。

物质文化是校园文化的空间物态形式，是实现精神文化的途径和载体，推进学校校园文化建设的必要前提和支撑。它包括三方面内容：一是环境文化，

---

① 维克多·埃尔：《文化概念》，康新文等译，上海人民出版社，1988年版，第1页。
② 张岱年，程宜山：《中国文化与文化论争》，中国人民大学出版社，2006年版，第3页。

指校园的设计、建筑群的布局结构、绿化、地面等；二是设施文化，指办公设备，后勤装备，器具配备，功能场馆（图书馆、实验室、报告厅、学生活动中心）的配备等；三是方式文化，指特定精神文化的某些物质载体，比如经过精心布置的教学场所，张贴得体的标语、名言和名画，重要人物的画像、碑铭、雕塑，还有校园文物、校史馆等。

精神文化指校园主体（师生员工）的意识形态，是校园文化建设的核心内容与最高层次。它主要包括校园历史传统和被全体师生员工认同的文化观念、价值观念、生活观念等意识形态，是一个学校本质、个性、精神面貌的集中反映，又被称为"学校精神"，具体体现在以下三个方面：一是校风建设，包括教风、学风、班风等；二是课程文化，指教学计划规定的课程及其教学；三是课延文化，即课程文化的延伸形式，主要是各种课外活动形成的精神氛围。

组织制度文化指学校的各种传统、仪式、规章制度和组织形式，包括制度建设、组织机构建设和队伍建设三个方面，内容涵盖教学、科研、管理、生活及各种校园活动等，是维系学校正常秩序必不可少的保障机制，是校园文化建设的保障系统。①

明确校园文化的组成部分，可以帮助我们在整体的学校发展和繁杂的事务管理中准确识别校园文化建设的内容和边界，理解校园文化建设的意义和价值，从而提升校园文化建设的效益。

二、回溯发展历程，回应时代要求

校园文化是跟随学校出现的，有学校就有校园文化。国内学者对校园文化的研究是比较晚的，真正开始把校园文化作为一个研究对象，并且把它上升到理论的高度进行系统研究，则是在 20 世纪 80 年代后期，各大高校兴起了一股校园文化建设热潮，由此推动了校园文化的理论探索。

1986 年 5 月，共青团上海市委学校部主持召开了"校园文化理论研究会"；11 月，上海交通大学发起"上海市高校校园文化专题研讨会"；同月，全国学联会议对"校园文化及其建设"给予了高度肯定，并将"校园文化建设"作为一项重要工作写进正式文件，中宣部和国家教委对此表示大力支持并提出具体意见；沈辉也在 1986 年发表了第一篇校园文化的论文《校园文化浅析》。1990 年 4 月，中国群众文化学会、中国教育学会、中国高等教育学会、

---

① 胡静：《中小学校园文化建设的问题及对策研究》，南京师范大学硕士论文，2008 年。

团中央宣传部在北京联合召开了"全国校园文化首届理论研讨会"，众多代表就校园文化的内涵、特征、功能、作用、规律、现状、发展趋势及建设思路等进行了广泛深入的探讨。这次会议，开创了从学校到社会，由教育工作者、文化工作者协同研讨校园文化的新局面。① 此后，天津市高教局、高教学会和高校德育研究会联合召开了高校校园文化学术研究会，并出版了一部论文集，推动了校园文化的理论建设。

1994 年，国务院发布的建设有中国特色社会主义教育体系的纲领性文件《中国教育改革和发展纲要》指出："大力推进校园文化建设。要广泛动员社会力量参与学校教育，通过各种途径，关心和保护青少年的健康成长，形成学校教育、社会教育、家庭教育更加紧密结合的新格局。"进入 21 世纪之后，校园文化获得了更多的关注，研究对象范围也逐渐扩大。

以"校园文化建设"为关键词，以 1995 年 1 月 1 日至 2024 年 6 月 30 日为时间区间，在知网平台共搜索到 37187 篇相关文献，其中 1995—2012 年的发文量几乎呈现逐年上升趋势，2013 年至今则呈现逐年下降趋势；而以"中小学校园文化建设"为关键词进行搜索，则能搜索到 509 篇相关文献，内容、观点主要涉及校园文化的内容、功能以及校园文化建设策略这几个方面。

对于校园文化内容的研究，"亚文化说""文化氛围说""校园生活生存方式说""校园精神说"等观点被研究者们相继提出。他们在此基础上，划分出校园文化的精神文化、制度文化、和物质文化三个维度。

对于校园文化功能的研究，研究者存在一个共识，校园文化都对学生存在影响，学生处在校园中就会自然而然地受到其熏陶。综合各家研究观点，我们将校园文化的功能归结如下：引导功能、规范功能、激励功能、凝聚功能、辐射功能。校园文化的引导、规范、激励功能都指向其育人本质。

对于校园文化建设理论的研究，研究者们的目光大多凝聚于当前校园文化建设的不足及其应对策略。建设当中存在的不足主要集中在建设的内涵失衡、相关制度略有欠缺、学生群体不受重视、特色文化建设经验无多等方面；应对策略的切入点也主要是具体出现的问题。

随着时代的发展、理念的更新，校园文化建设也在不断发展进化。近年来，国家发布了一系列关于校园文化建设的政策文件，旨在引导学校以社会主义核心价值观为引领，构建具有时代特征、学校特色的校园文化体系。通过回顾和梳理相关文件、政策，我们能够观察、比较校园文化建设发展迭代的内

---

① 葛金国：《校园文化 理论意蕴与实务操作》，安徽大学出版社，2006 年版，第 61 页。

容，深入理解校园文化建设的内涵，找准校园文化建设的方向和目标，进一步提升校园文化软实力，促进学校内涵式发展。

2001年5月，国务院印发《关于基础教育改革与发展的决定》，将大力加强校园文化建设、优化校园育人环境作为切实增强德育工作针对性、实效性和主动性的一个重要组成部分并提出相关要求，意在通过校园文化的建设促进中小学成为弘扬正气、团结友爱、生动活泼、秩序井然的精神文明建设基地。

2004年1月，中宣部、教育部印发《中小学开展弘扬和培育民族精神教育实施纲要》，围绕"弘扬和培育民族精神"这一中心细化了校园文化环境建设和组织制度文化营造的具体要求，包括坚持升降国旗制度、校园宣传阵地建设和开展安全文明校园活动等。

2006年4月，教育部印发《关于大力加强中小学校园文化建设的通知》，要求充分发挥校园文化建设在树立和弘扬社会主义荣辱观中的重要作用，对将校园文化建设作为独立工作板块提出了专项工作要求。一是深入阐述了校园文化建设在中小学德育工作中的重要作用，指出校园文化是学校教育的重要组成部分，是全面育人不可或缺的环节，是展现校长教育理念、学校特色的重要平台，是规范办学的重要体现，也是德育体系中亟待加强的重要方面。二是明确中小学校校园文化建设的整体思路，强调要贯彻党的教育方针，按照全面推进素质教育的要求，以社会主义荣辱观为导向，以中小学生为主体，以建设优良的校风、教风、学风为核心，以优化、美化校园文化环境为重点，以丰富多彩、积极向上的校园文化活动为载体，推动形成厚重的校园文化积淀和清新的校园文明风尚，使学生在日常学习生活中受到先进文化的熏陶和文明风尚的感染，在良好的校园人文、自然环境中陶冶情操，促进他们的全面发展和健康成长。三是要求各地教育行政部门、各级教育督导部门和中小学校各司其职，科学规划，统筹实施，切实保障中小学校园文化建设取得实效。同年5月，四川省教育厅也印发了地方规范性文件《关于大力加强中小学校园文化建设的通知》，组织各市、州教育局落实跟进；之后，又先后在加强对中小学德育工作的指导和推进清廉蓉城建设、廉洁学校建设行动中重申了对校园文化建设相关内容的具体要求，从不同侧面推进校园文化建设走深走实。

与政策制定同步推进的还有校园文化建设的实践活动。例如，2005年，教育部办公厅组织开展校园文化建设系列活动，包括推广普及新童谣和儿童诗歌，开展儿童歌曲、小话剧、课本剧的创作和表演比赛，开展小图画、手抄报、小卡通和小动漫的制作比赛，开展绿化、美化校园活动，开辟《中国教育报》"中小学校园文化建设"专栏或增设副刊，依托中国教育电视台及各地教育电视媒体加强对校园文化建设活动的宣传等；2011年，教育部基础教育一司则在工作要点中提出在中小学开展庆祝中国共产党成立90周年主题教育活动，其中涉及开展中小学校园文化建设巡礼，重点展示校风、教风、学风建设取得的成果；2013年，教育部开展农村学校艺术教育实验县工作，将"农村中小学校园文化建设的实践与研究"纳入实验范围，组织开展为期三年的实验工作。与此同时，北京、福建、宁夏、河南等地也在积极响应国家的整体要求，结合本区域的发展实际，开展了一系列高品质、可推广的建设实践，得到了教育部的高度肯定。

通过理论与实践的同步发展，校园文化建设的探索实践越发丰富：既有整体的规划也有专项的研究；既有功能、意义的研究也有评价指标、建设途径的构建；研究主体也由高等院校逐渐下沉到基础教育学校；从被动应对问题到主动寻求发展。当然，随着实践探究的不断深入，当今基础教育学校校园文化建设存在的普遍问题也逐渐显现，为学校的高品质发展带来了挑战，也提出了发展要求。

三、推进探索实践，优化建设实施

（一）立足学校本位，打造校园文化核心词

马克思主义经典作家说过这样的话："人们自己创造自己的历史，但是他们并不是随心所欲地创造，并不是在他们自己选定的条件下创造，而是在直接碰到的、既定的、从过去承继下来的条件下创造。"[①] 所以，创造校园文化的第一步，就是要综合分析时代需求、区域发展、历史沿革等多个维度，厘清需遵循的、要继承的、可依托、能利用的，精准分析校情，明确发展定位，打造文化标识，彰显文化特色，成就文化品牌。

以毗邻杜甫草堂的成都市草堂小学为例，学校坚持立德树人根本任务，在"文博青羊"的文化发展战略背景下，充分发挥地理、文化环境的优势，将诗圣文脉作为文化基因，凝练"植养人文气韵，奠基诗意人生"的办学理念，将人文与自然环境融为一体，打造富含诗韵、幽静清雅的校园环境，依托底蕴深厚的社区博物馆资源，丰富校本课程，形成了极富标识性的诗意学校文化。学

---

① 中共中央马克思恩格斯列宁斯大林著作编译局：《马克思恩格斯选集》（第一卷），2012年版，第669页。

校做到了以国家教育方针为准绳，以区域发展策略为支撑，以杜甫诗歌文化为切入点，以满足学生发展需求为目标，应时顺势，逐步打造出学校的文化标识。

地处古陵州的仁寿县鳌峰小学校则依托仁寿仁义文化，整合历代文化先贤、英雄将领的精神内核，逐步构建"真·美"文化价值体系，并抓住仁寿县委、县政府出台《仁寿教育质量提升三年行动计划》的有利时机，紧扣县教体局制定的发展思路，提档升级，做优品牌。除此之外，地处青藏高原东南缘红原县的城关小学，充分依托民族地区资源与文化打造特色品牌，因地制宜，扬长发展，走出了属于自己的高品质发展之路。

更值得注意的是，高品质基础教育学校的经验可以学习借鉴，但高品质基础教育学校的发展路径并不能简单复制，因为文化创造的主体是人，不同的人群必然创造出不同的校园文化。但有些学校在校园文化建设上，片面强调"领导意志"，充斥着政治口号，或存在趋时心态，迎合上级检查或组织的活动，致使校园精神文化建设具有很强的"泛化"倾向。例如，校训或校风建设口号大同小异，不是"团结、奋斗、求实、创新"，就是"拼搏、超越、踏实、奉献"，缺少学校个性。制度文化建设的出发点又常常指向"规范"和"预防"，导致规章制度的制定和实施常常是自上而下的单向输出，未充分考虑师生的意见和建议，最终导致校园文化浮于表面，缺少特色，无法延续与发展。

（二）重视整体规划，突显校园文化引领力

校园文化建设是学校高品质发展的重要组成部分，需要与整个学校的运作与发展有机结合。在文化建设的内容上，要将学校管理、德育工作、课堂教学、学术科研以及环境建设等方面综合考虑；在文化建设实施主体上，要兼顾校长、中层领导、其他教职工、学生甚至家长；在发展过程中，既要有纵向的时间观，做到传承历史、回应当下、面向未来，又要有横向的全局观，明确文化建设中的任何一个方面都将影响系统整体的发展。

总的来说，要注重对学校发展的整体设计与科学统筹。校园文化的建设要在学校现有各种资源的基础上，对学校组织各部门、学校文化各内容、学校各成员主体进行协调和整合。一些管理者由于缺乏校园文化认识和管理的知识结构，并不能从学校发展的宏观角度，立足立德树人这一根本任务，科学地将校园文化建设纳入学校建设的整体设计。部分学校把校园文化建设与校风建设、制度管理、师资配备、校园建设、课程开设等割裂开来。尤其是由于资金不足，部分学校的校园设计施工不能一次性完成，导致校园布局不合理，甚至出现设施设备不齐全、功能场馆用地不足等情况。连基础建设都不够美观和谐，何况教育功能的充分发挥。

在这一方面，简阳市射洪坝水东小学做了扎实而有效的实践探究。学校结合当地民俗文化、地理环境与人文历史，抓住"简阳市教育国际化窗口学校"的开放性办学特点，以"水文化"铸就学校发展的核心和基础，整体思考和设计学校发展，将"水文化"与学校理念制度、发展思路、教师队伍建设、教育教学等方面有机融合，统筹实施，成效显著。都江堰市实验中学则以"立人"为核心，明确"三风一训"理念，建立"六大领域"课程体系，健全"丰富多元"德育活动，建立"以人为本"制度文化，建设"博览立人"环境文化，深入推进精神文化、课程文化、活动文化、制度文化和环境文化整体构建的校园文化建设实践探究。

（三）坚持育人导向，服务立德树人主任务

当前，我国中小学教育尚未完全从应试教育轨道转到素质教育上来，"唯分数、唯升学"的现象在少数学校仍然存在。部分学校的管理者和教师，在考核的压力下，狠抓智育、狠抓升学率，单一的评价使得学校领导、教师缺少对校园文化建设的探索热情。"双减"政策落地以来，情况已经有所好转，但区域差距还是很大，发展不平衡的现象依然存在。但正如马卡连柯所说："一个人不能一部分一部分地来教育，而是由所经受的种种影响的总和综合地教育出来的。"我们应该认识到，校园文化的核心和实质都是超功利主义的，其出发点是针对人的全面发展，它以文化为载体，着眼于精神文化建设，直接服务于人的全面发展。校园文化的这种作用与中小学培养全面发展的人才的目标是一致的。

遂宁市第一中学校积极探索文化建设和治理的科学定位，在深入理解校园文化建设的意义和价值后，将建设的重点确定为凝练师生向上向善的精神文化、促进师生身心健康的制度文化、打造符合时代步伐的物质文化三方面。三者维度不同，却都聚焦于"人"的健康、全面发展，体现出以校园文化建设服务立德树人任务的工作思路。

四川省成都市礼仪职业中学是首批国家级重点中等职业学校，入选全国职教先进单位、全国中等职业学校德育工作实验基地、首批四川省校风示范校。它始终以培养高素质服务人才为己任，将校风学风建设工作列入学校发展规划及工作计划，并纳入部门工作考核，以校园文化建设推动学生成人成才；坚持党建引领、思政赋能，以优质课堂培养学生，以丰富活动润泽学生，以现代治理服务学生，以科学评价引领学生，实现人才培养质量的全面提升。

第二节　实践探索

案例一

真美涌动　引领学校卓然发展

学校发展离不开文化引领，高品质基础教育学校的建设更是需要优秀文化的浸润与洗礼。近年来，仁寿县鳌峰小学校（简称鳌小）聚焦"真"与"美"，从地域历史中汲取营养，致力于建设生态良好的学校文化，滋养师生成长，不断提高学校办学品质，引领学校高品质发展。

一、"真·美"校园文化的建设背景

2020年9月，鳌小新校区建成并投入使用，2021年9月实现整体搬迁。同年，仁寿县委、县政府出台《仁寿教育质量提升三年行动计划》，仁寿县教体局制定了"1+4+N"品质发展思路，组建了覆盖仁寿城区21个幼、小、初优质校园的7个学段融通联合体。新校园，新机遇，新挑战，学校急需提档升级，提高办学品质。

校园文化是学校发展中不可替代的长效力量。先进的校园文化关乎学校的发展方向、路径和动力，是学校可持续发展的必由之路。审视鳌小文化建设的情况，虽在制度建设、文化体系、环境文化、课程文化等方面均有成效，但部分制度过时或不完善，不适合学校发展和管理的需要；鳌小管理模式比较老套，在系统性、效能性、精细化上存在问题，管理平台低，手法弱，效率低；校园文化在认同度、参与度、知晓度、丰厚度上还不够，缺乏整体建构，需有一个内核将之串联，形成独特性。

二、"真·美"校园文化的构建

校园文化作为一股持续的教育力量，对学校高品质建设具有强大的引领作用。深入挖掘校园文化基因，构建一个先进的、科学的、完整的校园文化体系，必将引领学校高品质发展。

（一）立足地域风骨，传承文化基因

仁寿，古称陵州，是仁寿仁义文化的发祥地。这片土地曾留下张道陵、孙光宪、韩驹、苏东坡、文同等文化先贤的足迹，养育了北宋状元何栗、南宋抗金名相虞允文、抗日名将唐式遵、世界级地质泰斗黄汲清、画坛巨匠冯建吴等文化名人。仁寿还有抬工号子、陶艺等国家级非物质文化遗产（简称非遗）。这些文化名人和非遗使得仁寿仁义文化得以不断丰富，也成为鳌小的文化基因。

（二）崇真尚美，构建学校文化内核

鳌小致力于传承和发扬仁寿仁义文化，遵循"立德树人，和谐生态"的教育思想，逐步构建"真·美"文化价值体系。"真"指真知、真理、真实、真诚；"美"指心灵美、思想美、语言美、行为美、环境美、创造美。学校追求"崇真尚美，博学雅行"，形成了向上、向正、向真、向美的校风，善导、善放、善研、善思的教风，勤学、勤思、勤练、勤问的学风。这些内容成为学校核心文化的具化体系。

校歌《真·美涌动》由本校教师集体作词作曲，本校学生演唱录制。校徽、卡通形象的设计方案通过向全体师生征集、公开评奖，最后由第一名作品优化而成。这些也成为学校核心文化的外显。

（三）以人为本，打造高品质制度文化

制度文化是校园文化的重要组成部分，是学校发展的保障。要建立完善的校园制度，注重人文管理，做到"刚柔并济，宽严有度"，才能形成高品质的制度文化。鳌小从以下几个方面入手：

构建高效的管理体系。鳌小实行党组织领导的校长负责制，学校支部委员会是校园的决策机构，校务委员会是研究和执行机构，职代会是审议机构。推行"565"团队管理模式，即5个行政团队、6个年级团队、5个课程团队。

建立完善的管理制度。第一步，找班子、教师了解以前制度在实施中存在

的问题，并提出意见和建议；第二步，成立制度、考核方案修订专班，对意见和建议进行研判，结合学校实际开展修订；第三步，将制度和方案草案印发到各年级并征求意见和建议，形成提案；第四步，修订专班再次研究修订。第五步，召开教代会，对新制度和方案进行表决；第六步，将制度和方案交上级主管部门审核和备案。鳌小始终坚持在民主的基础上制定出一套具有客观性、公正性和规范性的管理制度和考核方案。

渗透情感的人本管理。主要体现在：第一，尊重教师，学校坚持教育教学管理的科学化、决策的民主化、机制的合理化，尊重教师权益，尊重教师人格，尊重教师劳动成果，维护教师在社会、家长和学生中的形象；第二，关心教师，通过生日的一声问候、节假日的一声祝福，让全体教师感受到了学校如家的温暖；第三，丰富教师业余生活，通过工会文体活动为教师缓解生活和工作压力。

（四）环境浸润，优化显性文化建设

优美的校园环境是校园文化育人的重要内容。鳌小以"真·美"文化为引领，逐步完善了学校的硬件设施改造和校园景观建造。

校训墙正面镌刻"崇真尚美，博学雅行"八个大字，笔力千钧，熠熠生辉；背面虞允文、黄汲清等家乡名人的浮雕群像栩栩如生，两边雕刻校训"锲而不舍，超越自我"；校史室、荣誉室记录着学校发展的历程；红色教育长廊、国粹宣传长廊、安全教育长廊诉说着学校为党育人、为国育才、传承经典、以人为本的教育思想；公共书吧洋溢着书香；菜园、果园、药园更是让校园充满生机。

（五）悦心健体，彰显主题活动魅力

校园活动是校园文化建设活跃的因素之一，是促进校园文化建设的动力源泉。

文艺演出活动精彩纷呈。学校利用文艺演出，在建党节、建军节、国庆节向学生传播红色基因，在清明节、端午节、中秋节向学生传播优秀中华传统文化。

书画艺术活动赏心悦目。为了助推学生的个性化发展，学校除了上好美术课外，还打造"博雅"艺术馆，开展了版画、书法、印染、陶艺等兴趣班。学生、教师和书画名家的作品也被展示在教学楼、综合楼显眼的地方。

阳光体育活动充满活力。学校引进了特色体育课程——"轮滑"，在一年级全面普及。每年组织阳光体育运动会，让许多体育特长生脱颖而出。比如，本校2015级的辜琳会同学，荣获四川省短道速滑冠军、广东省短道速滑亚军，后被广东体校录取，并进入广东省短道速滑队。

劳动实践活动别开生面。为培养学生的劳动习惯和技能，除了常态化开展生活劳动技能教育外，学校还利用校园空置绿地，建成了菜园、果园、药园，培养学生吃苦耐劳和团队合作的精神，并种下中医药文化的种子。"三园"的建设助力学校"立德树人，和谐生态"办学思想的实现。

三、"真·美"校园文化的建设成效

（一）以文治校，治理水平显著提升

以"真·美"文化为引领，学校构建了全新的"鳌小治理体系"，包括教师治理体系、学生管理体系、家校治理体系和文化治理体系；优化"565"团队管理模式，完善了各项工作制度、管理制度和考核制度；以业绩和能力为导向，构建了科学的教师评价机制，营造起干事创业的良好氛围。

（二）以文培元，课程体系日趋完善

以"真·美"文化为本源，学校构建出"真·美"课程体系，课程分"国家元课"和"拓展雅课"，涵盖思想与品格、文化与理解、逻辑与思维、科学与创新、语言与表达、审美与表现、运动与健康、劳动与实践、融合与探究等九大核心素养，以期实现真慧、真能、真勤、心美、艺美、健美六大培养目标。推行"3+X"特色课程，利用体育与健康课在一年级各班每周安排2节轮滑课；利用美术课，一至六年级分段、分级别开设版画课；利用劳动课，在三年级开设蔬菜种植课，在四年级开设果树种植课，在五年级开设中草药种植课；利用课后服务时间，实施选课走班，开展茶艺、科创、写作、书法、演讲、武术、球类、棋类、田径、戏剧、声乐、器乐、舞蹈、绘画、手工、思维训练等77项社团活动。

（三）以文创新，育人特色愈加凸显

以"真·美"文化为核心，学校逐渐提炼出艺术教育特色，教育内容涵盖音乐教育的声乐、器乐、戏曲、舞蹈等内容，美术教育的版画、儿童画、水墨画、线描、书法、陶艺等内容，以及体现学科融合特色的语言与艺术、轮滑与艺术、科创与艺术、劳动与艺术、茶艺等教育内容。

（四）以文强研，师资力量不断增强

在"真·美"文化的沁润和影响下，学校办学规模不断扩大。2021 至 2024 年来，学校社会公招教师 35 人，考调优秀教师 35 人，现有教职工 199 人，其中专任教师 164 人。新培养省级名师工作室成员 1 人，市级 1 人，县级 5 人；新完成省级课题 1 项，市级 2 项，县级 10 项。本校教职工在学术刊物上发表论文 2 篇；获市级奖的论文 3 篇、获县级奖的论文 30 余篇；各类赛课获省级、市级、县级奖 20 余项。

（五）以文提质，教育质量稳步攀升

教学质量逐年上升。随着校园文化建设的推进，学校不断优化校园管理，加强师资培训，抓实课堂教学，通过"家长学堂"微信平台强化家校共育，提升家长家庭教育水平，确保本校教学成绩保持在城区第一梯队。学生素质显著提高，艺体技能明显加强，参加各类比赛获奖人数不断攀升。向上、向正、向真、向美的鳌小品质悄然养成。

（六）以文促建，学校品牌逐步树立

践行"真·美"文化以来，鳌小荣获 3 项国家级荣誉、7 项省级荣誉和 9 项市级荣誉。特别是"全国校园足球特色学校""全国少儿版画基地""眉山市艺术教育特色学校""眉山市劳动教育实验学校""眉山市义务教育优质发展共同体领航学校"的成功创建，充分彰显了鳌小的办学品质，得到了相关部门、家长、社会的认可，学校品牌逐步树立。

执笔人：仁寿县鳌峰小学校　黄志刚　胡永胜　刘运财

案例二

高品质示范高中校园文化建设的科学定位和重点内容
——以遂宁市第一中学校为例

在中国特色社会主义进入新时代这一新的历史方位下，基础教育需要在基本实现教育现代化的基础上，从教育的高速发展转向高质量发展。学校高质量发展首先表现为高品质的治理水平。用校园文化引领学校的发展当是示范高中的应有之义。遂宁市第一中学校（简称遂宁一中）作为一所示范高中，面对高质量发展的要求，积极探索校园文化建设的科学定位和重点内容，对学校的可持续发展具有十分重要的现实意义。

一、高品质示范高中的时代内涵

在中国特色社会主义新时代，高品质示范高中不再以规模取胜，不再以高考升学成绩作为唯一评价依据。学校的核心工作是育人，坚持学校高质量发展，其本质就是让学校成为培养学生德智体美劳全面发展的基地。高品质学校应该是学生成长的乐园。要办好一所高品质示范高中，书记（校长）带领的管理团队要将党和国家的教育方针政策吃透，并且能够结合学校的实际，制定各种促进学生成长、教师发展和学校提升的规章制度，实现人治向法治的转变。高品质示范高中学校治理的目标是实现文化引领。文化治校正是一所高品质示范高中应该体现的优势。

二、高品质示范高中校园文化建设的科学定位

（一）高品质示范高中校园文化建设应该呼应时代要求

在高质量发展时代，学校的高质量发展需要从思想观念层面、物质技术层面、机制层面，到社会心理、社会人格层面进行全面的深层次变革，实现从校到人的同步提升，达到成人成事的理想境界。高品质示范高中应该是品位高和质量高的典范，也应该是以文化为引领。在高质量发展时代，高品质示范高中

的文化建设必须呼应时代的要求：办学行为符合教育规律和政策法规，办学成果满足学生成长需求和社会发展需求。

（二）高品质示范高中校园文化建设应该摒弃"媚低"的文化追求

校园文化建设须聚焦"培养什么人、怎样培养人、为谁培养人"这一根本问题。因此，在校园文化建设的定位上，高品质示范高中校园文化建设应该坚持学生、教师和学校可持续发展的原则，要敢于坚持立德树人的严肃导向，坚持在各种庆典、活动中弘扬民族精神，大胆吸收中华优秀传统文化、现代文明精华，要敢于对一些不良低俗文化追求说不。

（三）高品质示范高中校园文化建设应该着力培养社会主义建设者

随着经济社会的不断发展，当代青少年享有越来越优裕的物质生活。但是，手机依赖、游戏成瘾正在威胁着他们的健康成长。高品质示范高中在校园文化建设过程中，在坚持宽容、多元化的同时，需要坚持底线思维，要以培养社会主义建设者为基本出发点，引导教师正确看待并合理利用信息技术手段辅助教学，引导学生正确应对手机、电脑等信息技术终端设备带来的诱惑及挑战。

三、高品质示范高中校园文化建设的重点内容

校园文化是在一定历史条件下，学校在其发展过程中形成的共同价值观、共同行为准则及其在规章制度、行为方式、物质设施中的外在表现的集合。它包括学校的办学理念、教育目标、校园环境、校风学风、人际关系、文化生活、教育设施、社团组织、传统习惯和规章制度等。遂宁一中作为一所有着深厚历史底蕴的优质学校，可以追溯到唐德宗贞元年间遂州刺史兼御史中丞张九宗创办的"九宗书院"。在长期的办学实践中，一代代遂宁一中人坚持传承"九宗书院"文脉，办符合时代价值需求、书院文化气息浓厚的现代学校，在具体的学校文化建设实践中，重点关注了如下几个方面：

（一）共同凝练师生向上向善的精神文化

高品质示范高中校园文化建设，首先是一种精神追求。之所以共同凝练，是为了防止学校的精神文化只代表部分人的理念或追求，或者成为包装出来的学校精神文化。遂宁一中坚持从书院文化根脉和儒家文化精髓中汲取力量，寻

找最能代表师生和学校价值追求的文化表达。"明德、远志、博学、成器"的校训反映出学校重德求知、向上向善的精神追求，是广大师生共同参与凝练的结果、有着传承意义的价值取向。这一学校精神文化已经成为师生共同认同、遵循的价值追求。

（二）着力建设促进师生身心健康的制度文化

遂宁一中的制度文化建设，着力于完善学校的各项规章制度，避免"拍脑袋式"决策和"拍桌子式"推进。所有制度的制定充分体现人性化的考量。首先，无论是对学生行为的管理制度还是对教师教育教学的规范、考核评价制度都注重以人性化为第一考量。做到每项制度出台都是为了促进师生的成长，最大限度保护师生的利益，而不是以处罚为目的。其次，建立制度修订优化机制。随着时代变化和学校的发展，对各种制度进行定期或者不定期的清理及修订。再次，制度的制定与修订坚持遵循程序正义原则。每项制度的制定与修订都做到集思广益，广泛接受师生的意见建议，确保不出现大的偏离或者费力不讨好的情况，同时严格落实制定和修订过程的程序透明，符合相关法律规定。最后，制度的执行坚持"制度面前人人平等"，既不矫枉过正也不缺乏人性化的温度，努力营造和谐的校园文化氛围。

（三）着力打造符合时代发展的物质文化

作为示范性高中，遂宁一中有着悠久的传承历史和厚重的文化底蕴，因此，在教室布置、校园环境的美化以及教学硬件建设等诸多方面都坚持文化脉络传承和与时代同步相结合的总体思路，在健康、环保、温馨、便捷和舒适上下功夫，着力打造现代化的温馨校园，特别是在信息技术支持的智慧设施的布局上充分体现出了与时俱进的特点。遂宁一中坚持，高品质高中的校园文化建设的重点不仅在优美的校园环境和精良的设施设备，更在文化内涵与环境打造的适切、师生精神与行为方式的匹配、教学活动与课余生活和谐的发展思路上。学校依托"九宗书院"文化和学校自身历史底蕴打造的校园文化景观，包括初中校区"文源广场""文庙广场"和"古雪苑"，高中校区的"宽宇廊""岚光园"等，并布局符合时代要求的智慧校园设施，不仅美化了校园环境，给师生带来工作和学习便捷，更达到了环境育人的目的。

国家进入高质量发展时代，各级学校随之进入高品质建设时代。高品质学校校园文化建设涉及方方面面，遂宁一中的探索还非常有限，所取得的成果也很有限。本文只呈现了关于校园文化建设的定位与重点内容的思考。作为新时代的示范高中，遂宁一中于校园文化建设与文化治理上的实践探索没有止境。学校办学品质提升也一直在路上。

执笔人：遂宁市第一中学校 王代彬

案例三

博物天地 诗意栖居
——成都市草堂小学诗意学校文化创建

成都市草堂小学（简称草堂小学）坐落在风光旖旎的锦城之西，毗邻文韵千年的杜甫草堂和曲水流觞的浣花溪，历经八十余载风雨，于自然与人文之间成就了深厚的文化内涵和清雅幽静的治学环境。进入新时期，草堂小学不断回应国家教育政策，积极推进文化育人，不断引导师生增强文化自觉和文化自信，落实立德树人根本任务。草堂小学向内探索深化诗意内涵，向外跨界变革育人方式，取得了丰硕的办学成果，发展成为一所备受瞩目的名校集团领航学校。

一、诗意学校文化创建的背景

2006 年教育部印发《关于大力加强中小学校园文化建设的通知》，强调校园文化是学校教育的重要组成部分，是全面育人不可或缺的重要环节。在国家教育方针的指引下，成都市青羊区教育局在全区推进"一校一景、一校一品"区域特色学校文化建设工作。草堂小学以此为发展契机，开始了学校文化建设探索。以杜甫诗歌为原点，链接成都杜甫草堂博物馆的诗意学校文化，逐渐在全国产生积极影响。在社区博物馆群落逐渐丰富和"文博青羊"文化发展战略背景的支持下，草堂小学依托周边丰富的文化资源，积极开展"校－家－馆"协同育人实践。创建融入博物元素的诗意学校文化成为草堂小学奔向未来的一次全方位探索与变革。

二、诗意学校文化创建的实践

草堂小学抓住发展契机，依托底蕴深厚的社区博物馆资源，赓续诗圣人文情怀，服务学生成长需求，厚植天府文化底蕴，传承中华优秀文化，创建古典与现代并存、诗意与童真共生、社区与学校共融的诗意学校文化。回顾发展历程，草堂小学诗意学校文化创建经历了寻根、塑形、铸魂的过程。

（一）文化寻根立品牌

学校文化是学校办学理念、育人目标、历史传承、校风校貌的综合体现，既是历史的投影，也是人文地理的结缘，更是师生的精神需求。草堂小学凭借得天独厚的地缘优势，在物和人的因素中寻找文化的根脉，提出以草堂文化和杜甫精神为精髓的学校文化品牌建设构想。这一构想主要基于以下三个方面的认识。

1. 诗词是中华传统文化的瑰宝

经典诗文能使学生渐渐懂得"人伦之道""生存之道"，懂得"升华自己"的文学境界。草堂小学的教师、学生、家长在草堂文化的长期熏陶下，在"润物无声"中悄然发生着变化。

2. 诗歌文化流韵千年巴蜀文明

诗歌文化在巴蜀文明中具有重要价值。"自古诗人皆入蜀"，历代吟咏成都的诗歌众多。历代文人为这片土地留下了一首首壮美的诗篇，成就了天府之国文化圣地的美名。

3. 杜甫草堂成就诗歌文化圣地

杜甫在中国诗歌史中的重要地位成就了草堂的人文价值。杜甫使得浣花溪上的草堂成为中国文学史上的圣地和成都标志性的文化符号。浣花溪公园以杜甫草堂的历史文化内涵为背景，以自然雅致的景观凸显天府文化醇厚的历史底蕴。

草堂小学在文化溯源中，积极追寻学校的精神根脉，将"诗"的内涵深化为一种融入社区地域资源，成为学校文化灵魂，引领学校发展的广义"诗文化"。学校呼唤教育教学的精神追求和皈依，崇尚扎根于心灵深处的对自由、高卓、尊严、纯真、仁爱和诗意的精神祈望与眷注，提出了"植养人文气韵，奠基诗意人生"的办学理念。学校以管理文化为灵魂，以师生文化为主体，以校园文化环境和社区文化环境为空间，以"诗文化"教育行动实践为路径，以师生诗意的人生追求为目标，开启诗意教育文化品牌创建之路。

（二）文化塑形显精神

走进草堂小学，仿佛走进了一座诗意的殿堂，深浅不同的绿色映射出校园的勃勃生机，纷扰的繁华中凸显着清新淡雅。这里低吟浅唱着几千年来的历史文化积淀。"诗文化"作为学校独具特色、极富智慧的物质和精神文化，弹奏着润物的清音。

1. 把杜甫爷爷请进校园

草堂小学毗邻诗圣故居，杜甫自然而然成为学校唯一的文化形象。在学生的眼里，杜甫像一位和蔼可亲的邻家爷爷，陪伴他们度过六年的童年时光。校园里有了杜甫，就有了流淌的诗意，就有了历史的渊源、文化的根脉。学校正门古朴的"杜甫头像"以慈爱的面庞迎接可爱的学生，寓意传统与过往；黑色大理石铸造的"城市剪影"寓意现代与未来。大门旁边一首名为"人文草小"的藏头诗表达了学校传承和弘扬中华优秀传统文化的决心，也彰显了学校独特的精神气质。正门石墙上刻有杜甫的《宾至》，含蓄地表达了学校开放办学、协同育人的追求。从"杜甫行踪图"到《子美谣》，从锦水苑到归来亭……校园里处处都有杜甫的身影。

2. 校园与诗歌深度融合

草堂小学与诗歌结下了不解之缘，校园里处处可见温馨浪漫的诗句，洋溢着童年的诗意。学校借鉴浣花溪公园诗歌大道的创作灵感，修建了一条从校门通向正厅的诗歌大道。大道两旁镌刻着杜甫寓居成都时创作的诗歌作品，取名"诗路花语"。与之相呼应的是"新诗小径"，这里展示的是学生自创的儿童诗和他们根据诗的意境搭配的微型景观。于"诗路花语"的尽头拾级而上，就来到草堂小学师生的心灵圣地——好雨轩。好雨轩中间有一尊杜甫坐姿塑像，旁边一间颇具盛唐遗韵的小屋是"草堂诗社"的办公室。会议室取名"客至"，圆桌设计透露出学校"圆融、平等、协商、互助、民主"的管理思想。学校的楼道以琴、棋、书、画命名，拐角处的墙面把"亲、清、静、净"的校园物语寓于诗中，默默地提醒着学生多读诗、学做人。

3. 打造校园活态博物馆

2018年起，草堂小学在与博物馆深度合作的过程中，充分挖掘校园场馆育人功能，在诗意学校文化建设的基础上，着力打造校园里的"活态博物馆"，将诗意教育贯穿其中，让师生在活动中传承中华优秀传统文化。学校借鉴成都杜甫草堂博物馆景观文化，打造充满人文关怀的博物校园。目前，学校已经建成"三展馆、三展廊、五展区、五展点"，将诗歌文化与博物文化融为一体。"三展馆"指植痕园、百草书院、微型博物馆；"三展廊"展示家风家训、天府文化、书画艺术；"五展区"展示社会主义核心价值观、廉政文化、杜甫行踪图、好雨轩、唐诗江山；"五展点"指藤萝径、水锦苑、归来亭、百草园、诗路花语。邮政博物馆、校史文化馆正在建设中。2023年1月12日，成都市草堂小学博物馆在四川省文物局正式备案，成为四川省首家中小学博物馆。

（三）文化铸魂蕴内涵

在文化寻根与文化自觉的过程中，草堂小学明晰了办学方向：办一所有中国样子的学校，让教育弥漫中国文化的气息，浸润民主自由的人文精神，充满生命天然本真的梦想和希望。在这里，教师不苟且不浮躁，忠恕任事，敬业乐道；孩子有梦想有童心，知书达理，好奇乐学。

1. 梳理诗意文化体系

草堂小学在"植养人文气韵，奠基诗意人生"的办学理念下，依托社区博物馆资源，开发真、善、美三维"诗意博物"课程，不断优化以学校为中心的社区育人生态，让草堂小学学子在学习中有科技理性，心灵中有文韵诗情，灵魂中有民族血脉，视野中有苍生世界。草堂小学有两版校训"茅屋秋风蔚起人文钟百代，草堂秀色列成桃李诵三千"和"诗意的方向，最好的自己"，彰显传统与现代并举的办学追求。"心清闻妙香"的校风意喻师生心灵澄澈，能领略到满园书香；"润物细无声"的教风意喻师若春雨，濡染润育；"百草竞春华"的学风意喻生似百草，自然成长。

2. 创新诗意管理制度

草堂小学在制度建设中有独特的思考，即学校管理的灵魂不在制度本身，而在心灵关怀。在学校文化建设的探索中，草堂小学创建了"一个校园，两级学校，三级校长，纵横交错，互为织网"的科层制反转型管理制度，将诗意教育与文化濡染融入学校管理、学生教育和教师培养，形成了以学校核心价值文化为基点的师生共同价值追求。通过制度创新，实现了在校长的指导下教师之间的民主沟通、协调对话，达成了"学校是大家的，你不能没有我，我不能没有你，我们都很重要"的管理共识。教师全员参与学校管理，从而形成了一条均衡、和谐、多样的民主治校生态链。

3. 建构"诗意博物"课程

随着学校与杜甫草堂博物馆链接的深入，"诗意博物"课程开发从初期的与诗歌链接，走向了与博物馆资源的全面融合。学校在落实国家基础教育培养目标的同时，根据立体化综合课程体系的建构思想，提出"诗意博物"课程目标：求真的能力、至善的价值、尚美的品格。学校与杜甫草堂博物馆深度合作，开展了基于博物馆资源的综合课程实践研究，开发了一系列"校馆共构"课程，建立起"诗意博物"课程体系，有力支撑博物馆型学校建设。在诗意文化的引领下，草堂小学课程建设走向深度的实践育人、综合育人，教师发展迈向"多重跨界"，使学生在广阔的时空中树立崇高的理想信念，在实际的情境中形成求真创新的能力，在浓厚的博物文化中塑造尚美的品格。

三、诗意学校文化创建的成效

2011 年，草堂小学作为校园文化样板学校入选庆祝中国共产党 90 周年献礼片《新中国教育纪事》之《育人文化》，同时入选中央电视台《全国校园文化建设巡礼》专题报道。2012 年，草堂小学荣获成都市校园文化建设典范学校，入围"文轩教育杯"四川省中小学校园文化建设展评典范学校。十多年来，中央电视台《新闻联播》《新年新诗会》《大风车》《传奇中国节·端午》《奠基中国》等栏目先后二十余次报道草堂小学文化育人成效。

近年来，以诗意教育品牌为核心的成都市草堂小学教育集团不断发展壮大，诗意教育向周边辐射，先后领办了多所新建学校，发挥名校集团的领航作用，为区域教育优质均衡发展做出了贡献。草堂小学还加入了华东师范大学基础教育改革与发展研究所未来学校项目组，发起成立了"全国'家－校－馆'协同育人联盟"，并承办首届全国"家－校－馆"协同育人研讨会。在探索未来学校建设的过程中，草堂小学将继续以诗意文化为核心，以博物天地为载体，实现诗意校园的博物馆化，逐渐形成博物馆型学校样态。

执笔人：成都市草堂小学　金　波　彭晓爽　晏文强

案例四

上善若水　无问西东

——"水文化"引领和浸润高品质学校建设

一、校园"水文化"引领和浸润的背景

以水为源、以水为象、以水为枢、以水为鉴、以水为德、以水为乐，中国传统"水文化"具有丰富的育人内涵。简阳市射洪坝水东小学前身为"简阳市简城第一小学水东校区"，于 2018 年修建，2021 年单独建制并改为现在的新校名，2023 年 9 月有了完整的 6 个年级，目前有师生约 3000 人。学校在发展过程中存在不少问题亟须解决。例如，每年新进几十名教师，快速打造优师、名师存在困难；干部队伍搭建与培养从零起步；办学时间短、底子薄，办学理念的彰显与特色内涵的挖掘还需时间积淀与多层面支持；尚需强大的精神纽带强化团队意识与凝聚力；等等。在此背景下，学校结合简阳沱江之畔水东村的民俗文化、地理环境与人文历史，抓住"简阳市教育国际化窗口学校"的开放性办学特点，以"水文化"凝聚起新学校发展的核心和基础，整体思考学校综合管理，落实学校立德树人根本任务，把理念体系、制度特色、发展战略、教师队伍建设、环境育人等方面进行融合，给学生打下家国情怀和社会责任的文化烙印，从而推动学校高质量发展。

二、校园"水文化"引领和浸润的方式

（一）"水文化"与学校理念体系相融合

学校以"水"为核心，提炼出"让每一滴水珠都闪亮"的办学理念，意在让每一位学生都能挥洒才华、闪耀光芒。这一理念强调了每个学生都是独一无二的，有不同的天赋、兴趣和潜力，教育者应该以个体为中心，关注每一个学生的成长需求，提供个性化的教育服务；注重教育的公平与包容，无论学生原本的条件如何，都应该得到平等的展示及发展机会，获得相同的关注和关怀，

在适合自己的领域里取得成功。此外，学校还形成了"上善若水，动静有序"的校风、"海纳百川，润物无声"的教风、"水滴石穿，自强不息"的学风，以及"不积小流，无以成江海"的校训，以"创新学园、书香校园、国际家园、生活乐园、生态公园"为愿景。从校歌《水珠闪闪亮》的创编、办公室的布置到校园文化整体规划，都展现出"水文化"氛围。

（二）"水文化"与学校发展思路相融合

学校借鉴"水文化"的智慧和理念，优化学校发展思路。水的流动与变化启示学校要顺势而为，关注弘扬教育家精神、拔尖创新人才自主培养、构建优质均衡的基本公共教育服务体系、人口变化对未来教育的影响、基础教育数字化战略行动、"双减"政策执行成效和经验、"大思政课"体系建设、学校在"家－校－社"育人体系中的引领作用等热点，在教育大环境变化中寻找机遇和突破点，与学校办齐年级、构建队伍、积淀内涵、提升质量的阶段目标相融合，引导学校尊重发展规律、寻找发展路径，在灵变顺势中获得持续发展。水的润泽与广大，启示学校保持谦逊和包容的态度，与其他优秀文化相互借鉴、共同发展，如在友校"尚美育人"办学特色的影响下，从美育视角挖掘水文化教育内涵，引导学生了解水的自然之美、历史之美、文化之美等，使之美化生活、美化心灵，提升学生的审美情趣和鉴赏能力。

（三）水文化与制度特色相融合

学校发展道路前进性和曲折性并存，面对矛盾与问题，学校修订各类师生管理方案，完善内控制度，彰显"水至清则无鱼"的适度管理特色。一是注重灵活性，根据具体情况和需求进行调整和改进，不僵化固执，能够适应变化；二是追求平衡，既保证组织的效率和实效，使管理方式符合组织要求，又考虑到师生利益；三是倡导简约高效，避免形式化和过多规章制度，简化管理流程，提高工作效率；四是鼓励师生自主管理和自我激励，避免过度管理，培养教职工的责任意识和自我调适能力；五是重视沟通和协商，鼓励教师展现个性和创造力，获得与自身特点和需求相适应的工作弹性和自主权。此外，学校还建立起温和而融通、连续而稳定、透明而公正、动力与活力相融的评优争先制度体系，让管理流水不腐、动静合宜、开放汇源，并问诊剖析、鉴察自清、积蓄能量。

（四）"水文化"与教师队伍建设相融合

校长示范引领，促进教师拥有"海纳百川，有容乃大"的格局胸怀，形成"不积小流，无以成江海"的做事态度，发扬"水滴石穿"的韧性及毅力，培养"水无常态"的应变能力，以及"饮水思源"的感恩之心，避免"水中捞月"。以水的多样性与包容性为师，师生如同水一般流动变化，感受生命力量和自我成长，提高与时俱进、适应未来变化的综合能力。教师还通过工作室活动、共同体发展等形成教育合力，筑牢根基、永续前行。学校以"冰出于水而寒于水"为带队标准，鼓励教师进行自主研究和探索，开展教改项目、课题研究等，短短五年多建立起教师资源与经验合作共享的机制，涌现出众多水东之星、党员新星。

（五）"水文化"与教育教学相融合

学校的"理想课程"体现水的"自然""渗透"特性。学校以水的清澈与纯洁品格启发学生向上向善，在落实立德树人根本任务中汲取"水文化"智慧，开展多形式活动，融理想信念、核心价值观、中华优秀传统文化、心理健康教育以及生态文明教育于一体。例如，鼓励并组织学生积极参加水与诗词歌赋相结合的小状元经典诵读大赛、简阳市图书馆吟诗颂词大赛、"翰墨传承，艺心向党"书法进校园活动、精品书画赏析活动；参加世界水日·中国水周水情教育系列中小学生大赛、"雪山下的公园城市　烟火里的幸福成都"作品征集活动、保护简阳沱江母亲河实践活动；参加简阳东灌精神宣讲、水润人生主题班会、水珠娃娃争章等活动，了解社会，赋能成长；了解放水节、云南泼水节等民俗文化活动。学校还通过与新西兰圣约瑟学校共建特色传统文化课程，设计课例"游都江堰"传播水文化。

三、校园"水文化"引领和浸润的成效

办学五年多，"学校文化引领简阳市'家门口的好学校'发展的研究"课题已立项，成为四川省教育厅人文社会科学重点研究基地统筹城乡教育发展研究中心课题，形成《以水为师文化育人——"家校社"协同视野下的学校文化育人实践》与《润物细无声——简阳市射洪坝水东小学中国传统文化育人创新实践》案例。学校获评四川省绿色校园、成都市环境友好型学校、成都市"特色书香校园空间"、成都市教育政务新媒体优秀案例、建设"五个新简阳"先

进集体、成都市新优质学校；韧竹中队被命名为 2023 年度全国红领巾中队；四（5）中队被评为"四川省优秀少先队集体"；谢有惠同学被评为"全国优秀少先队员"。

现在，学校通过媒体宣传、活动影响、学术交流、国际传播，已经初步建立起了良好的"水文化"品牌声誉，被新华网、中国网、今日头条、简阳教育等多个媒体报道。2023 年"学习强国"学习平台发布学校专访《做有温度的教育 让每一滴水珠都闪亮》，田慧撰写的案例《让务实的党建工作中形成的小水珠串联汇合》入选《中国教育报》学校党建创新案例。

今日水东，沉潜蓄势，厚积薄发。非遗面塑"水神"吉祥物主题圈、"治水与中华文明"影视厅、"水与哲学思想"表演馆、"水与文学艺术"书香长廊、水与战争沙盘模型、水与生态环境科创小屋、中外水文化比较等水文化共育空间打造，都是学校下一步的建设计划。在高品质发展的道路上，学校还会在水文化的浸润下探索进取，加强学校文化内涵与人文色彩，五育并举促进学生全面发展，孕育水东四季芬芳。上善若水，无问西东，未来之梦，一路欢歌。

执笔人：简阳市射洪坝水东小学　田　慧　徐　然

案例五

因地制宜，以民族文化打造特色品牌
—— 红原县城关小学校园文化建设面临的困惑及策略

红原县城关小学地处青藏高原东南缘，海拔 3507 米，常年无夏，气温偏低，有学生 800 余名，少数民族学生占比 87%，藏族学生居多，学校占地面积 66600 平方米，是一所极具高原牧区特色的现代化学校。学校将校园文化建设视为发展灵魂，在不断建设、反思、提高的过程中，有效促进学校综合办学水平的提升。通过不断努力，学校个性魅力与办学特色得到充分体现。校园文化建设是培养适应时代要求"有理想、有本领、有担当"高素质人才的内在需要和重要途径。在特色学校建设过程中，学校因地制宜，创新思路，优化办学格局和理念，全面展现校园文化魅力与自身的不懈追求。

一、明晰发展现状，准确定位建设基础

红原县城关小学以"培育品学兼优学子，成就幸福工作名师，建设和悦发展校园"为发展目标，从"生生和、师生和、师师和、家校和"四个维度出发，通过明德修身，创建和爱的育人氛围。精神文化的高位引领，既体现了以"和"为基础的整体团结奋进、砥砺前行，又彰显了师生个性成长过程中的发展愿景。在抓好国家课程、地方课程、校本课程三级课程资源整合的基础上，学校从"人文素养、科学素养、艺术素养、身体素养、心理素养及综合实践"六个维度开发出"知书达理"校本课程，给学校的特色发展、学生的个性成长提供舞台。国防教育是红原县城关小学的另一大特色。学校以红草地少年军校成立为契机，创建了国防教育展厅、军事体验区等，通过开展系列国防教育活动，使学生的身体和意志得到了锻炼，爱国热情不断提升。学校还于 2023 年被教育部、中央军委政治工作部授予"全国国防教育示范校"称号。结合特色建设理念内涵，学校积极提升校园文化环境，营建具有特色的校园物质文化氛围，彰显办学品位，2024 年被四川省教育厅评为"首届四川省最美校园"。

学校的文化建设重点突出"办人民满意的学校、促进学生健康发展"的宗旨，遵循教育性、整体性、个性化、实践性、参与性、创新性六个原则，突出

学校、教师、学生的主体能动性，以校长为统领、以团队为骨干，发挥班级、教师、学生、家长及社区各方面的积极性，促进校园文化与社会文化互动，使校园文化在互动中提升、在互动中发展。学校在文化建设过程中也呈现出各种各样的问题和困难。

（一）校园文化建设物质资源有限

红原县城关小学地理位置偏远，交通不便，教育设备和教育技术支持相对落后。在不利的气候条件和地理环境下做校园文化创建，特别是室外文化建设，极度艰难，设备设施掉色、被风刮坏或冻坏是常事。绝大部分室外文化装饰每半学期就要重新更换一次，这给学校的资金投入和文化特色可持续培育带来了极大的挑战。

（二）校园文化建设理念有待更新

学校在很长一段时间里没有明确的办学理念、办学思想，办学目标和宗旨亦模糊不清，很多工作仅按部就班地进行，缺乏创新思路及创新意识。与内地学校相比，学校的师资力量相对薄弱，教师的教育水平和专业素养有待提高。当前，学校教师对教改和新课程理念认识不够，还采用传统的教学模式，缺乏创新和对新教育理念的实践，其自我学习、主动进步的意识还需进一步提高。

（三）缺乏对当地文化的认知

红原县由周恩来总理命名，意为红军长征走过的大草原，是中国马术之乡，还有享誉全世界的雅克音乐季以及马头琴、曼陀铃、藏香等非遗，文化底蕴丰富。学校因地制宜，围绕当地丰富资源开展各种形式的民俗文化活动和地方特色文化教育，营造出具有少数民族特色的校园文化氛围，促进学生身心健康发展，培养他们爱祖国、爱家乡的情怀和文化认同感。同时，在文化和特色培育中学校往往偏重表面的宣传和展示，而对文化和特色的深层次内涵关注不到位，这使得学校文化和特色的培育价值和意义实现效果不佳。

二、坚持问题导向，因地制宜推进建设

（一）依托综合调研，科学构建校园文化体系

学校需要通过不同形式、不同层面、不同角度的综合调研完成校园文化的

顶层设计。明确定位和目标，制定校园文化建设的策略和规划；建立组织和管理机制，明确责任和权力；提供必要的资源保障，及时评估和反馈建设效果和问题；引领学生积极参与校园文化建设，提升其文化素养和文化自信。

经过长期实践探索，红原县城关小学以"和悦教育"为办学理念，弘扬"和润心，悦成长"的学校精神，逐步形成"厚德至和，博学达悦"的校训、"务实创新，和而不同"的校风、"正心励研，和衷共济"的教风及"勤思敏行，和学求是"的学风，并且建构了"一个宗旨，两条主线，三个目标，四个维度，五个抓手"的特色建设发展体系，初步建立起了积极向上的校园文化氛围，弘扬正能量，培养学生爱祖国、爱人民、爱家乡的情怀和社会责任感及公民意识，提高学生的文化素养和综合素质。

（二）聚焦民族文化，着力开发特色校园文化

学校以通过"一引领，三融合"的方式创建民族团结进步示范校为契机，成立了"大美城关讲解队"，能为到访客人提供藏、汉、英三语讲解，全面介绍学校的情况。学校还通过开展文艺节目会演、共读一本书、非遗进校园、特色社团展示等活动，巩固和发展"同呼吸、共命运、心连心"的民族关系，进一步促进民族团结进步，让师生铸牢中华民族共同体意识，在校园中营造相互关爱、相互尊重、相互包容的良好氛围。

（三）推进资源转化，升级打造校园育人环境

学校突出生活实践，打造了"乡土文化体验园""国防教育展览厅""教师之家健身房""阳光小屋""心理咨询室"等功能育人场景。

校园文化建设是一个复杂而又有趣的过程。借助全校师生的力量来规划和完成，可以更好地体现学校的特色和凝聚力。学校首先组建了一个包括教师、学生和行政人员的团队，负责策划和执行校园文化建设的各个环节。比如，学校以"和悦"和"国防"为两条主线，以"我是中国娃"为中心进行文化打造，鼓励全校师生参与校园文化的设计和实践。同时，全校师生还共同参与传承学校的文化传统和价值观念，通过座谈、演讲等形式，传播学校的文化精神，让校园文化更具有吸引力和生命力。

三、注重总结提升，扬长发展成效显著

红原县城关小学以发展民族教育事业为己任，认真贯彻党的教育方针政

策，秉承"和悦教育"理念，以"中华民族一家亲"为宗旨，以"一体多元"的融合课程体系为载体，探索民族"融合教育"的新样态。学校先后被评为全国国防教育示范学校、四川省优质发展共同体领航示范学校、四川省优质对口帮扶乡村振兴重点学校、四川省民族团结进步示范单位、四川省首届美丽校园、四川省节约型公共机构示范单位、阿坝藏族羌族自治州民族团结进步模范集体。学校低段语文组的"改进识字教学策略，促进藏区低年级小学生汉语言积累"课题成果获得阿坝藏族羌族自治州普教教育教学成果奖、四川省普教教育教学成果一等奖。学校拥有鲜明民族特色的校本课程，坚持正确的办学方向，全面育人，教学质量优良，赢得了家长和社会的广泛赞誉。

执笔人：红原县城关小学　边明永　李海英　王建龙

案例六

注重"立人"的培养，打造有魂的校园文化
——都江堰市实验中学"立人"校园文化建设实践

一、校园文化建设背景

都江堰市实验中学是百年名校成都市第七中学（简称成都七中）领办的一所高起点、高定位、高品质的完全公办中学。都江堰市实验中学在成都七中领办的契机下，开启了全新的发展篇章。学校坐落于拥有悠久历史和灿烂文化的城市——都江堰，深受都江堰水利工程所蕴含的智慧和精神的影响。而成都七中作为享有盛誉的名校，其先进的教育理念和深厚的文化底蕴为都江堰市实验中学注入了强大的动力。但在建校过程中，如何有效地在都江堰这片土地上传承百年名校成都七中的优秀文化，打造一所原汁原味的"成都七中"，成为学校校园文化建设面临的严峻问题。

二、校园文化体系建设

鉴于以上背景，学校在校园文化体系建设中，引用《论语》中"己欲立而立人，己欲达而达人"为文化核心理念，从而确立了以"立人"为核心的培养目标。将"立人"具体化为培养学生的自主学习能力、创新思维、社会交往能力和良好的品德修养。以"立志、立德、立才、立学"为具体路径，引导学生树立读书报国的远大志向，培养学生高尚的人格，引导学生践行社会责任、追求真理、崇尚学术、追求卓越。

学校自 2021 年 7 月创办以来，坚持传承成都七中的"以人为本，重在发展"的"三体"教育思想，以"立人"为核心的校园文化建设，以精神文化、课程文化、环境文化、制度文化和活动文化建设为主要内容，使五个维度的文化建设全面而系统地发展，打造有"魂"的校园文化体系。

（一）建设"三风一训"理念引领，明确"立人"目标

一个人，有一个人的精神面貌，而一所学校更要有一所学校的精神面貌。一个学校的文化理念就是一个学校的精神面貌，是全体师生在工作和学习中所认同的精神目标和价值追求。学校在传承成都七中办学理念的基础上，结合地域文化和学校发展实际情况，提出以"立人"为核心，打造独特而富有内涵的校园文化，以"质量一流，特色鲜明，未来教育典范学校"为办学目标，以"着眼整体发展，立足个体成才，充分发挥学生的主体作用"为办学思想，以"放眼世界，代言未来"为学校精神，以"国际视野，家国骄子"为培养目标，以"审是迁善，模范群伦"为校训，以"品行高洁，善融善创"为校风，以"师韵四溢，言行流香"为教风，以"精益求精，极致绽放"为学风，初步形成"三风一训"的办学文化理念。

（二）建立"六大领域"课程体系，支撑"立人"培养

学校构建了多元化的课程体系，包括基础课程、拓展课程和特色课程。基础课程注重知识的传授和学科素养的培养；拓展课程涵盖艺术、体育、科技等领域，为学生提供广泛的兴趣选择和个性发展空间；特色课程则结合都江堰的地域文化和学校的优势资源，涵盖了"数理与逻辑、公民与社会、科学与技术、健康与生活、人文与艺术、实践与创新"六大领域，体现了"传统文化、心理教育、工程科技、思维训练、自然科学、艺术启蒙、人文科学"七大主题。学校以未来教育为导向，开办"骄子家长学校"，增设了"'天音'管乐团"，朝着学校的办学目标不断迈进，同时，积极引入成都七中优质课程资源，实现资源共享，为师生提供更广阔的学习空间。

（三）建全"丰富多元"德育活动，践行"立人"理念

活动文化是学校校园文化建设和学生全面发展的关键一环，是学校培养目标的实践形式之一。学校各项活动践行"立人"核心培养目标，以"三体"教育思想为指导，包括丰富多彩的德育活动，如志愿服务、研学实践、主题班会等。通过这些活动，培养学生的社会责任感、团队合作精神和良好的行为习惯。学校会定期举办校园艺术节、红歌会、科技节、体育节、读书节等大型活动，营造积极向上的校园氛围，让学生在活动中展现自我，提升综合素质。

学校还开展了"专家大讲坛"，邀请国内外著名艺术家、学者等开展教育教学指导，旨在汲取教育的源头活水，让师生的自我价值得以体现；开设"暮

省"课堂，引导师生于每天 18：45 至 19：00 进行自省。这些活动旨在通过多元化的方式，提升学生的综合素质，促进学生的全面发展、个性成才。

（四）建立"以人为本"制度文化，保障"立人"实施

学校制度是学校管理意志和教师教育教学意志的统一。只有建立起"以人为本"、符合师生意志追求的规章制度，才能积极规范师生的教学行为，使校园管理服务工作和教育教学活动得到有效落实。

学校围绕"立人"核心培养目标，加强教师队伍建设，建立教师激励机制，完善《都江堰市实验中学教师公约》，修订《都江堰市实验中学章程》《都江堰市实验中学制度汇编》等规章制度，确保了党建、行政、教学、德育、后勤、安全等各个方面的规范化管理，为丰富学校文化提供了坚实的基础。通过教师月绩效考核制度、评优评先制度、绩效奖励制度等，提升教师的专业发展和教育教学能力，同时强调教师的育人理念和育人行为。学校教师以"师韵四溢，品行流香"为准绳，不断完善自身的专业素养和道德品质，形成共同的价值取向和团队精神。

（五）建设"博览立人"环境文化，营造"立人"氛围

学校景观建设紧扣"立人"核心培养目标，凸显精神文化办学理念，以"博览立人"为主题，成功地将办学理念与景观融为一体，展现出独特而富有深意的校园文化，让每一面墙壁、每一个角落都散发着文化的气息。以主题景观文化、廊道文化、楼名文化，营造宁静、优美的学习环境，让学生在潜移默化中受到文化的熏陶。

主题景观文化以"我"的培养步骤为主线，通过打造立体的自我认知（人格基石）、自我建构（精神塑造）、自我提升（人才培养）、自我奉献（社会教育）四个校园空间，不仅体现了学校"放眼世界，代言未来"之精神，更与"立人"培养目标高度融合，展现出学校对于人才培养的深入思考和全面规划。廊道文化体现于"三廊一亭"，分别是立德廊、立志廊、立才廊、惜时亭。以历史人物的道德故事及杰出贡献、人类对未来的探索和追求、优秀师生成果展示等主题建设学校廊道文化，凸显"立人"培养。楼名文化体现于审是楼、迁善楼、索隐楼、致远楼，以探索、求真、向善等品行命名学校六栋主体建筑，营造"立人"氛围。

三、校园文化建设成效

大力推进校园文化建设以来，学校、教师和学生都发生了显著的变化。校园文化在多个层面上起到了推动作用。

（一）学生综合素质显著提升

通过"立人"校园文化的建设，学生在品德、知识、能力等方面都得到了发展。学生的自主学习能力不断增强，创新思维得到激发，社会交往能力明显提高，特长得到充分发挥，在各级各类竞赛中屡获佳绩。同时，学生的社会责任感不断增强，他们积极参与志愿服务和社会实践活动，为社会做出了贡献。

（二）教师专业发展成果丰硕

教师在"立人"教育实践中不断成长和进步，专业素养和教学能力得到了显著提升。涌现出一批优秀的教师，他们在教学研究、课程开发、班级管理等方面取得了突出成绩。办学三年里，学校教师积极参加省市区级赛课比赛，有10多名教师获得市级命题、赛课一等奖，市级教师技能大赛一等奖等奖项，为学校赢得了荣誉。

（三）学校品牌影响力不断扩大

都江堰市实验中学的"立人"校园文化建设得到了社会的广泛认可，学校的知名度和美誉度不断提升，吸引了众多优秀学生前来就读。经过三年办学，从2021年建校之初的288名学生发展至近1200名学生，教职工人数从35名增至100名。同时，也吸引了其他学校前来参观学习。学校与国内外多所学校建立了友好交流关系（如和马来西亚柔佛州居銮中华中学缔结为国际友好学校），加强了国际文化交流与合作。

（四）对区域教育发展的示范引领作用

作为区域内的未来教育典范学校，学校的"立人"校园文化建设为其他学校提供了有益的借鉴和参考。通过示范引领，推动了区域内学校校园文化建设水平的整体提升，促进了区域教育的均衡发展。

都江堰市实验中学注重"立人"，打造了有魂的校园文化，在校园文化建设的实践中，不断探索创新，取得了显著的成效。未来，都江堰市实验中学将继续坚持"立人"核心理念，不断深化校园文化建设，为培养更多优秀人才、推动区域教育发展做出更大的贡献。

执笔人：都江堰市实验中学　余　江　肖　静　姚启龙

案例七

礼行至善　德厚至诚
——四川省成都市礼仪职业中学礼仪文化教育实践

一、礼仪文化教育实施背景

（一）礼仪文化的历史根脉

《礼记·大学》有云：大学之道，在明明德，在亲民，在止于至善。礼仪是中华优秀传统文化的重要组成部分，也是中华文明的主要特征。中国素有"礼仪之邦"之称，有懂礼、习礼、守礼、重礼的习俗。礼仪文化承载着中国人的精神底蕴以及为人处世之道，如孔融让梨、季札挂剑、程门立雪等礼义佳话所蕴含的礼貌谦让、诚实守信、尊师敬长等价值观念，浸润中国政治、经济、教育、日常生活等方方面面，皆是中华传统美德的具体体现。直到今天，礼仪仍是支撑我们"向上的力量、向善的力量"。

（二）礼仪文化的时代传承

习近平总书记指出："礼仪是宣示价值观、教化人民的有效方式，要有计划地建立和规范一些礼仪制度，如升国旗仪式、成人仪式、入党入团入队仪式等，利用重大纪念日、民族传统节日等契机，组织开展形式多样的纪念庆典活动，传播主流价值，增强人们的认同感和归属感。"[①] 努力实现社会文明程度得到新提高的目标，需要积极推进礼仪教育，不断提升人民群众文明素养，推动全社会形成适应新时代要求的思想观念、精神面貌、文明风尚、行为规范。学校要积极发挥作为礼仪教育主阵地的作用，通过开设礼仪课程、强化礼仪训练，组织开展升国旗仪式、入党入团入队仪式等礼仪实践活动，把礼仪教育贯穿教育教学全过程。

---

① 中共中央党史和文献研究室：《习近平关于社会主义精神文明建设论述摘编》，中央文献出版社，2022年版，第101页。

（三）礼仪文化的学校渊源

作为全国首批重点职业高中的四川省成都市礼仪职业中学（简称礼仪职中），坚定"为党育人，为国育才"的初心使命，全面落实立德树人根本任务，依托"紧贴技术进步和生产实际以及社会公共服务的需要，服务于成都市的经济社会发展，培养高素质技术技能人才，促进多数学生实现升学和少数学生实现就业，助力学生终身职业生涯发展"的办学理念，形成"立志、勤奋、业精、尚美"的校风，"重德重业，善做善教"的教风和"德业并重，自信自强"的学风。在全校教职工的努力下，于 2024 年 6 月挂牌"成都市武侯综合高级中学"，采取"课程互通、师资互通、学籍互转"的方式，推动职普融通转变。

在多年的教育教学模式探寻中，学校以校风学风建设为抓手，以礼貌礼节为起点，以礼仪规范训练为途径，以文明行为习惯养成为过程，以道德净化和心理健康为归宿，形成了"五措并举，三阶共促"的礼仪教育模式，通过"齐之以礼""约之以礼"，让学生在学习和生活中感知礼仪、领悟礼仪、践行礼仪，推动现代文明礼仪内化于心、外化于行。

二、礼仪文化教育的实施措施

（一）党建引领，锚定校风学风正确方向

1. 创建党建育人品牌

学校以党组织领导的校长负责制推进现代学校治理能力提升，以创建"六型"党建品牌（图1）为抓手，修订了学校章程，梳理了学校党组织会议议事规则、"三重一大"事项决策机制、书记校长定期沟通制度、办公会议事规则等系列制度，并以"三重一大"事项决策机制为中心，推动各项制度的严格落实，保证开放、协调、高效、民主的管理体制形成，提升学校治理水平；进一步完善学校内部治理体系、人才培养体系，将职业教育"三全育人"综合改革纳入学校各项事业发展规划、年度工作计划和人才培养方案，贯穿学校建设全过程，实现全员全过程全方位育人。

图1　礼仪职中"六型"党建品牌

2. 构建"大思政"学习生态

学校牢牢把握根本遵循，落实全员、全过程、全方位思政育人的要求，关注并紧扣当代青年特点，在思考与实践中不断拓展思政工作路径、丰富思政教育内涵、激活思政学习资源，为师生构建起"大思政"学习生态。学校还把握住教师党支部、学生团支部这一基础抓手，将党建主题底色涂得鲜亮；运用好各种活动，包括开学典礼、毕业典礼、运动会、体育节、成人礼等，用学生所喜爱的仪式，传播中国精神，讲好中国故事；结合"青年讲党史""到成都街头看一看"等特色活动，邀请四川省金牌红色宣讲员进校等，构建校内校外一体化的新时代青年思政学习阵地。"课程门门有思政，教师人人讲育人"已深入人心，还形成了独具特色的党员标兵雁阵（图2）。

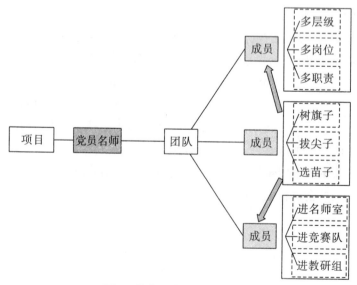

图2　礼仪职中党员标兵雁阵

（二）健全机构，明确职能处室具体分工

成立以党委书记、校长任组长的校风学风建设工作领导小组。学生处为校风学风建设工作领导小组办公室，负责日常工作，学生处主任兼任办公室主任；各专业部、处室负责人，团委书记，专业部主任是小组成员。依托"三教"改革，围绕"谁来教""教什么""怎么教"这些关键点把全校各层面、各条线的工作纳入学校校风学风建设工作的系统，建立部门责任清单，梳理工作台账，抓好问题整改。校风学风建设工作目标准、任务清、责任明，计划到位、举措有效、成效显著。

（三）坚守课堂，筑牢教育教学核心阵地

1. 动态调整专业设置

学校依据国家教学标准、专业发展规划、学校特色定位、区域经济社会发展需求的变化动态调整专业设置，成立了由礼仪行业企业专家、科研人员、专业负责人、骨干教师和学生（包括毕业生）代表组成的专业建设委员会，进行行业企业调研、毕业生跟踪调研和在校生学情调研，分析产业发展趋势和行业企业人才需求，明确成人成才、职业岗位（群）所需要的知识、能力、素质。

2. 适时优化教学质量

学校深化"三教改革"，提升课堂教学质量，通过狠抓礼仪教研组建设、落实教师教学"六认真"、建立课程和教学诊改机制、开展礼仪教师培训、建设礼仪教学资源库、建立督导机制等多种形式以教带学、以学促教，形成了教学相长的良性循环。定期的礼仪课程教学评估和改进机制，总结教学经验，发现问题，并提出改进方案。鼓励礼仪教师在教学实践中创新，分享成功经验，形成良好的礼仪教学改进文化。建立学生评教反馈，设计学生满意度调查表，定期收集学生对教学情况（包括教学内容、教学方法、难易程度等）的反馈，根据学生反馈，及时调整教学策略，保持教学与学生需求的契合度。

3. 结合运用信息化教学手段

学校制定了切实有效的在线精品课程、虚拟仿真实训项目建设工作方案。学校2项在线精品课程和4项示范性虚拟仿真实训项目入选2023年成都职业教育市级在线精品课程和市级示范性虚拟仿真实训项目认定和培育名单。其中，"国产C919飞机机体构造虚拟现实教学实训系统"进入了国家级培育项目推荐名单。

（四）依法治校，提升校风学风治理水平

1. 完善常规管理制度

在学生管理过程中，学校针对学生自制力不强、行为习惯不好等特点，注重养成教育，在教育实践中主要从家国情怀、感恩教育、礼仪教育、成人成才、职业素养和劳动教育等方面的活动入手，形成了规范性及操作性强的学生管理制度；严格执行上级教育主管部门关于促进学生健康成长的相关文件精神，坚决落实每日阳光体育锻炼，开展主题鲜明的劳动教育系列活动，构建"5+2"学生综合素质评价体系，完善学生信息化管理服务平台。

2. 推进德育队伍建设

学校历来重视德育队伍建设，注重德育骨干队伍的培养和培训，通过送出去、请进来、专题培训、以老带新等形式，加强专项礼仪培训及经验交流等，以提高德育队伍的工作能力。定期召开德育工作专题总结表彰会，评选、表彰优秀班主任和管理人员，树立典型模范，提高德育队伍的整体素质。目前，学校也在校区融合的基础上着力打造一批名优班主任工作室。

3. 强化职业生涯体系建设

学校高度重视学生职业生涯规划，搭建起职业生涯规划指导体系（图3），开设了职业生涯规划课程，并将礼仪作为课程中不可或缺的一环。根据各专业实际情况分期分段适时开展就业指导相关课程，对学生的岗位能力、素养进行集中培养。各年级根据实际情况配备班主任、专业教师进行学业指导，帮助学生结合自身特点和专业优化学业设计和生涯规划。

图3　职业生涯规划指导体系

（五）礼仪活动，践行立德树人工作理念

1. 开展礼仪主题活动

"礼仪教育"以"礼貌礼节"为立足点，致力于弘扬礼文化，遵循生命成长规律与教育科学规律，在课程、教学、管理、校园文化建设方面坚持"礼仪"引领，注重学生"文明礼仪习惯"的养成和健全人格的塑造，运用科学的教育方法，内化于心，外化于行，五育并举，五育融合，从而促进学生核心素养与综合素质全面提高。[①] 紧扣新时代主旋律，以家国情怀为主线，开展丰富多彩的思政、体育、美育等方面的主题活动，将礼仪教育浸润其中，深入推进礼仪育人。利用开学典礼、毕业典礼、升旗仪式、入党入团仪式以及民族传统节日、纪念日等，深入开展"礼仪风采"活动，在校园职业技能文化节、劳动文化节、社团文化节、阳光大课间等活动中，融入礼仪文化模块，构建"年年有计划、月月有主题、周周有活动、人人有参与"的礼仪主题活动体系。

2. 开展主题团日活动

围绕党政工作大局、动员青年建功立业，以"青年大学习"主题团课为载

---

① 蔡青池：《中学礼仪文化教育问题及路径选择》，长春师范大学硕士论文，2021年。

体，开展形式多样的教育实践活动，增强青少年的文化自信。以活动为载体，以礼仪文化为核心，开展入团宣讲、团课培训、入团仪式、志愿服务等系列活动，注重体验，加强青少年思想政治教育，提高其道德修养。

3. 开展技能展示活动

学校紧扣职教特色，扎根专业基础，夯实专业技能，以岗位新能力培养为主线，以职业新标准为根据，引导学生积极参加各级各类礼仪专业技能大赛与展示活动。学校以各类职业技能竞赛为抓手，加强礼仪文化在专业建设和教育教学方面的改革，运用"以赛促学、以赛促练、以赛促教、以赛促改"的"岗课赛证"综合育人理念，组织学生参加国家、省、市各级职业院校技能赛事并取得优异成绩，全面推进职业技能人才培养。

（六）评价激励，优化三全育人综合效能

1. 完善考核评价体系

持续完善学校基于学生健康成长搭建的"5+2"综合素质评价体系，进一步修订明确学生在品德发展与公民素养、修习课程与学业成绩、身心健康与体育素养、美育基础与艺术表现、劳动能力与劳动品质、礼仪礼貌与礼仪素养、专业技能与技能服务等方面的评价标准。

2. 推动实现过程评价

过程评价采取目标与过程并重的价值取向，对学习的动机、过程以及与学习密切相关的非智力因素进行全面的评价。评价方式上强调内外结合、开放，评价过程与教学过程要交叉和融合，评价主体与客体要互动和整合。引导学生在过程评价中肯定成绩、找出问题、促进反思，从而更好地把握学习方式方法，并将其作为与终身学习相呼应的一个方面，实现终身的可持续发展。

3. 积极运用增值评价

增值评价主要考查的是教育经历能否给学生的成长带来"增值"效果。其主要关注学生从入学到毕业期间所发生的变化，或者完成某段学业后的收获与开始该段学业前的差异，实质上融合了对学习起点、过程、结果的多重考查，是一种发展性的评价方式。"三全育人"全过程充分运用增值评价，增强学生发展的自信心和内驱力。

4. 发挥朋辈引领力量

坚持一年一度德育表彰活动，坚持"班级-专业部-学校"三级表彰评选，落实品德之星、学习之星、艺体之星、劳动之星、礼仪之星、技能之星、活动之星的校级表彰，选树学生榜样，发挥朋辈引领力量，激励学生争当先进，争做榜样。

三、礼仪文化教育的实践成效

（一）形成独特的礼仪文化教育模式

学校以礼貌礼节为起点、以礼仪规范训练为途径、以文明行为习惯养成为过程、以道德净化和心理健康为归宿，形成了"五措并举，三阶共促"的礼仪文化教育模式（图4），覆盖全部师生，贯穿教学全过程，作用于校园生活各方面，切实将立德树人落到了实处，赢得了社会各界广泛赞誉。学校被誉为"服务明星的摇篮""职业教育的风向标"。每一个礼仪职中的学子都能在礼仪的校园里快乐地成长，幸福地成功。2021－2022学年，学生参加四川省职业院校技能大赛，获物联网技术应用技能大赛3个三等奖；参加成都市技能竞赛获团体一等奖1项、三等奖2项，个人一等奖26项、二等奖20项、三等奖28项。

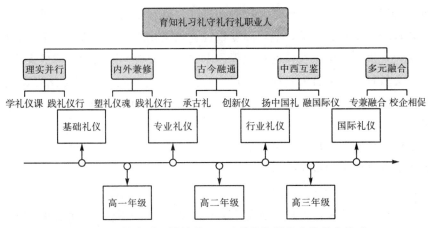

图4　礼仪职中"五措并举，三阶共促"礼仪文化教育模式

（二）创建全新的礼仪课程体系

建设礼仪教育课程并非追求精英教育，而是让每一名学生都能积极进取，将平凡的事情做细、做实、做好、做精，在此基础上发展特长和张扬个性，进而追求卓越、超越自我。礼仪课程体系彰显"知行合一"的课程精神特质，注重理论知识与实践行动有机结合，其中既有显性课程，又有隐性课程，既有普修课程，也有专修课程。

（三）打造响亮的职业教育品牌

建设"己欲立而立人，己欲达而达人""己所不欲，勿施于人"的教师队伍。学校成立礼仪教育教研组，加强中华优秀礼仪文化在新时代里创造性转化和创新性发展；积极主动与行业企业深度合作，把行业礼仪标准引入课堂、融入校园，实现校企共同研究、共同融合，共同促进。学校从省级重点、国家级重点到国家首批示范学校，历经50余年的岁月洗礼，栉风沐雨，弦歌不辍，奋力书写了新时代的壮丽篇章。由于学生举止文雅、功底扎实、素质过硬，学校受到行业企业及高校的普遍欢迎，被誉为职业教育的"风向标"、现代服务专业的"领头羊"。

四、结语

习近平总书记强调，"要以铸牢中华民族共同体意识为主线"，"促进各民族像石榴籽一样紧紧抱在一起，共同团结奋斗、共同繁荣发展"。[①] 以礼仪文化推动铸牢中华民族共同体意识，必须将礼仪教育作为一项重要抓手。

教育的力量是无穷的，应当高度重视礼仪文化的育人功能，传承弘扬优秀礼仪文化，进一步优化礼仪教育课程、丰富礼仪教育实践活动，形成家庭、社会、社会教育主体的合力。通过礼仪文化教育，用共同的民族文化凝聚民心，推动中华民族共同体意识入脑入心，汇聚成实现中华民族伟大复兴的磅礴力量。

学校将继续加大校风学风建设力度，为实现学校高品质持续发展和学生综合素质提升做出更好更大的贡献。

执笔人：四川省成都市礼仪职业中学　何吟婷　文成忠　梁　慧

---

① 习近平：《论坚持人民当家作主》，中央文献出版社，2021年，第285、179页。

第二章

高品质基础教育学校的治理模式探索

第一节　理论分析

一、学校治理的内涵

（一）治理

"治理"（Governance）一词源于拉丁文和古希腊语，原意为"控制、引导和操纵"。长期以来，它与"统治"（Goverment）交叉使用于国家的公共事务管理活动和政治活动之中，表明了君主或国家至上权力的辖制、管控和支配。《现代汉语词典》（第七版）记载的"治理"有两个方面的意思，一是统治、管理，二是处理、整修。俞可平援引全球治理委员会的观点提出："治理不是一整套规则，也不是一种活动，而是一个过程；治理过程的基础不是控制，而是协调……治理不是一种正式的制度，而是持续的互动。"[①] 范国睿认为"治理"是指通过一定的社会制度安排，国家机关、社会组织、利益群体和公民个体等多元主体合作互动、共同管理公共事务的过程。治理的本质是多元参与公共事务管理。[②]

（二）中小学治理

一般而言，中小学治理是指中小学相关治理主体依据教育相关法律法规及学校的制度安排，规范学校治理共同体的管理活动及教师的教育教学行为，通过民主参与、协商对话的方式，形成各方利益平衡的和谐格局，集多元主体的智慧和资源，共同实现中小学的育人目标及发展愿景的过程。不难看出，中小

---

① 俞可平：《治理与善治》，社会科学文献出版社，2000年版，第5页。
② 范国睿：《学校治理现代化的任务与路径》，《上海教育科研》，2022年第12期。

学治理涵盖治理主体、治理依据、治理方式、治理结果诸多要素，体现这些要素的有机联系及其功能释放。治理的主体涉及政府和教育行政部门的管理者，也包括中小学教育相关人员（学校管理共同体、教师、学生和家长等）。治理活动的展开是以法律法规、制度为依凭，所采取的治理方式为协商与对话，治理的结果体现在学校育人目标及发展愿景的达成。

（三）学校治理

从治理的释义来看，学校治理主要是指对学校的统治与管理。学校治理包括学校的人员的配备、机构的设置、权力范围的划分等方面。其目的是通过一定的学校治理手段，促进学生的健康成长和学校的有序发展。从治理的历程来看，学校在初期形成阶段和后续发展过程中，都要求有相应的治理体制和治理机制来维护有机有序的运行。从与学校管理的对比来看，李慧琴认为，"学校'治理'区别于学校'管理'，主要表现为从人治走向法治、从封闭走向开放、从控制走向协调、从单一走向系统、从约束走向自主的理论与实践创新。相对'管理'而言，'治理'更强调主体的多元性、参与性、协同性，它要求学校建立从人治走向法治、从封闭走向开放、从控制走向协调的治理体系，优化内部组织结构，完善制度体系建设，不断提升治理能力，推动学校转型。学校治理重在处理好学校与政府、学校与教师、学校与学生、学校与家长、学校与社会五种关系，这也是我们变学校管理为学校治理的理论基础"。①

另外，丁汀等认为，"学校治理（School Governance）概念是在当代治理理论和全球治理实践的基础和框架下提出的，它奠基于对传统学校管理理论的超越和反思，也蕴涵着对当前及今后学校管理实践的前瞻和创新"。② 梁敏认为，"学校治理包括学校外部治理和学校内部治理两个部分：外部治理主要关注的是社会、教育行政部门、家长等校外相关权力主体的关系的合理配置；内部治理是指学校内部的校长、学校行政管理部门、教师和学生等校内权利主体的关系的合理配置"。③

本章所研究的学校治理，主要从三个方面展开：一是基于集团化办学的角度，探索集团化学校如何变革学校治理，从而走向高品质发展；二是通过厘清

---

① 李慧琴：《学校治理悟与行》，上海文汇出版社，2021年版，第10页。
② 丁汀，高波：《执校能力论构建和谐学校的现代公共教育治理观》，民族出版社，2006年版，第17页。
③ 梁敏：《中小学学校治理测评模型的构建研究——以重庆市×区为例》，《教育观察》，2024年第2期。

管理逻辑与教育逻辑，通过"扁平化"管理模式与级部制模式，基于管理与教育融合的角度探索学校治理模式的变革；三是从党团队一体化育人实践角度，开展学校治理模式的探索。

二、关于学校治理的研究

（一）国内相关研究

国内关于学校治理的研究主要集中于学校治理的现状与对策等方面。

1. 关于学校治理的现状

陈亮、李惠在《论教育治理法治化》一文中从法治化的角度将学校治理的困境归纳为三个方面：一是教育法制不健全及权威性的缺失导致教育治理法治化进程先天不足；二是脆弱的教育治理结构导致教育治理法治化进程中主体缺位；三是外在社会法制观念淡薄桎梏了教育治理法治化进程中效能提高。[①] 李金星、赵敏、蔺海沣从教育"管办评"分离的视角指出，我国目前处于实施"管办评"分离的初始化阶段，当前政策的灵活性弱，大多政策只在总体方向上进行宏观的把控，具体的政策落实与实施并没有细化到位。[②]

2. 关于学校治理的对策

范国睿运用比较分析法在《基于教育管办评分离的中小学依法自主办学的体制机制改革探索》一文中指出，对于一所学校，建立现代学校规章制度并实现依法自主办学，既是推进教育治理改革、实现教育治理现代化与政府简政放权的客观要求，也是遵循教育客观发展规律办学的要求。[③] 宋明钧在《教师参与：学校成功发展的关键》中指出，教师参与学校管理和决策是学校民主办学的一种具体组织形式。教师参与管理的主要目的在于使每个学校成员都有机会参与到学校管理中来，增进对管理过程的认同与了解，激发其组织责任心，使之愿意为学校共同目标的达成而努力。[④] 侯佛钢和张振改在《教师参与教育政策制定的价值与困境分析》中指出：教师参与教育决策是教育政策落实的内在要求。在教育政策的实践过程中，教师的身份使其本身具有多重的属性，因

---

① 陈亮，李惠：《论教育治理法治化》，《高校教育管理》，2016 年第 4 期。

② 李金星，赵敏，蔺海沣：《教育治理中"管办评"分离及其实施》，《教学与管理》，2016 年第 16 期。

③ 范国睿：《基于教育管办评分离的中小学依法自主办学的体制机制改革探索》，《教育研究》，2017 年第 4 期。

④ 宋明钧：《教师参与：学校成功发展的关键》，《中国高教研究》，2006 年第 4 期。

此，教师的参与对于教育政策落实起到很重要的作用，能够减少教育政策出现漏洞与假大空的现象。①

（二）国外相关研究

国外学者主要开展对学校治理的理论定义、分类以及理论基础的研究，很少结合实际进行实证分析。因此，国外学者的研究往往侧重于理论探讨，缺乏全面细致的实证调查研究，尤其是对学校治理进行的实证研究。

从20世纪开始，对学校治理问题的研究是以公司管理的视角展开的。国外有学者主张学校管理就是平衡，平衡专业的教师和森严的行政制度。他还主张学校管理需要学术的参与，而不是将其严格地分开。② 在《走出象牙塔：现代大学的社会责任》中，博克提出了新的管理方式，就是以第三方为中心的管理模式，摒弃以自我为中心的管理理念。③ 詹姆斯·N. 罗西瑙在他的《没有政府的治理：世界政治中的秩序与变革》一书中指出，治理实质上是一种机制，它虽然没有通过正式的审核与权力的授予，但在实践中已经展现了其重要作用。同时，他还从不同的治理定义中抽取出六项具有代表性的表述：第一，可以用节减开支的方式来制定管理活动相关的治理细则，以实现效益最大化；第二，企业管理活动治理的本质是对其经营活动进行监督；第三，社会公共管理活动的治理强调政府公共服务领域运用市场化的相关激励管理机制；第四，"善治"是指在公共服务领域中对效率、责任以及法治等要素的关注；第五，强调政府与私人领域之间的有效沟通和互动；第六，基于信任与互利的机制是指向社会自组织系统的治理。④ 一些学者强调了沟通交流在学校治理中的作用，如主张学校领导者和教师建立起良好的沟通交流机制。他们认为教师参与学校治理体现为为了共同的目标，校长应认真听取教师的建议和意见，并与教师充分合作，给予教师尊重。还有一些学者从学校制度治理方面进行了研究。伯恩鲍姆运用控制论的思想分析了学术组织和学术评议会的机制安排。有的学者运用制度变迁理论进行研究后认为学校治理应当也是一个制度变迁的过程，而且学校的传统继承与发展之间能够得到有机的整合。

---

① 侯佛钢，张振改：《教师参与教育政策制定的价值与困境分析》，《教育探索》，2013年第6期。

② CLARKSON M. A Stakeholder Framework for Analyzing and Evaluating Corporate Social Performance. Academy of Management Review, 1995, 20 (1)：92—118.

③ 〔美〕德里克·博克：《走出象牙塔：现代大学的社会责任》，徐小洲等译，浙江教育出版社，2001年版，第49—50页。

④ 〔美〕詹姆斯·N. 罗西瑙：《没有政府的治理：世界政治中的秩序与变革》，江西人民出版社，2001年版，第15页。

国外学者的研究主题主要集中在教师参与学校治理的意义、重要性等，对学校治理的其他方面的实证研究成果较少。

通过对国内外学校治理相关研究的梳理分析，不难发现：一方面，学校治理从理想走向现实的过程中仍有许多未突破的困境，如集团化办学背景下学校治理变革、教育逻辑与管理逻辑之间的冲突与背离等，这些客观存在的问题为学校治理实践探寻优化路径与方法提供了必要性；另一方面，如何在中小学实行党组织领导的校长负责制背景下通过学校领导体制与学校治理模式转型引领基础教育高质量发展，仍然是目前学界关注的焦点。

三、高品质基础教育学校治理的实践思考

（一）根本原则：党建引领治理变革

高品质基础教育学校治理模式的构建首先需要完善治理结构。2022 年 1 月，中共中央办公厅印发《关于建立中小学校党组织领导的校长负责制的意见（试行）》，明确提出要建立中小学校党组织领导的校长负责制。例如，成都市石室联合中学为成都市党建标准化建设示范校，于 2022 年初首批试点实行党组织领导的校长负责制，始终把加强党的全面领导、落实党的教育方针作为根本宗旨，始终把立德树人作为出发点和落脚点。在领导体制变革的过程中，学校治理复杂性与日俱增，需要坚持和加强党对中小学校的全面领导，克服学校治理中多元主体参与和权责交叉失衡等治理危机，进一步探索完善校长与党组织在学校治理中的地位和功能，完善党组织领导的校长负责制理论建设与实践机制，实现学校治理现代化，从而全面提升学校育人品质，办好人民满意的教育。

其次，必须坚持党建引领学校发展这个根本原则，把党的领导落实到构建学校党团队一体化育人新体系工作中。例如，成都市石室联合中学在党团队一体化建设工作中，坚持"党建带团、全团带队"工作理念，聚焦党员、团员、少先队员三个主体，借助"三三制"工作法，以"三项链条""三个阵地""三项活动"为载体，探索形成了党团队一体化育人的"人才体系""文化体系"和"活动体系"，形成了"探索'三三制'工作法 构建党团队育人新体系"创新案例。其着力点就在于以党的领导引领学校共青团和少先队的工作，在于以党的领导体制变革引领学校治理模式变革。

为将党的领导有效落实到具体教育教学管理中，成都市石室联合中学党委

在 2024 年 1 月完成第三届党委换届之际，同时完成了党支部设置从"建在级部"向"建在教研组"的调整，将原来设置在三个级部的党支部改选为七个，并细化了在教研时间同步开展党组织活动等要求，促进了党建与一线教学的深度融合；严格坚持"第一议题"制度，将党建理论学习作为学科教研第一环节，不仅促进党员教师保持先进性，还促进非党员教师凝心聚力。

（二）内在规律：管理逻辑与教育逻辑的契合

人类文明及社会发展到一定阶段才会产生管理。在古代汉语中，"管"是名词，指一种中空的物体；"理"作为动词有分析之意，作为名词则有道理之意。掌管事务是管理一词在古代最早的意思，重点在于掌管、统领。管理的实质主要是资源的配置，同时是通过行使相关职能而有效地分配和利用各项资源来实现组织目标的过程，包括人、财、物、技术、信息、时间、制度等能够满足组织生存与发展需求的手段。[①]

而管理逻辑则是逻辑科学在管理活动中的具体应用，它研究管理活动过程中的思维形式、基本规律及有关的一些思维方法。因此，管理逻辑的主要特点是把逻辑学与管理学结合起来，探寻逻辑与管理的结合，突出逻辑在管理过程中的应用。所以，管理逻辑就是管理实践活动的思维形式、方法及基本规律。

教育逻辑又是什么？我们可以简单理解为，当逻辑科学进入教育领域，就产生了教育逻辑。教育逻辑的主要特点是把逻辑学与教育学结合起来，探寻逻辑与教育的结合，突出逻辑在教育过程中的应用。所以，教育逻辑就是教育实践活动的思维形式、方法及基本规律。

在学校治理中，管理逻辑与教育逻辑显然是不同的逻辑，在思维和实践活动中有着各自的特点。虽然这两种逻辑有着很大的不同，但是在学校治理的实践活动中，管理逻辑与教育逻辑却是互相渗透、互相影响、互相交织的。因此，学校治理中的管理逻辑与教育逻辑是内在契合的。

基于以上认识，成都市石室联合中学党委将管理逻辑追求的"效率"与教育逻辑追求的"育人"结合起来，在实践中形成了"基于级部制模式的教育管理实践探索案例"，通过级部制，将管理工作延伸到教学一线，让教学实际为管理工作提供更多针对性、科学性的辅助。在学校治理工作中，对管理逻辑与教育逻辑进行探索的案例，还有合江县城关初级中学校的"扁平化管理实践探

---

① 〔美〕雷恩：《管理思想的演变》，孙耀君等译，中国社会科学出版社，1986 年版，第 23—26页。

索"。该校通过实行年级组负责的"扁平化"管理模式，减轻管理压力，提高学校治理水平，促进学校治理多方位发展。

（三）多元共治：探索集团化办学模式

高品质基础教育学校治理模式强调多元主体的参与和协同，但在实际操作中，各主体之间往往存在诉求不一致、权责不明确、沟通不畅等问题。如何有效整合各方资源，形成合力，成为该模式面临的一大挑战。高品质基础教育学校治理模式应注重多元主体的参与和协同。这包括校长、全体教职员工、学生及家长等各方力量的协同合作。通过共同治理，可以实现资源的优化配置和高效利用，提高学校的管理水平和教育质量。同时，多元主体的参与也有助于增强学校的凝聚力和向心力，形成积极向上的校园文化氛围。成都市石室联合中学基于办学历史，成功探索出了集团化办学模式以走出当前治理困境，激发学校办学活力。集团化办学模式最初出现在 20 世纪 90 年代，是一种以契约为纽带构建的大规模多层次组织形态，是通过优势互补或以强带弱，推进教育资源优质均衡发展的办学模式。

随着教育改革的不断发展，集团化办学模式也成为学校高质量发展的一种新思路。通过集团化办学模式激发学校治理活力的典型案例，还有"从名校集团走向高品质"的树德实验中学（西区）。2007 年，树德实验中学（西区）依托"成都市树德实验中学"这所名校的"捆绑发展"，与时俱进更新顶层设计、对标集团名校擦亮德育品牌、优化课程设置等，激活学校治理活力，抢抓集团名校赋予的平台与机遇，凝心聚力迈出高品质发展步伐。

集团化办学可以丰富中小学办学的外在形式，实现优质教育资源的共建、共创与共享，进一步打破校际壁垒，盘活集团内的教育教学资源，同时借助集团化办学灵活政策，让学校在集团发展中形成办学特色，增强发展的主动性与创新性。这些都能有效促进学校教育提质增效。

基于以上研究，我们充分认识到学校治理成功与否是关系到学校是否走向高品质发展之路的关键，管理逻辑与教育逻辑的内在契合是学校实现科学治理的内在逻辑，可以通过对集团化办学、级部制管理、"扁平化"管理、党团队一体化育人等治理思路的尝试，在具体的实践中推进学校教育教学实现高品质发展。

第二节　实践探索

案例一

合江县城关初级中学校"扁平化"管理实践探索

一、"扁平化"管理实施背景

(一) 党的教育方针引领学校发展

党的二十大报告强调："办好人民满意的教育。教育是国之大计、党之大计。培养什么人、怎样培养人、为谁培养人是教育的根本问题。育人的根本在于立德。全面贯彻党的教育方针，落实立德树人根本任务，培养德智体美劳全面发展的社会主义建设者和接班人。坚持以人民为中心发展教育，加快建设高质量教育体系，发展素质教育，促进教育公平。"[1] 把党的二十大精神贯彻落实到教育教学及教育管理的全过程，向管理要质量，推动教育质量的提升和管理模式的创新，是所有学校共同追求的目标，也是学校工作的重中之重。

(二) 时代挑战与学校变革

合江县城关初级中学校（简称城关中学）位于泸州市合江县，现有教学班级近 90 个，在校学生 4500 余人，在编教师 300 余人。作为县域初中教育的佼佼者，城关中学经历了快速的发展期，连续多年荣获泸州市初中质量综合评估优秀学校，中考成绩领跑全县。但 2017 年以来，面临生源结构变化和教育均衡化的双重挑战，学校原有的管理模式已难以适应新的发展需求，迫切需要转

---

[1] 习近平：《高举中国特色社会主义伟大旗帜　为全面建设社会主义现代化国家而团结奋斗——在中国共产党第二十次全国代表大会上的报告》，人民出版社，2022 年版，第 34 页。

型升级，以适应时代的变化。

二、"扁平化"管理实践探索

（一）引进先进理念， 推动年级试点

面对学校管理缺乏精细化等现存问题，城关中学立足学校原有流程，即"党政决策—科室布置—年级提调—学科安排—教师执行"，结合师生众多、覆盖面广、规模大的学校实际情况，通过网络学习、外出参观、研讨交流等途径，积极借鉴先进经验和管理方法，引入年级"扁平化"管理理念，减少管理层级，缩短管理战线，充分发挥年级团队优势，优化管理流程，以实现管理效能的最大化。2021年秋季学期，学校以七年级为试点年级，扎扎实实地尝试"扁平化"管理，探索出了一些有效的措施，虽也暴露了一些问题，但整体的效果还是令人满意的，为全校推广该理念奠定了坚实的基础。

（二）立足学校现状，实施"1133"管理模式

在总结七年级试点经验的基础上，学校采用"1133"管理模式构建了学校"扁平化"管理的框架，落实顶层设计，并从2022年春季学期起在三个年级都实施"扁平化"管理，以适应时代发展的需要。"1133"管理模式的内容包括："1"，即一个目标，以立德树人为目标，促进学校高品质发展；"1"，即一个核心，充分发挥主观能动性，实施年级"扁平化"管理；"3"，即三个互动，整合党政协同、过程管理、督导评估三个维度的力量，激发互动活力，以提高管理的效能；"3"，即三步战略，具体为全面实施、打造特色、纵深推进。

（三）明晰管理责权，精选管理团队

1. 明确工作职责

一是精选年级主任，明确其职责。学校从每个年级挑选一名政治过硬、能力过硬、积极肯干、乐于奉献的教师担任年级主任，负责年级的全面工作。二是组建由校级干部、年级主任助理、德育干事、教学干事和后勤干事构成的管理辅助团队，共同参与年级日常管理，各团队成员既有具体分工，更有协调合作。具体而言，校级干部协助年级主任开展工作，做好"上传下达"，处理管理中出现的棘手问题，为年级主任提供坚强的管理支持；年级主任助理主要负责年级组日常工作的管理，承担与年级办公室主任相似的工作任务；德育干

事、教学干事、后勤干事则主管相应工作。

2. 组建管理团队

一是组建教师管理团队。每个年级的管理团队一般由 6 至 7 名成员构成，其中，年级主任 1 名，校级干部 1 名或 2 名（三年级为 2 名），年级主任助理 1 名，德育干事 1 名，教学干事 1 名，后勤干事 1 名。二是组建学生管理团队。通过竞聘的方式，挑选综合能力较强的学生组成学生管理团队，根据其特长分配岗位，分别负责班级的考勤、清洁卫生管理、手机管控、饮食就寝管理和日常行为规范等方面的工作。每个年级的学生管理团队约有 100 名成员，每天可派 20 名参与具体工作。

（四）强化制度建设，突出工作主线

1. 把握制度引领

根据年级特点，学校建立了一系列管理制度，以制度引领保障"扁平化"管理正常运作，制度覆盖教师和学生两个体系（重点为学生体系），主体内容包含品德、教学和活动三大板块。实施过程中各年级又结合学校实际予以健全完善，从而使制度更具可操作性。

2. 抓好工作主线

开展"扁平化"管理后，每个年级组就相当于一个小型的学校，面对千头万绪的工作，抓好工作主线，围绕品德、教学和活动三大板块开展管理工作便成为必然。

品德上，坚持立德树人。无论哪个年级，均以"朴实无私，坚韧高远"的城关精神为引领，以礼仪教育为龙头，强化常规德育，从而提升学生的道德素养。

教学上，推进课堂改革。结合上级及合江县推行新课程改革的文件精神，大力推进课堂教学结构改革，以"活·实"课堂为抓手，促进教师的专业发展，提升学生的综合能力。

活动上，力求因材施教。按照党和国家"五育并举"的要求，学校秉承"活动育人"的理念，以社团活动为载体，根据学生的兴趣特长，开展一系列活动，促进学生全面发展。

（五）重视信息反馈，持续优化管理

实施年级"扁平化"管理后，学校成立以党政领导为组长、中层干部为成员的巡查团队，及时发现并处理问题，必要时对发现的情况及时予以通报。此外，每周的党委会和行政会上，分管副校长或年级主任都会对各自的管理工作进行反馈。在听取报告后，大家针对仍然存在的问题各抒己见，提出整改措施，优化管理策略，打造特色亮点，确保"扁平化"管理持续深入推进。

三、"扁平化"管理实施成效

通过实施"扁平化"管理，城关中学找到了一条转型升级、蓄势突破的可持续发展之路。

（一）营造了温馨的育人环境

优化育人环境，是立德树人的重要基础和先决条件。学校注重硬环境与软环境的同步提升，将"四仪、八礼、十能"的培训及实操工作分别落实到各个年级，规范学生日常行为，提升礼仪素养。同时，建立"知心姐姐"工作室，错时错峰地让各年级有心理障碍的学生充分享有咨询的机会，为学生的心理健康教育铺设了良好的路径。年级组路队制的管控让学生在集会、活动和进出校园时的队列井然有序。年级组教师护校队放学时的认真巡查，确保了学生的人身和交通安全。

（二）升华了学校的办学理念

办学理念对一个学校的发展起着指引作用。理想的教育是学生眼里有光，教师脸上有笑，校园里流淌着成长的故事。实施"扁平化"管理，使学生得到充足的成长，这种成长不仅仅是收获知识，更是变得自信阳光。学校提出了"质量立校、文化育校、制度治校、名师强校"的四大工程，致力于打造"书声琅琅、歌声嘹亮、笑声飞扬"的"三声"校园，让每个学生在活动参与中更有存在感，感悟成长，收获进步，让校园成为学园、家园、乐园，充满温暖、温馨、温情。

（三）转变了学校的育人方式

好的教育是培养终生运动者、责任担当者、问题解决者和优雅生活者。只要给孩子们一缕阳光，他们便会展示出独有的风采，在学习、组织、表达、质疑、创新中散发着青春的气息。学校的办学理念、办学思想和育人方式总会如春风化雨般滋润学生的心田。2023 年秋季学期，学校调整课后服务组织形式，开设社团 69 个，实现课后服务全员选课走班。德育活动实现一月一主题，学科节实现一月一展示，校园文化艺术节、体育活动周、专项风采展示成为学校活动育人的品牌。学生在活动中享受阳光，体验成长，收获快乐。

（四）促进了教师的专业发展

学校发展的核心在于教师，实施"扁平化"管理的关键也在于教师。各年级组引领教师主动求变，主动适应教育新常态，以"归零"心态重新审视自我，转变教育思想，优化教学策略，在师生融合协同中，打造高效课堂。课堂上，教师的角色定位更加明晰。教师注重因材施教，让学生人人皆有所得；实施分层教学，让学生能够个性化发展。而学生成长的过程，也是教师成长的过程。2022年春起，学校开启了"青年教师成长计划"，将35岁以下的52名青年教师确定为学校培养的中坚力量，通过师徒结对、校际交流等形式，推动"青椒（教）"成长，成效显著。2023年以来，16名教师在各级各类赛课中获得一等奖。学校各级在研课题36项，145人次加入各级名师工作室，8人担任市县名师工作室领衔人。目前，学校正依托省级课题"县城初中专业化创新型教师队伍'四位一体'建设模式探索"，探索新时期学校教师队伍建设的有效路径。

（五）赢得了社会同行的关注

初中学校实施"扁平化"管理，在合江县尚属首例。得益于路径清晰、制度合理、管控有序，这一模式提升了学校的办学效能，也结出累累硕果。2022年，城关中学的"校警＋"工程被评为"四川省政法为民十大优秀案例"。2023年，城关中学相继被评为泸州市中医药文化进校园示范校、泸州市文明校园，以一等奖第一名的成绩被合江县教育和体育局评为课改示范校，并获得合江县教育系统综合目标考核一等奖。2024年5月，学校党委副书记、校长在四川省陶行知研究会北川课堂改革现场会暨"双减"背景下的课堂改革与质量提升高峰论坛上做交流发言，学校也被评为"巴蜀课堂改革示范学校"。

城关中学"扁平化"管理成效显著，受到社会各界的广泛关注，让城关中学重新赢得了良好的口碑，也吸引了众多兄弟学校前来交流学习。在教育系统内，合江县教育和体育局多次到学校考察调研，对城关中学的举措大力赞扬，也号召全县其他学校前来参观借鉴。

为适应时代的需要，城关中学通过"扁平化"管理，实现了学校的可持续发展，教育、教学、教研结出累累硕果，为五育并举、立德树人奠定了坚实基础。未来，城关中学将继续深化"扁平化"管理，推动学校事业再上新台阶。

执笔人：合江县城关初级中学校　向晓东　周成忠　杜　杰

案例二

从名校集团走向高品质

成都市树德实验中学（西区）前身是新一村"成都市十二桥中学"，1998年搬到现址，更名为"成都市光华中学"。2007年，学校与成都市树德实验中学实施"依托名校、捆绑发展"的办学策略，更名为"成都市树德实验中学（西区）"（简称树西）。在成为集团学校后，学校抢抓机遇，干部教师凝心聚力，助推学校向新优质学校迈进。2019年以来，学校把握发展契机，成为成都市公办初中强校工程实验校，通过内提质量、外塑形象，不断提升学校的办学品质，致力于办老百姓家门口的好学校，为建设"优教青羊"贡献树西智慧和力量。学校先后获得全国青少年校园足球特色学校、四川省阳光体育示范校、成都市首批新优质学校、成都市创先争优先进基层党组织、成都市环境友好型学校等荣誉称号。

一、顶层设计，助力学校发展

2007年，学校同成都市树德实验中学捆绑发展，更名后结合实际，确立了发展目标："一年站稳脚跟，2~3年有较大发展，4~5年接近或达到成都市初中一流办学水平。"2009年，学校再次规划内涵发展，做顶层设计，确立"做适合学生终身发展的教育，为学生奠定人生基础"的教育目标，秉承了树德集团的校训"树德·广才"，结合学校的校情、学情，提炼出校训"树德知礼，广才睿智"。学校集两校办学经验、共享两校教育教学资源、吸纳先进的教育教学管理理念，兴规立矩，强化常规，聚集课堂，立足德育创新……

随着时代的不断发展和教育理念的不断更新，树西一直在思考如何在新时代培养更多优秀的社会主义建设者和接班人。实践中，树西提出了把学校建设成"教师舒心工作的家园，学生欢心成长的乐园，家长放心托付的校园"的办学愿景，完善了培养"有健康身心，有高尚情操，有丰厚积淀，有创新精神"的"四有公民"的育人目标，落实了"规范立校，人文治校，优教兴校，质量强校"的办学方针，凝练了"正直豁达，自信包容，团结奋斗，开拓创新"的学校精神，以实际行动办好老百姓家门口的好学校。

二、育人育心，擦亮德育品牌

（一）同学议事会

同学议事会制度寻求的是学生与学生、学生与教师、学生与学校的有效合作。"程序化"思想、规则意识、参与意识，在学生"发现问题→提出问题→调查问题→分析问题→提出解决方案"的操作中内化成学生的自觉行为，让学生主动以主人翁的姿态思考问题。学生广泛参与学校的教育教学管理，使学校的任何举措都能源于学生的实际，让学校教育更贴近学生的需求、时代的发展。同学议事会制度为学生提供了体验"自主管理"的机会、"实践公民意识"的平台。

2010年9月17日下午，树西同学议事会在青羊区委、区政府，区教育局和社会各界的关注下隆重启动。学校的民主办学理念受到了社会各界的广泛关注及各大媒体的聚焦，四川经济网、安居成都、《成都日报》等媒体报道了树西同学议事会启动仪式。成都广播电台"998教育面对面"节目、青羊教育、时代教育宣传树西同学议事会。2012年5月，树西同学议事会应邀走进四川省普法教育现场会，展示树西民主意识教育成果。"同学议事会：初中生民主实践能力培养的制度创新"在2013年荣获四川省第五届普教教学成果一等奖。

（二）"五维"志愿服务

为切实践行"构建德智体美劳全面培养的教育体系""开展社会实践活动，强化劳动精神、劳动观念教育"[1] 等指导，培养有健康身心、有高尚情操、有丰厚积淀、有创造精神的"四有公民"，树西以志愿服务为突破口，通过与社区共建"'五维'志愿服务型学习区"，努力构建既能让学生用知识、技能、特长服务社会，又能让社区居民受益于志愿服务进而得以提升和成长的融合学习片区。"五维"是指"德、智、体、美、劳"五个维度。参与该活动的学生分为"五维"志愿服务大队和"五维"志愿服务小队。"五维"志愿服务大队由外联部、策划部、培训部、考评部、后勤部组成；"五维"志愿服务小队由美德小分队、智学小分队、体育小分队、艺术小分队、劳技小分队构成。"五维"

---

[1] 中共中央党史和文献研究院：《十九大以来重要文献选编（中）》，中央文献出版社，2021年版，第231页。

志愿服务，即指以这五个维度为导向开展志愿服务。"五维"志愿服务相比于传统志愿服务，更多地带有知识传播、技能传授、文化传承的功能。"五维"志愿服务的过程是学生和居民共同学习、共同提升的过程，旨在以学校为圆心向社区辐射，构建一个融合学习片区。每学年 3~5 月、9~11 月，学校以班为单位开展校园志愿服务活动，每月进行 1 至 2 次社区志愿者集体活动。通过建设"五维"志愿组织，开展一系列有针对性的志愿活动，继承和发扬志愿精神，培养学生的集体意识、服务意识和公民意识，使学生在初中阶段形成良好的世界观、人生观和价值观。

（三）体验式德育

1. 成立德育教研中心组

学生成长指导中心牵头，与教师发展中心协调，由德育教师、心育教师、劳育教师、美育教师、骨干班主任、青年班主任组建德育教研中心组，提升德育科研和青年教师培育水平，深度落实"青蓝结对"制度，梳理德育成果，构建德育体系。

2. 常规教育程序化

实行"六规范"（规范从发式开始，规范从着装开始，规范从打招呼开始，规范从个人卫生习惯开始，规范从桌椅整齐干净开始，规范从日常文明礼貌用语开始）教育，让德育程序化。

3. 德育活动系列化

各年级分别开展以下系列活动：七年级——请和习惯一起来，旨在培养适合初中学习的行为习惯和学习习惯，让七年级学生尽快适应初中的学习和生活；八年级——请和青春一起来，旨在帮助八年级的学生尽快走出青春期的困惑。九年级——请和理想一起来，旨在通过活动引导面临中考的学生正确面对学业压力。深入开展以"社会主义核心价值观"为主线的一月一主题教育，内容丰富，贴近学生的思想实际。

4. 德育评价多样化

推行"阳光班级"周考核制度、"阳光小组"月评价制度，加大了团队评价的权重，促进合作小组课内课外的多维度的合作，增强"组荣我荣""班荣我荣"团队合作意识。五育并举、五育并重，强调过程管理，关注学生的全面发展。

5. 家校共育协同化

依托区家庭教育指导中心，做好全国家校社协同育人实践基地建设，宣讲

《中华人民共和国家庭教育促进法》，招募"心向阳光"家庭教育服务队志愿者，建设"智慧父母引领孩子未来"家长学校，推进"知法于心、用法于行"依法齐家行动，开展"亲子乐翻天，快乐无极限"亲子互联活动，设立"暖心"法律援助调解中心，成立各级家委会定期组织各种形式的亲子教育活动。家长走进讲堂，开展"教育子女心得交流座谈会"；走进操场，给孩子们当教练、陪练、队友；走进课堂，参与开放周的听课、评课；走上讲台，给孩子们讲法律、说规矩、谈人生经历和感情。家委会参与食堂的日常监督工作，每天都有家长到食堂监督工作，负责称秤、检查菜品的数量质量、卫生检查。

三、课程改革，夯实强校之基

当前落实"双减"工作和"五项管理"要求下，不能再走原来"应试教育"状态下的教育教学老路。树西认真反思过去的做法，学习领会教育的根本要义，立足校情，优化校本资源，对全校的课程进行调整，促进教育观念和方法的改进。

（一）着力课程建设

学校依托"树慧课程"，助力特色发展。七、八年级同步开设"树慧课程"，课程约30门，学生自己选课走班，满足学生兴趣爱好培养和个人发展的需求，活跃学生校园学习活动。每周增加1至2节学生自习课，加大教师的辅导教学力度，为学生打好基础，消减学习疑难，激发兴趣，树立学习信心。增加体育、音乐、美术课的课时，促进学生身体素质和艺术素养提升。每周增加1课时七年级和九年级的体育课，恢复九年级的音乐、美术课，保障了学生全面发展的需求。

（二）激发教师活力

教师是学校发展的源泉。肯定教师、激励教师、成就教师是学校发展的决定性因素。

1. 组织展示课，提供学习平台

学校每一学年都开展骨干教师的示范课、新进教师的汇报课、青年教师优质课等比赛，毕业年级复习研究课活动，教学开放周活动等，积极推荐本校教师参加省、市、区各项比赛，让教师登上更宽的舞台。

2. 开展积极健康的教师活动

校园文化艺术节上有教师才艺展示活动，阳光体育节上有教师分组竞技比赛，还有"我的中国梦"系列活动以及"我身边的师德故事"教师演讲比赛等。党支部和工会会发起并组织"教师健身队"，以"每天跑步三千米，自信人生二百年"的口号激励全校教师积极参加健身跑。

3. 邀请专家"把脉"指导

学校会邀请市、区级学科专家进入课堂，为教师指点迷津。专家们从新课程、新课标、新中考的方向上引领教师，从核心素养的培养、大单元教学、学科融合的视角观课、议课、评课，使全体教师深受启发，收获多多。

4. "青蓝结对"促成长

学校一方面利用假期和周二下午的青年教师专题培训时间，开展形式多样的学习活动，包括主题讲座、分享沙龙、团建活动等，努力为青年教师提供教育教学、个人成长方面的帮助；另一方面延续老带新的优良传统，开展新进年轻教师与资深教师之间的师徒结对，为新进年轻教师提供及时可靠的帮助。

（三）推进课堂变革

紧抓教学生命线，实施质量提升计划。突出教学中心地位，强化教学质量意识，以"六度课堂评价"为抓手，完善学科教研组、备课组建设体系，开展教学研讨、教学比武、教学督导、教学考评等活动，引领教师加强教育理论学习，激发教师教育观念的更新和教学方法的改进，促进课堂教学水平的提升。

树西一直在探索，一直在实践，将继续以"咬定青山不放松"的精神，践行"为党育人，为国育才"的初心使命，努力提高办学水平，不断催生内生动力，提升学校教育质量，树立学校的品牌，使学校真正成为国家放心、人民满意的好学校！

执笔人：成都市树德实验中学（西区）　舒　狄

融合共进，各美其美，建设高质量教育集团

集团化办学最初出现在 20 世纪 90 年代，是一种以契约为纽带构建的大规模多层次组织形态，是通过优势互补或以强带弱，推进教育资源优质均衡发展的办学模式。发展至今，"教育集团化"仍是我国推进义务教育优质均衡发展的重要手段之一。

一、集团化发展背景

2006 年，教育部在成都召开了全国义务教育均衡发展现场经验交流会议，对四川省和成都市推进义务教育均衡发展工作给予充分肯定。在此背景下，成都市石室联合中学（简称石室联中）积极投身"城乡教育一体、区域教育均衡"的教育改革，全力推进以教育集团化促进教育均衡发展的教育实践，先后领办成都市石室联合中学（西区）、成都市石室联合中学蜀华分校，创办石室联合中学金沙校区、石室联合成飞学校和石室联合弘文学校，最终不断发展壮大，形成以石室联中陕西街校区为龙头的石室联合中学教育集团。

二、集团化发展路径

（一）原点聚焦：集团办学框架下的文化认同

西汉时期，蜀郡太守文翁办石室、兴教育、举贤能，可谓"兴学化蜀功在千秋"。文翁勤政创新，皆源于为国为民的使命担当。两千年后，根植"文翁化蜀，慧智石室"的悠久历史文脉，于 1997 年经成都市委、市政府批准，原成都市第十中学依托成都石室中学联合办学，成立了"成都市石室联合中学"，将石室中学悠久的历史传统与现代教育思想相融合。对于石室联中而言，文翁不仅是一个历史人物，更是一种精神的象征。

石室联中校徽以篆体书"石室"二字为核心，形似古时铜钟，寓意传承

"文翁化蜀"的书院传统。而成员学校石室联中（西区）秉承"石"文化，石室联中蜀华分校化"石室"拼音首字母入校徽，都是以不同的形式传承石室文脉，从而达成了文化核心上的认同，让每一所成员学校在集团内都有了一分归属感。

同时，石室联中也注重对自身精神文化的确立，在石室文脉的基础上结合本校的发展历程，明确提出"建设一所高质量、现代化、充满幸福感，并持续追求人文与卓越的理想学府"的办学愿景，"为每一位孩子赋予追梦的力量"的办学使命，坚持"差异教育，扬长发展"的办学理念，致力于培养有家国情怀，有健康身心，有卓越素养，有创新精神的新时代社会主义建设者和接班人，凝练了报国利民、追求卓越、甘于奉献的石室联中精神。这也成为引领石室联中教育集团发展的文化旗帜。

（二）主线贯穿：优质发展任务下的重点突破

石室联中坚信人是团队发展的核心要素，因此确定以教师队伍建设为集团发展的主线，坚持管理团队建设和教师团队建设双核驱动，同步带动文化建设、内部治理、课程体系建设、评价体系建设等多方面的互通与提升。

一方面，坚持党管干部、党管人才的原则，以"选拔一批、培养一批"为基本思路，建设性地以遴选促培养，努力建设一支政治强、业务精、作风好的人才队伍，做到成员学校的核心领导班子成员几乎都能有在石室联中学习成长的工作经历，为学校乃至集团发展储备了优质人才队伍。

另一方面，注重教师团队的共建共培，以"整合资源、加强培训，促进教师专业发展；深化教改、分层培养，促进教师专业成长；立足课堂、加强研究，提高课堂教学效益"为教师发展宗旨，搭建多条跨校研训渠道，主抓师资均衡，实现优质教育资源更广意义上的共建共享。

1. 教师培训，助力新人成长。石室联中推出"雏鹰计划"新进教师培训系列课程，助力集团青年教师融入集体，站稳讲台，提升自我。课程由石室联中教师发展中心组织，聚焦新加入石室联中教育团队的新进教师和教龄三年以内的年轻教师，通过专家讲座、阅读反思、交流研讨、拓展活动等丰富多样的形式引领石室联中"雏鹰"们不断学习，一月一主题，一期一收获。

2. 技能竞赛，发掘未来名师。持续开展一年一度的"园丁杯"青年教师技能大赛，聚焦教育教学技能，先培后赛，以赛促培，专家引领，全员参与，让比赛成为实战型人才快速成长的助推器，助力高品质学科团队建设。

3. 联合教研，夯实教育地基。一方面，做实常规教研，各教研组以学科教学为主要内容跨校区开展联合教研，交流工作计划，研讨教育难题；另一方面，做强集团研讨会，广邀集团成员和兄弟学校开展主题研讨。以石室联中教育集团第 32 届教育教学研讨会为例，活动邀请了包括所有集团成员学校在内的约十所兄弟学校代表，围绕"高效课堂"主题开展课堂展示、讨论交流、主题发言等环节，引领了大家对"高效课堂"建设的深入思考。

4. 集群打造，引领优质发展。目前，石室联中共建有 3 个省级名师工作室、15 个区级名师工作室和 8 个校级名师工作室，以名师聚骨干，以课题带教研，以学术铸魂，以科研聚力，引领学科教育和班主任团队的优质发展，为集团可持续发展加油助力。

（三）双圈共建：不同合作模式下的融合共生

集团内部按照不同的合作模式，打造了内外双层管理圈。内圈串联石室联中陕西街校区、石室联中金沙校区、石室联合成飞学校和石室联合弘文学校；外圈辐射石室联中（西区）、石室联中蜀华分校等。内圈实施紧密型管理，坚持管理统一、德育统筹、教学同步、教师互动、资源共享五大治理机制，做到垂直管理、步调一致；外圈实施松散型管理，秉持"求同存异"的发展诉求，以引领指导为手段，注重文化建设等多个办学维度的交流与互通。

1. 优化组织架构，完善内圈运转机制。按照《成都市石室联合中学"十四五"发展规划》，在目前已有的四校区内推进行政部门升级转型，打造多部门协调运作的行政服务组织，立足学生、教师和学校三方发展，深化各部门的服务意识，提升服务水平，使之与学校发展相适应，为校区间高效协同发展提供组织保障。同时，各成员学校结合实际工作情况，建章立制，完善机制，以规章指导发展，用制度规范操作，确保集团内多校区同步运行，品质不变。

2. 加强信息交流，扩大外圈辐射范围。除围绕教师队伍建设的线下活动外，集团成员学校还注重线上交流。一方面，建立线上工作讨论群，在不同层面都保持沟通顺畅，确保信息共享；另一方面，注重学校宣传平台的打造，依托学校公众号宣传学校特色活动，提升学校影响力，形成彼此辐射、共生共赢的教育磁场。

（四）多维发展：和而不同理念下的特色打造

集团发展既要保持本校的"本质"，也要做靓自身的"特质"。在努力构建集团文化的同时，积极鼓励集团成员学校发扬自己的特性与优势，特别关注内部的同质异构，形成集英才教育、数字教育、贯通教育和未来教育为一体的内圈四校特色发展格局。

以石室联中陕西街校区为例，作为整个集团积淀最深厚的校区，其将自身定位为突破与辐射，以育人目标为核心，大胆创新，勇于尝试，开展了一系列特色工作。例如，成立石室联中学生成长指导站，将心理健康教育、家庭教育、生涯教育三个方面的功能整合为一体，为每一位石室联中学子提供一站式个性化成长指导服务；引进开展"学校诊断项目"，从八个方面对学校进行全面"体检"；加入"四川云教"，成立成都石室联中云教联盟，积极推进优质网络资源辐射。

石室联中金沙校区的定位则为提质与特色，以"金石之道，修己达人"为育人理念，不断丰富金沙校区育人特色的内涵。同时金沙校区以数字教育为特色，大力建设数字资源，支持个性化学校打造；重点强化数据驱动，助力精准教学；同时积极做好云教项目，加强共享与辐射，被四川省教育厅授予"现代教育技术师范学校"的荣誉称号。

石室联合成飞学校的定位为规范与口碑，扬长发展，针对学生实际情况和学校区域特点开设飞天课程，打造国防教育特色、航空航天特色、科创智能特色三大特色教育品牌；进行小班化教学，开展分层走班，满足学生的个性化需求，以品牌教育培育优质航空人才，助力国防工业发展，服务于民。

石室联合弘文学校则立足蓄能与设计，在设计建设阶段就注重打造适合未来教育新生态的软、硬件设施，以满足"课程开设多样化，评价体系多元可测，平台建设融通可行，校园环境舒适可感"的目标，追求让个性化学习时时发生，切实为每一个学生赋予追梦的力量，致力于成为一所高质量、现代化、面向未来的新生态高品质学校。

三、成效及愿景

石室联中教育集团"源点聚焦、主线贯穿、双圈共建、多维发展"的治理模式在大量的实践与研究中不断优化，促进了整个集团教育的优质均衡发展。第一，服务于学生优质发展，提升了学校育人水平，让学生在更加科学健康的治学理念下茁壮成长；第二，促进教师专业成长，通过构建完备的师培体系，以丰富的教育资源，有力促进了各层次的教师专业提升、优质发展；第三，彰显了集团品质，扩大了社会影响力。

在未来，石室联中会继续坚持集团化发展之路，紧跟时代步伐，深耕教育教学，充分依靠团队，勠力同心，携手并进。

执笔人：成都市石室联合中学　宋奕云　关　月　陈建华

案例四

探索"三三制"工作法 构建党团队育人新体系

——石室联合中学探索"三三制"在党团队一体化建设中的运用

习近平总书记在庆祝中国共产主义青年团成立 100 周年大会上强调:"着力推动党、团、队育人链条相衔接、相贯通。"[①] "三三制"乃抗日战争时期,中国共产党于陕甘宁边区所开创并推行之抗日民主政权制度。此制度的重点在于"在政权的人员分配上,应该是:共产党员占三分之一,他们代表无产阶级和贫农;左派进步分子占三分之一,他们代表小资产阶级;中间分子及其他分子占三分之一,他们代表中等资产阶级和开明绅士"。[②] 石室联中坚持"党建带团、全团带队"工作理念,聚焦党员、团员、少先队员三个主体,借助"三三制"工作法,以"三个链条""三个阵地""三项活动"为载体,探索形成了党团队一体化育人的"人才体系""文化体系"和"活动体系"。

一、背景

石室联中党委现有党员 135 名。学校高度重视党团队和青年工作。但是,一方面,因新办、扩建校区等原因,近两年大量引入青年教师,35 岁以下青年教师人数较多,约占全校教师的 30%,他们是把学校创建成为高质量、现代化一流初中的重要力量。如何帮助青年教师更快更好地成长,是学校领导班子的一大课题。另一方面,学校团队干部多为入职年限短的青年教师,需要党组织的"帮扶"。

---

① 习近平:《在庆祝中国共产主义青年团成立 100 周年大会上的讲话》,人民出版社,2022 年版,第 13 页。

② 毛泽东:《毛泽东选集》(第二卷),人民出版社,1991 年版,第 750 页。

二、经验做法

（一）构建"三个链条"，齐抓共管形成"人才体系"

1. **党建引领"三级建设"。**坚持党建引领，发挥党组织领导核心作用，在党委层面，通过完善章程、理顺制度、调整组织架构等措施，完成了校长负责制向党委领导的校长负责制的调整。在党支部层面，以党支部换届选举为契机，将党支部设置由"建在级部"调整为"建在教研组"，在教研时间同步开展党支部活动，并严格坚持"第一议题"制度，促进党建与教育教学深度融合。在团支部层面，在两校区新成立一支教职工团支部，由优秀党员担任团支部书记，进一步加强党团链接；由优秀团员撬动课程思政，进一步辐射少先队员，构建"大思政"育人格局。

2. **党建引领"三支队伍"。**一是亮出党员先锋队伍。通过办公室党员照上墙、升旗单独列队戴党徽、深入基层开展宣讲、教师工作群昵称备注"共产党员＋姓名"、党务常态化培训等多途径多形式亮出党员身份，督促党员教师谨言慎行，切实发挥先锋模范作用。二是狠抓青年教师队伍。建立导师制，由"优秀党员导师、青年党员教师、优秀团员教师"组成"三人团"，开展结对帮扶，在教育教学环节把方向、聚合力。优秀党员导师不仅是业务上的师父，还是政治方向上的导师。搭建青年教师专业发展平台，由教师发展中心牵头实施"雏鹰计划"，构建分层分类教师发展课程体系；根据不同教师的发展需求，提供跟岗、实岗、进修平台等。三是优化干部人才队伍，坚持"党管人才"原则，推行"管理型储备人才计划"，以理论笔试、专家面试、项目揭榜等方式先后遴选了三批干部。从级别上看，涵盖正校级、副校级、中层正职与副职、级部干事、教研组长、备课组长等；从年龄上看，涵盖"70 后""80 后""90 后"；从类别上看，包括管理型、学术型以及管理兼学术型干部。

3. **党建引领"三大发展"。**党建引领思政教育内涵发展。以思政教师为主的铸魂党支部，党员占比 100％。铸魂党支部在干部成长、课题研究、基层宣讲等方面充分发挥了示范带头与战斗堡垒作用，助力思政教育内涵式发展。党建引领教师师德素养发展。组织党员教师深入学习贯彻新时代党的教育方针政策，特别是习近平新时代中国特色社会主义思想，确保每位党员都能深刻把握并践行党的教育精神。提升政治素质，加强师德师风建设，坚定教师为党育人、为国育才的使命。党建引领学校名优集群发展。成立名师工作室，打造名优教师集群，学校有省、区、校级名师工作室共计 25 个，工作室领衔人 80％为党员；成立学术委员会，统筹学校学术事务的决策、审议、评定和咨询等事项，从赛课、论文获奖、讲座报告、课题研究等多个方面建立学术积分制度，积分认定结果作为教师岗位设置、职称评定、年度考核以及各类推优评选的基础数据之一。

（二）打造"三个阵地"，氛围共建形成"文化体系"

1. 加强有形阵地建设。学校在师生必经之路和日常学习的重要场所等，梳理整合现有的党团队阵地，优化远志廊，升级改造智慧廊，打造谦益园，拓展学生自主活动空间，强化校园环境育人；完善楼道文化，打造教师瑜伽室、装饰团、少先队辅导室，更换楼栋铭牌，打造校园"金边银角"。在有限的校园空间和硬件条件下，创新党团队阵地建设，形成了一道以"党建活动室、团队活动室、校园广播站和电视台"为中心的校园红色风景线。

2. 优化无形氛围营造。一是重新打造党建橱窗。结合理论学习重点，每月更新宣传内容，让学习的氛围更浓。二是教师办公室文化营造。形成符合各教研组、各职能中心特色的办公室墙上文化，让学科文化更有特色。三是不断完善各教学楼、操场等的文化标语，让红色文化氛围更浓，党建文化营造更充分。

3. 拓展网络空间宣传。积极提炼和梳理党建工作的实践经验与做法，于微信、官方网站等媒介渠道，及时发布相关宣传文章，形成全面系统的宣传推广材料，有效改善当前"实干多，展示少"的局面，进一步加大党建成果的推广力度，提升党建工作的社会影响力和认可度。

（三）抓牢"三项活动"，同频共振形成"活动体系"

1. 离队入团活动。入团选拔坚持"三个严格"——"严格设定推优名额、严密实施推优程序、严谨遵循推优流程"。在这"三大严格"标准的指导下，精心选拔入团积极分子，组织其参与 8 学时团课学习。学校组建由资深专家、优秀党员及团员教师构成的讲师团队。学习期间坚持"三个必须"：必须坚决贯彻党中央关于全面从严治团的决策部署，严格按照规范要求开展团员发展工作；必须全程参与团课学习，深入领会和掌握团的理论知识；必须夯实理论根基，不断提升新团员的理论素养和实践能力。入团仪式遵循"三个环节"。由党、团、队串接三个环节"告别红领巾""走向共青团""追随共产党"，旨在激发学生的爱国热情与青春活力，坚定理想信念，沿着中国共产党指引的正确方向，积极投身实现中华民族伟大复兴的中国梦的伟大实践，为党和人民的事业贡献青春力量。

2. 志愿服务活动。学校成立了由党员教师、共青团员及少先队员共同组成的"雷厉锋行"志愿者服务队，常态化地开展寒暑假进社区志愿者服务活动，致力于将"奉献、友爱、互助、进步"的志愿服务精神深深植根于联中人心中。另外，学校还成立了一个由少先队员、团员组成的爱心捐赠社团，积极为贫困山区和需要帮助的群体募捐物资。

3. 各类主题活动。一是创先争优活动。开展"星耀联中表彰颁奖""学习强国积分达人""示范岗位争做表率"等各类创先争优活动，激励党员教师争做先锋模范。团员教师获评"四川省优秀共青团员""四川省优秀少先队辅导员"等荣誉称号，不断凝心聚力。开展少先队员争章评优，月月争章，强调过程育人，规范争章，注重阶梯贯通，确保党的事业后继有人。二是升旗仪式活动。利用开学典礼和常规升旗仪式，开展党团队员的表彰，选树先进典型，展现青春风采，精心培育具有坚定家国情怀、健康体魄、卓越才能以及创新精神的新时代社会主义建设者和接班人。三是红色实践活动。利用主题党团队日、建党节等契机，精心组织红色实践活动，带领师生走进红色教育基地，深入田间地头，感受红色文化的深厚底蕴，深刻领悟革命精神的伟大力量。此外，还积极开展红色研学旅行活动，在每年金秋时节，由党员教师率领团员、少先队员，踏上探寻红色足迹的旅程。

三、实际成效

（一）开辟了党团队一体化建设新路径

在学校党建实践工作中，石室联中借鉴"三三制"工作思路，通过构建"三个链条"，齐抓共管形成"人才体系"，通过打造"三个阵地"，氛围共建形成"文化体系"，通过抓牢"三项活动"，同频共振形成"活动体系"，逐渐探索形成石室联中党团队一体化建设的新路径。

（二）形成了"大思政"育人的新格局

在"党建带团、全团带队"工作理念的引导下，石室联中聚焦党员、团员、少先队员三个主体，借助"三三制"工作法，以立德树人为根本，以教师队伍为关键，着力打造党、团、队红色阵地，有声有色地开展党、团、队实践活动。在新时代背景下，石室联中秉持勇于担当的精神，运用协同合作的思维方式，展现开阔的格局和气魄，并以宏大的历史视野为指引，在此基础上摒弃将育人工作局限于课堂的传统观念，从人才体系、文化体系、活动体系三个维度出发，全面凝聚育人力量，形成强大的育人合力，从而有效构建并巩固"大思政"育人的新格局，为推动教育事业的发展贡献力量。

（三）推动了学校教育教学高质量发展

通过实施"三三制"工作法，学校成功构建起了党组织、共青团、少先队三位一体的育人链条，有效发挥了党员的先锋模范作用，充分激发了党、团、队中每个成员的活力和潜能。石室联中汇聚了学校各方力量，以党建为核心，凝聚人心，形成了强大的工作合力，有力推动了学校教育教学工作的高质量发展。

四、经验启示

（一）要坚持"立德树人"根本任务

在深入推进党团队一体化建设的实践探索中，石室联中始终遵循"实践、认识、再实践、再认识"的螺旋式上升过程，自觉以"立德树人"为根本任务和根本标准，对照实践要求，不断审视和调整既有方法路径。经过持续努力，成功探索出了一条符合时代要求、科学有效的党团队一体化建设新路径，为推动组织发展、提升组织效能奠定了坚实基础。

（二）要弄懂"三三制"的工作思路

"三三制"源于抗日战争时期，是中国共产党在长期实践中形成的宝贵做法、经验和传统。从学校党建工作创新的角度出发，如何在党团队一体化建设中有效激活教师与学生的个体活力，是必须正视和解决的难题。为此，必须充分发挥党组织的先锋模范作用，引领和带动共青团、少先队建设，凝聚各方力量，共同推动学校高质量发展。这不仅是党建工作创新的必然要求，也是提升学校整体办学水平的重要途径。

（三）要明白育人链条的衔接重点

党团队一体化建设的核心在于构建党组织、共青团、少先队之间相互衔接、深度融合的一体化育人体系。为切实优化育人链条，必须紧密结合现有组织体系和工作布局，全面深入地了解党建工作的现实状况及存在不足。同时，还需聚焦于系统协同、流程精细化、工作联动等多个维度，以推动各项工作的顺利开展。

执笔人：成都市石室联合中学　蒋雪霞　唐　清　何　琼

案例五

聚焦管理谋细节，狠抓落实显效益
——成都市石室联合中学级部制管理模式实践探索案例

一、级部制管理模式实施背景

《成都市石室联合中学"十四五"规划》围绕"立德树人"根本任务，立足办学定位，确立了培养"有家国情怀，有健康身心，有卓越素养，有创新精神"的新时代社会主义建设者和接班人的人才培养目标和将学校建设成为"一所高质量、现代化、充满幸福感，并持续追求人文与卓越的理想学府"的发展目标。学校人才培养目标和发展目标的实现与学校管理体制机制密不可分。换言之，体制机制的完善程度决定了学校发展质量的高低。

为此，石室联中大力开展管理体制机制改革，以减少管理层级，缩小甚至消除多层级管理带来的信息和决策的滞后和不对等，提高管理效率。学校借鉴企业"扁平化"管理模式而创建的级部制管理模式应运而生。2021级率先推行级部制管理，经过三年的实践，取得了一定效果。

二、级部制管理模式初探

与传统的学校行政管理模式不同，级部制管理模式以"学校—级部"的组织结构展现，它的核心思想是把级部视作小型的学校，将管理职责全权交给全体教师，传统的各职能部门的属性由管理变为服务。级部管理工作延伸到教学的各个方面，从而推动级部所有师生的成长。实行级部制管理模式，优势明显。

（一）2021级级部组织构架

2021级级部管理团队由级部主任、级部主任助理、教学干事、德育干事组成；按照教育教学需要进行工作分工，级部主任全面负责级部工作，级部主任助理负责教师团队建设和后勤安全管理并协助级部主任开展级部工作，教学干事负责级部教学管理工作，德育干事负责级部德育工作和级部学生自管会建设。级部管理团队细化分工，明确任务，使得级部工作更能聚焦细节，进而抓好细节。

（二）2021级级部运行机制

1. 直接参与学校管理工作。实施级部制管理模式后，级部主任参加学校每周的行政会议，汇报级部每周工作情况及需要学校各部门协调解决的事项。通过此种方式，削减中间信息传递层级，确保学校的工作计划和任务等能更迅速地传达级部，级部也能迅速将教学一线实际情况及时汇报，从而快速研究、制定和落实各项措施。

2. 级部自主化管理。实施级部制管理模式后，学校把行政、教学、德育、后勤、安全及卫生等的管理权下放级部，由级部全面负责管理事务，级部在不影响全校总体工作部署前提下，可根据级部实际调整相关工作安排。级部制管理使得学校管理行为从全校层面精细化到级部层面，从而能更高效及时地处理级部面临的实际问题，提高了工作效率。

3. 级部内驱式管理。实施级部管理后，级部管理团队在班主任工作、学科教学工作等方面做好细节服务，一切以更高效服务于教育教学为目标，使每一位教师都强烈地感受到团队的关心，进一步强化级部教师的主人翁意识，进而更加积极主动地担当起教学和管理的责任。其次，级部制定整体目标，提倡齐头并进，对班级、学科组全方位的评价管理只作为改进管理的依据，不作为评价依据，拒绝内部消耗。通过这种方式，激发了教师积极主动参与级部管理的热情，实现从外部驱动到内部驱动的转变。

4. 坚持班主任、备课组长例会制。级部坚持每周班主任例会制、半月备课组长例会制，及时研究师生在教育教学中的实际问题和需求，即时解决级部自身能够解决的问题；将需要学校各中心协调解决的问题及时上报研究解决。通过例会制，及时了解师生实际需求，及时研究解决实际问题，提高了工作效率。

三、级部制管理模式的重点探索及成效

在近三年的级部制管理模式实施过程中，级部团队进行了卓有成效的探索和尝试。

（一）打造团队文化

一个高质量健康发展的级部也要在学校文化的基础上打造具有自身特色的级部文化，尤其是打造级部团队文化。级部团队文化是一个级部的教师在教育理念、价值追求、师德修养以及行为方式上的统一体。打造级部团队文化，首要之事就是要团结一致，形成共同力量，以便达到和谐且高效的团队管理目标。因此，在团队管理中，首先要加强教师的职业道德培养，借助校级杨婷级部管理名师工作室平台，在级部吸收工作室成员；其次，要定期开展教育管理培训，改变传统的教育观点，引导教师在教学过程中加强教育管理研究与创新。团队不仅是一个学习的群体，也是一个情感互动的群体，需要营造出良好的团队气氛。为此，级部定期开展班主任专题培训，邀请级部获得各级荣誉的班主任分享管理故事，或者邀请在一段时间内在教育管理工作的某方面有突出成效的教师开展主题发言，分享交流经验，让团队里的教师在工作中互相支持、相互学习、团结合作、共同成长。

经过几年建设，2021级级部基本形成了团结互助、拼搏奋进的团队文化样态，各备课组比拼赶超的精神头更足了，各学科教师之间团结互助的氛围更浓了，班主任和学科教师之间协作配合的默契度更高了。

（二）加强队伍建设

教师是学校教育教学的关键。要提高教育教学品质，级部的领导者必须重视教师队伍的建设。在进行队伍建设时，重视班主任团队以及备课组长队伍的建设更为关键。

班主任团队的能力将直接决定学生日常管理工作的质量，因而，级部实施多元化培养途径，以促进班主任团队的能力提升。一是加强学习，通过班主任交流、读书分享、案例研讨等形式提升班主任的专业能力；二是"青蓝结对"，本着自愿、平等的原则，让新进班主任和经验丰富的班主任双向选择、结对，通过师傅带徒弟的方式让新进班主任尽快适应角色转变，提升班级管理技能；三是名师引领，依托校级杨婷级部管理名师工作室，通过名师工作室活动引领新进班主任成长，进而带动级部班主任团队素质的整体提升。通过一系列措施加强班主任团队建设。2021级级部已有10位班主任获得市、区级优秀班主任荣誉称号，多位班主任获得市、区级班主任赛课一等奖。

备课组长队伍的强弱直接关系到教师的教学管理工作的质量高低，因而，级部非常重视备课组长队伍的作用。首先，强化沟通，定时与备课组长对话交流，讨论诸如各科教学的实际情况和遇到的挑战；其次，注重教育研究，级部积极提供针对科学研究的援助，确保足够的研究时间，帮助寻觅支持资源；最后，着力于团队建设，持续为备课组长提供和争取人、财、物的最大支持以优化团队建设。经过备课组长队伍建设，2021级级部各学科备课组成员团结互助又充满活力，教研实力增强，教学效果显著提升。

（三）细化管理制度

级部管理意味着学校管理权力的下放，如果没有更加细化又符合级部管理特色的规章制度约束，则会带来管理的混乱。因此，基于学校的规章制度，创建适应级部特色的管理制度便显得至关重要。经过级部管理实践，2021级级部结合管理实际，细化了三项管理制度。一是教学常规巡查制度。级部根据实际情况制定了教学常规巡查制度，主要聚焦晨读、午间就餐和晚自习三个时间点开展巡查，级部干事将巡查过程中发现的问题及时反馈到班主任群或级部教师群，以便及时解决问题。二是午休巡查制度。为给师生营造良好的午休氛围，级部规定午休时间不开展任何班级活动。三是晚自习管理制度。结合学校晚自习管理总体要求及级部实际，进行制度细化，对参与晚自习的教师、学生提出明确要求，保证晚自习安静高效。

学校的规章制度是宏观的、方向性的，直接拿到级部使用，或许在级部管理具体细节的实践中有略显不适之处，因此，需要将学校制度更加具体化、可操作化，使之符合级部自身特点，这就需级部管理者将制度转化为具体的办事流程，即将具体的管理责任落实到个人，更方便级部教师的理解与执行。通过各项制度的细化与实施，级部教育教学管理更加有序高效，成效显著。

（四）强化目标管理

目标管理是现代管理学中的一种管理手段，以目标为驱动力，以人为核心，以结果为衡量准则，促使组织和个体获得最优成绩。在级部管理模式的实践过程中，2021级级部也借鉴了这一手段，针对教师教学、学生日常管理、安全管理等制定了详细的目标清单，由级部负责教师专项管理，通过级部巡查和学生自管会检查等方式，加强管理，形成每周、每月目标管理通报制度，通报级部全体教师，达到监督促进的作用。通过目标管理，级部各项目标与班级、备课组、教师等一一对接，最后实施并不断完善措施，提高管理效率。通过强化目标管理，让级部每位教师明确目标，落实了级部各项管理措施，在过程管理中获得了效益，使级部整体向上向好发展。

总之，2021级级部在三年的探索过程中，形成了自己的管理特色，建设了一支团结互助的教师团队，凝练了行之有效的级部制度和管理流程，在聚焦管理某细节中狠抓工作落实，取得了不错的管理成效。

执笔人：成都市石室联合中学　杨　婷　程　进　郭　鑫

第二章

高品质基础教育学校的教师队伍建设

第一节　理论分析

党的二十大报告指出：教育、科技、人才是全面建设社会主义现代化国家的基础性、战略性支撑，要坚持教育优先发展，加快建设教育强国，加快建设高质量教育体系。[①] 强国要以强教为支撑，强教要以强师为保障。[②] 教育强国的实现需要大力加快推进教师队伍建设。2018 年 1 月 20 日，中共中央、国务院出台的《关于全面深化新时代教师队伍建设改革的意见》明确了教师队伍建设的优先地位，并提出"到 2035 年，教师综合素质、专业化水平和创新能力大幅提升，培养造就数以百万计的骨干教师、数以十万计的卓越教师、数以万计的教育家型教师。教师管理体制机制科学高效，实现教师队伍治理体系和治理能力现代化"的目标。因而，基础教育学校应把建设高质量教师队伍作为学校高品质发展的关键点，主要从以下四条基本路径来培养高质量教师队伍。

一、明方向：以教育家精神引领方向

2023 年 9 月，习近平总书记致信全国优秀教师代表，明确提出并深刻阐释了中国特有的教育家精神——"心有大我、至诚报国的理想信念，言为士则、行为世范的道德情操，启智润心、因材施教的育人智慧，勤学笃行、求是创新的躬耕态度，乐教爱生、甘于奉献的仁爱之心，胸怀天下、以文化人的弘道追求"，并号召全国广大教师"以教育家为榜样，大力弘扬教育家精神"[③]。

　　① 习近平：《高举中国特色社会主义伟大旗帜　为全面建设社会主义现代化国家而团结奋斗——在中国共产党第二十次全国代表大会上的报告》，人民出版社，2022 年版，第 33—34 页。

　　② 朱旭东：《新时代教师队伍建设的新价值》，《中国教师》，2018 年第 2 期。

　　③ 中国政府网：《习近平致信全国优秀教师代表强调 大力弘扬教育家精神 为强国建设民族复兴伟业作出新的更大贡献 向全国广大教师和教育工作者致以节日问候和诚挚祝福 李强作出批示　丁薛祥出席全国优秀教师代表座谈会并讲话》，https://www.gov.cn/yaowen/liebiao/202309/content_6903083.htm。

从"四有好老师"到"四个引路人"，从做学生为学、为事、为人的大先生到"经师"和"人师"的统一者，再到大力弘扬教育家精神，习近平总书记对教师队伍建设的要求不断深化，为广大教师担当好培养社会主义建设者和接班人、建设教育强国的重要使命指明了方向，为高品质基础教育学校建设高质量教师队伍提供了根本遵循。

党的二十大报告强调："育人的根本在于立德。"① 师者，人之模范也。教师承担着传播知识文化、塑造灵魂生命、振兴民族国家的神圣职责，起着引导学生健康成长、引领社会道德风尚的重要作用，因此高品质基础教育学校应着力提升教师思想政治素质，全面加强师德师风建设，可以围绕理想信念、社会主义核心价值观、文化自信和高尚师德四个重点进行。

高品质基础教育学校应在教师培训中加强理想信念教育。习近平总书记指出："老师肩负着培养下一代的重要责任。正确理想信念是教书育人、播种未来的指路明灯。"② 心有大我、至诚报国的理想信念是高素质教师的不竭动力。教师只有心中装着国家和人民，忠诚于党和人民的教育事业，才能真正筑牢理想信念的根基，把为党育人、为国育才作为终身奋斗目标，在实现中华民族伟大复兴的宏伟事业中实现个人价值。学校可以开展系列主题教育活动等，也可以采用"请进来、走出去"等多种方式，帮助广大教师牢固树立中国特色社会主义理想信念。

高品质基础教育学校应在教师培训中加强社会主义核心价值观教育。习近平总书记指出："合格的老师首先应该是道德上的合格者，好老师首先应该是以德施教、以德立身的楷模。"③ 社会主义核心价值观是对整个社会主义核心价值体系的高度凝练和集中表达，因而加强社会主义核心价值观教育能有效提升教师思想政治素养。高品质基础教育学校应在校园环境、制度考核、教学科研等方面融入社会主义核心价值观，用社会主义核心价值观塑造教师精神世界，不断锤炼教师对党忠诚的政治品格和爱国主义情怀，增强其传承红色基因的思想自觉和行动自觉，从而在言传身教中给予学生榜样示范力量。

高品质基础教育学校应在教师培训中加强文化自信教育。广大教师应自觉

---

① 习近平：《高举中国特色社会主义伟大旗帜　为全面建设社会主义现代化国家而团结奋斗——在中国共产党第二十次全国代表大会上的报告》，人民出版社，2022年版，第34页。

② 习近平：《做党和人民满意的好老师：同北京师范大学师生代表座谈时的讲话》，人民出版社，2014年版，第5页。

③ 习近平：《做党和人民满意的好老师：同北京师范大学师生代表座谈时的讲话》，人民出版社，2014年版，第7页。

弘扬中华优秀传统文化、革命文化、社会主义先进文化，厚植家国情怀。教师只有充满文化自信，才能激发和培养学生的文化自信，提升学生对祖国文化的认同感、自豪感。当然，教师还应有世界眼光，以海纳百川的宽阔胸襟借鉴吸收人类一切优秀文明成果，既不崇洋媚外也不妄自菲薄，而是真正保持平等、开放、包容、交流互鉴的文化心态，实现"胸怀天下、以文化人的弘道追求"。

高品质基础教育学校应在教师培训中大力弘扬高尚师德。学校应大力宣传"人民教育家""时代楷模""改革先锋""最美教师"等榜样人物的先进事迹，充分挖掘新时代教育家的先进典型，讲好教育家教书育人故事，讲好身边榜样教师的动人事迹，发挥榜样的感召力和引领力，突出榜样的价值引领，形成示范引领、化风成俗的强大力量，激发广大教师对标先进典型，见贤思齐，以德立身。同时，高品质基础教育学校在抓师德师风建设时还要注重开展师德师风专项整治工作。例如，成都市锦西中学校充分发挥学校作为金牛区师德教育涵养基地的辐射引领作用，与全体教师签订"教师职业道德承诺书"，建立师德违规行为负面清单和师德档案制度。

总之，优秀的教师不仅在公域道德方面能成为立德树人的引路人，有乐教爱生、甘于奉献的教育情怀和良知，还要在私域道德方面具有良好的个人德行修为。

二、激活力：以强化内驱力激活动力

教师是教育发展的重要资源之一，加快教师队伍建设，不仅要重视外在制度建设，还要强调教师个体的内在提升。教师发展的内在动力包括教师的职业认同、自我认识、自主提升、自主实现、对教育的热爱以及对学生的仁爱之心等，在教师专业发展过程中起着决定性作用。

首先，教师应深刻领悟自身是"立德树人"的关键践行者，增强为党育人、为国育才的神圣使命感、历史责任感，增强教师是学生成长路上重要"系扣人"的职业认同感和专业意识，变"谋生"为"生活"，努力提升自身的教师专业精神境界。

其次，教师开始职业生涯后，就应该科学规划。因为教师对其职业的价值认同会影响自身的从教信念和职业坚定性，并深刻影响着具体的教学行为。教师要认识自我，认清自己的品格和能力特征，充分发挥自身的优势才能和特质，在工作中扬长避短，克服困难。

再次，教师应具备"勤学笃行、求是创新的躬耕态度"，具有终身学习的能力。习近平总书记说："读书可以让人保持思想活力，让人得到智慧启发，让人滋养浩然之气。"①教师担负着教书育人的光荣使命，更应该多读书，读好书，好读书，不断提升专业能力、文化素养、思想境界，增强精神力量。例如，雅安市雨城区上里镇初级中学利用每周一教师大会时间，通过"抽签"方式让教师进行读书分享，校内形成浓厚的读书氛围。随着信息技术的发展，各种高科技手段进入课堂，网络资源也不断丰富并逐渐被应用于教学。教师应不断学习，掌握多种信息技术手段并将其运用于教育教学和自身的专业发展，还应理解信息技术背景下学生学习的新特点、新规律，拓展教育教学时空。在大数据背景下，教师还应具备采集、统计、分析数据的能力，以此有效分析学情，因材施教。教师只有成为学习型教师，才能通过自主学习、自主反思、探索改变、进取创造等过程，不断用知识充实自己，与时俱进，提高教育教学水平。

高品质基础教育学校应注重培养教师坚定的职业信念，帮助教师激发内在动力。对于中老年教师，注重挖掘他们的闪光点，如不计名利的高尚师德、踏实稳重的工作作风、老骥伏枥的工作态度等。这样做不仅可以为青年教师树立榜样，还能激发中老年教师的内在动力，增强他们的自我效能感，使他们走出舒适圈，去学习新的信息技术、新的教育理论、新的教学手段。对于青年教师，一方面要注重师德教育，培养其坚定的职业信念，可以号召青年教师向师德楷模学习，寻找身边的榜样，可以开展教学反思，引导青年教师看到自身的不足，从而进行有针对性的弥补、高效率的学习，在主动求变中发展；另一方面要提供各种形式的展示平台，让青年教师在实践中，体验到职业的魅力，在锻炼其教育教学专业能力的同时逐步强化从事教师职业的信念。此外，学校还可以丰富活动形式，激励教师的自主发展，如成都市锦西中学校以教师双选制度激发教师的内生动力。

三、扬智力：以多元培育机制激发潜能

建设高质量教师队伍，应着力于提升教师的专业素养。教师专业素养的内涵丰富，包括专业知识（学科知识和教育教学知识等）、专业技能（学术阅读能力、写作和报告能力、信息技术能力等）、人际交往沟通能力、组织协调领导能力、终身学习能力、问题解决能力、创新能力等。可以着重围绕优化策略

---

① 习近平：《习近平谈治国理政》，外文出版社，2014年版，第102页。

和建章立制两条基本路径实施相应的具体举措。

（一）优化策略助力成长

1. 设定教师发展目标，提供个性化职业规划。

在教育领域，教师队伍的建设是学校高品质发展的核心，而教师个人的成长和发展则是这一核心的关键。为了促进教师的专业成长和教学质量提升，学校必须设定清晰的教师发展目标，并为教师提供个性化的职业规划和丰富的培训资源。

设定教师发展目标是教师队伍建设的首要步骤。这些目标应当与学校的整体教育愿景相契合，明确教师在专业知识、专业技能及创新能力等方面的发展方向。发展目标的设定需要基于教师的当前水平和潜在能力，同时考虑到学校的具体需求和教育发展趋势。通过明确的目标设定，教师可以有方向地进行自我提升，学校也能够更有效地进行人力资源规划和管理。例如，仪陇中学金城分校绘制并实施教师队伍成长蓝图，培养出更多优秀的教育工作者，为学校的长远发展奠定了坚实基础。

提供个性化职业规划是实现教师发展目标的重要手段。每位教师都有自己的个性、兴趣和特长，学校应当尊重并利用这些差异，为每位教师制定符合其个人特点的职业发展计划。这不仅包括职业发展的方向和路径，还包括具体的行动计划，如专项培训、学术指导等，帮助教师在某一领域实现深入发展。个性化的职业规划能够帮助教师明确自己的职业定位，激发其自我提升的动力，同时也有助于学校更合理地分配和利用教师资源。

2. 重培训及继续教育，强化教育管理人才培养。

提供丰富的培训资源是支持教师发展的另一关键因素。学校应当根据教师的发展目标和职业规划，提供多样化的培训机会，主题包括但不限于教学法、学科知识更新、教育技术应用、教育心理学等。这些培训应当既有理论学习，也有实践操作，以确保教师能够将所学知识和技能应用到实际教学中。在知识更新换代极快的今天，教师需要不断学习新知识、新理论、新技术，才能适应教育发展的新要求。学校还应为教师提供继续教育的机会，包括参加学术会议、进修学习等，以促进教师的终身学习和自我更新。例如，成都市石室联合中学以立德树人为导向，将建设高质量教师队伍作为学校"十四五"规划的重要战略部署，坚持问题导向，整合发展方向，构建了教师"专业发展力模型"，包含内驱力、协作力、学习力、研究力、创造力、反思力等六大能力，通过点燃、助燃等方式，赋能教师队伍的高质量发展。

教育管理人才的培养对于学校的高品质发展具有深远的影响。教育管理人才的培养需要从教师的基本素养抓起。这包括教师的职业道德、教育理念，以及对学生的关爱和责任感。学校应当通过定期的师德培训和教育理念的培训，提升教师的整体素质，使其成为学生学习的榜样。教育管理人才还应具备高效的组织管理能力和决策能力。学校可以通过模拟教学管理情境、案例分析等方式，培养教师的这些能力，鼓励教师参与学校的日常管理工作，通过实践提升其管理技能。同时，学校还应给予教师一定的参与权，在管理和决策过程中听取教师的意见和建议，增强教师的归属感和责任感。此外，沟通协调能力也是教育管理人才不可或缺的能力。学校应通过团队建设活动、教师交流会等，增强教师之间的沟通与合作，提升其协调解决复杂问题的能力。创新能力是现代教育管理人才的重要能力。学校应鼓励教师不断学习新的教育理念和技术，尝试新的教学和管理方法，以适应教育的发展需求。例如，石室联中通过这些措施，培养出一支高素质的教育管理人才队伍，不仅能够高效地管理学校的日常事务，更能在学生的成长过程中发挥积极作用，引导学生形成正确的价值观，助力学生的成人成才。

3. 提供开放的成长空间，培育积极生长型教师。

在推动学校高品质发展的过程中，培育一支积极生长型的教师队伍至关重要。积极生长型教师不仅具备扎实的专业知识和教学技能，更拥有持续学习和自我更新的能力，以及对学生成长高度负责的态度。

学校应建立一个开放的成长空间，包括提供教学实践的机会、学术交流的平台等，鼓励教师开展教育研究，促进知识创新，让教师能够在实践中学习，在交流中成长。

此外，学校还需制订有效的引领策略，结合教师专业发展的目标与教师个性化的职业规划，大力支持实施，确保每位教师都能在个人兴趣和学校需求间找到平衡点。

4. 构建教师发展课程体系，助力青年教师快速成长。

青年教师作为教育事业的新鲜血液，其专业成长对学校发展至关重要。遵循青年教师成长规律，建立系统性的青年教师发展课程体系，旨在加速其角色转变，提升其教学与科研能力。该课程体系应涵盖教育理念、教学法、学生心理学、课堂管理等方面，同时提供教学实践和科研指导的机会。通过导师制、工作坊、教学观摩、青年教师教学基本功比赛等，助力青年教师提升素质能力，快速成长。例如，成都市石室联合中学就青年教师发展课程体系的建立进行了专门的研究。

5. 深耕细作，助力成熟型教师卓越发展。

对于成熟型教师的培养，学校需要深耕细作，注重其专业素养和领导力的进一步提升。成熟型教师已经具备丰富的教育经验和较强的教学技能，因此，在培训过程中，学校应着重于引领他们进行教育教学的深入研究与实践探索。通过组织专题研讨会、教育论坛等活动，鼓励他们分享自己的教学经验和教育思考，同时引入新的教育理念和方法，激发他们持续学习和自我完善的动力。此外，还可以为成熟型教师提供教育领导力和团队协作的培训，帮助他们更好地发挥示范和引领作用，带动整个教师团队的发展。通过深耕细作的培养方式，助力成熟型教师在教育领域中实现卓越发展，成为教育界的领军人物。例如，石室联合成飞学校探索教师梯队建设，不仅以青年教师培养为支点，抓好中坚力量，而且建设名优教师工作室，做强榜样引领。

此外，学校可设立专项基金，支持成熟型教师的科研活动，同时为教师提供必要的学术资源和指导。例如，雅安市雨城区上里镇初级中学通过聘请指导专家，与四川民族学院、四川农业大学等高校建立实习实训基地关系，开展深层次的合作，鼓励教师积极投入教育科研，形成"科研兴校、科研强校"的认识。学校还可以与教育行政部门、研究机构建立合作关系，为教师提供更多样的学习和发展机会。通过校内外资源的整合，构建一个开放、多元的教师专业发展支持体系，促进教师的全面发展，提升教育教学质量。例如，成都市锦西中学校结合强校工程领航学校资源，多次邀请学科专家、教研员、一线名师深入指导，精准助力，通过汲取先进理论及实践经验，促进课堂效能提升，促进教师专业素质的发展。

（二）建章立制保障发展

在教育领域，教师是学校最宝贵的资源，他们不仅传授知识，更肩负着塑造学生品格、引导学生成长的重任。因此，建立一套完善的制度保障，对于优秀教师队伍的建设至关重要。这不仅涉及教师个人的成长和发展，也关系学校乃至整个教育系统的长远发展。例如，成都市锦西中学校制定并完善《成都市锦西中学校公开课管理制度》《成都市锦西中学校教研活动制度》，落实对专题课、转转课、微课题研究等教学研究活动的监督、反馈、评价。

学校应当建立公正的评价和激励机制，对教师的专业发展成果给予认可和奖励。在绩效评价方面，评价指标不仅要涵盖教师的教学效果，还应包括学生反馈、科研贡献等多个维度。对于表现突出的教师，学校应通过奖金、职称晋升、荣誉证书等方式给予物质或精神上的奖励。在培训机制方面，学校要完善校内外教师交流机制，促进教师之间的经验分享和合作，形成学习共同体。这不仅能够激发教师的积极性和创造性，还能够吸引更多优秀人才投身教育事业。例如，成都市锦西中学校为培育出积极生长型的教师，修订了职称评聘方案、制定了"教师成长规划表"与"青年教师研修任务清单"，为教师专业发展进行分类赋分，并与学校评优选先、职称晋升、工作绩效等激励机制一体化设计，以鼓励教师持续发展，激发教师的内在动力，推动学校一步步向高品质发展迈进。

同时，教育法规的遵守也是教师队伍建设的重要保障。学校在进行教师队伍建设时，应严格遵守国家关于教育和教师的法律法规，确保教师队伍建设的合法性和规范性。学校需关注教师的合法权益，包括合理的工作量、公正的待遇、健康的工作环境、丰富的培训机会等，确保教育资源的公平分配，避免资源过度集中。这不仅能提高教师的职业满意度，还能促进教师的长期稳定发展。

总之，优秀教师队伍的建设是一个系统工程，需要学校从多个方面进行制度保障，如建立公正的评价体系、完善底线管理与发展激励机制、依法治校确保资源公平分配等。学校可以有效地促进高质量教师队伍的建设，提升教师的整体素质，进而提高教育教学质量，为学生的全面发展提供坚实的师资保障。

四、聚合力：以人文关怀滋养心灵

人文关怀，从字面上理解就是对人的关怀。"人文"的内涵丰富，和人的个性、品格、尊严、理想以及命运等有着密切的关系。一般来说，人文关怀就是把人当作主体和中心，满足人的实际需求，维护人的权益以及尊重人的本质，促进人的全面发展。简单来说，人文关怀就是要尊重人、关心人和爱护人。

高品质基础教育学校在建设教师队伍时，要以人文关怀滋养教师的心灵，让教师在校园中感觉到被认可、被尊重，能获得归属感和幸福感，从而推动学校获得更加有效和稳定的发展。

（一）实施人性化管理方式

如果学校的管理制度是冷冰冰的，缺乏人情味，势必不能留住优秀人才。因此，学校要主动寻找制度管理与人文关怀的契合点，坚持底线管理有力度，人文关怀显温度，既要强化制度管理，又要重视人文关怀，将两者有机融合，形成既有制度约束，又有人文关怀；既让个体身心愉悦，又让整体活泼有序的工作局面，达到管理的理想状态。

首先，学校要以"发展教师"为目的，而不是以"管住教师"为目的来制定学校管理制度；制定学校管理制度的过程中要注重教师的民主参与，尽可能使制度适应校情，趋向科学化，以减少制度执行给教师带来的"阻力"。其次，实施管理制度还要注意"人情味"，具体情况具体分析，不能因为强调制度的刚性而墨守成规，还要意识到管理制度的缺陷和不足，在工作中加以修订，做到刚柔相济。最后，创新管理方式，如大力引入信息技术，推动管理水平的提升，加强对教师基本信息、成长动态等的档案建设。

（二）培养教师积极心理

积极心理学认为，提高幸福感的重点是个体可控行为。美国心理学家柳博米尔斯基研究发现，个体可控行为可以让人提升 40％的幸福感。教师应该控制自己的行为和思维，让自己得到更多的积极情绪体验。那么，学校可以怎样帮助教师形成积极心理呢？下面分享三条路径。

1. 开展丰富多彩的积极心理培训活动。

学校不仅要注重对学生的心理健康教育，还要注重对教师的心理健康培训。学校可以设置心理健康活动月，通过形式丰富、内容充实的心理健康活动，如心理剧表演、心理学讲座、心理团体辅导活动等，普及心理健康知识，提升教师心理健康水平。

2. 成立积极心理服务领导小组。

学校可以成立积极心理服务领导小组，由书记、校长担任领导小组组长，德育副校长、专职心理辅导教师担任副组长分管积极心理服务工作，组员由工会主席、教务处主任、德育处主任、办公室主任、团队干部、年级组长组成。领导小组每学期召开积极心理服务专题工作会议，以学校发展规划、年度计划和心理健康教育各项制度为指导制订工作计划，开展学校积极心理服务工作，以各种形式的人文关怀和教师校园心理健康活动，创设轻松愉快、幸福积极的校园环境，帮助教师提高满意度和幸福感。

3. 完善心理危机干预制度。

面向特例，注重预防，开展心理危机事件处置培训，做好应对危机事件的准备。做好个别咨询工作，严格遵循咨询伦理，做到每次咨询有记录、有回访，帮助教师消除消极心理，修炼积极心理。

（三）优化校园文化建设

学校文化是学校的灵魂。学校要以物质文化为基础、制度文化为骨架、精神文化为内核，开展丰富的文化建设。一方面，建设宽松、和谐、充满温情的校园环境，让校园书香弥漫、花香四溢、景色宜人，成为陶冶情操、放松心情的胜地。另一方面，将人文关怀和学校文化精神契合，以文化凝聚人心。学校是教师的第二个家园，这个家园要让师生感受到安全，这种安全感首先来自信任。学校秉持"以人为本""生命至上""与人为善"的基本原则，才能让教师感受到被理解、被尊重、被关爱、被保护。同时，学校要致力于凝练有利于教师发展的价值共识，以共同的价值追求形成精神与行为合力。教师队伍同心同德、同向而行，才能推动学校整体发展。

强国必先强教，强教必须强师。高品质基础教育学校的发展离不开一支高质量的教师队伍。新时代的教育要求学校全面贯彻党的教育方针，落实立德树人的根本任务，五育并举，着力培养社会主义建设者和接班人。这就需要学校有以人为本的学生观、教师观以及教育观。高品质基础教育学校应紧密围绕在以习近平同志为核心的党中央周围，坚守初心，砥砺奋进，在新时代教师队伍建设新征程上唱响最强音。

第二节 实践探索

案例一

绘制队伍成长蓝图 助推学校内涵发展
——仪陇中学金城分校教师专业发展探究

一、学校教师专业发展背景

百年大计，教育为本；教育大计，教师为本。党的二十大报告明确指出："必须坚持科技是第一生产力、人才是第一资源、创新是第一动力，深入实施科教兴国战略、人才强国战略、创新驱动发展战略。"①

农村教师是我国教师队伍的重要组成部分。近年来我国持续加大对乡村教育的投入力度和重视程度，农村教师在自身教育观念和教学水平上都得到了很大的提升。但由于受各种各样客观条件的限制，农村教师专业发展的道路并不平坦，在"新课程标准"（简称"新课标"）理念的理解、教学观念的渗透和自身教学水平的提高等方面都面临着不小的困难。

仪陇中学金城分校位于仪陇县金城镇。其前身为仪陇县金城初级中学校，2020年8月因县校点布局，搬迁至仪陇中学原址，更名为仪陇中学金城分校。作为一所地处农村的初级中学，该校教师的发展面临着诸多挑战。一是仪陇县金城镇基础设施条件有限，学校部分教师面对艰苦的工作环境，自我提升意愿不强；二是随着城市化进程加快，优质生源流失严重，农村学生综合素质不高，学校教学质量提升面临挑战；三是办学条件相对较差，学校骨干教师流失较严重，青年教师较少，教师队伍年龄结构失衡，年龄较大的教师对新教学理

---

① 习近平：《高举中国特色社会主义伟大旗帜 为全面建设社会主义现代化国家而团结奋斗——在中国共产党第二十次全国代表大会上的报告》，人民出版社，2022年版，第33页。

念和技术接受能力较差，制约了教师队伍的专业发展。

二、学校教师专业发展路径

为实现教师持续性、专业化发展，仪陇中学金城分校及时抢抓教师成长机遇期，绘制专业发展愿景，规划专业发展目标，确立专业发展途径，推进教师队伍建设，促使合格教师发展为优秀教师、名优教师，进而推动学校教育高质量内涵式发展。具体做法如下：

（一）夯实校本研修，形成多元教研方式

1. 成立校本研修团队。

学校分管教学副校长担任校本研修领导小组组长，教科室、教务处主任担任副组长，各学科教研组组长为主要成员。校本研修包含十一个学科研修组，即语文组、数学组、英语组、物理组、生物组、化学组、道德与法治组、历史组、地理组、体育组、艺术组。学校每学期都要召开校本研修专题研讨会，各学科教研组以问题为切入点，聚焦本学科教学实践中的热点、难点、重点、盲点等，定时间、定地点、定主题开展研修活动。

2. 健全评价考核制度。

近年来，教科室结合教师专业发展需要，依据学校绩效考核方案，广纳意见，多方合力，完善了《教科研工作考核方案》《教科研工作考核细则》《教科研成果奖励细则》等制度；学校也制定了《校级课题管理办法》《青蓝工程管理办法》《名师工作室成员考核细则》《青蓝工程考核细则》等系列管理制度，把总结性评价与过程评价相结合，规范制度评价与人性化管理相结合，使广大教师处处有目标、时时受激励。

3. 强化教师理论培训。

激励全校教师积极参加各种校内外培训，以培带研，以研促培。学校党建办、教务处、教科室举行了系列主题研修活动，对全体教师进行师德、教学、教研等方面的校内培训，通过设立先进标杆、塑造先锋模范，创建争先创优、潜心育人的良好氛围。通过国培、省培、县培等校外培训和名校长、名师、名班主任工作室等学习活动，提升了学校教师教学能力和科研能力，促进了教师队伍综合素质的全面提升。

4. 开展特色教研活动。

学校采取行政蹲教研组、推门听课、校级领导问诊课等活动，将校本教研情况与教师个人绩效评定、评优评先、岗位聘任等相结合，推进各项制度的落实落地。借助学校数学学科特色，利用基点校平台，切实做好片区和县际教研活动，为教师提供更多学习机会和展示自我的平台，凸显学校学科特色，提升学校教研品位和知名度。扎实开展"青蓝工程"，组织部分35岁以下青年教师与教学经验丰富和教学业绩突出的资深教师进行结对，充分发挥资深教师传、帮、带作用，通过教学经验分享、个性化指导，助推青年教师专业成长，同时让资深教师对教师职业生涯更有成就感和幸福感。学校搭建系列技能展示平台，开展磨课赛课、作业设计竞赛、板书设计竞赛等活动，抓实常规教研，提升教师专业能力。

（二）聚焦"五课五学"，助力课堂教学改革

学校为带领好全体教师站稳课堂、优化课堂，向课堂要效率、向教学要质量，把落脚点放在教师专业发展上。在促进不同层面教师专业成长方面，学校以"五课"（即新教师见面课、青年教师展能课、中年教师特色课、资深教师示范课、骨干教师引领课）为途径引导教师开放课堂，从而让学校教师在互相学习中进步与成长。

2023年秋，"五学"（即学生自学、互学、展学、评学、改学）课堂教学在全县推开。大单元视域下的"五学课堂"展课活动、"聚焦核心素养，深研'五学'课堂"送教活动等活动陆续在全县举行。为落实县教体局关于"五学"课堂要求，学校成为仪陇中学共同体学校，积极开展共同体学校团队建设、成员生涯规划，建立教师成长档案，记录教师成长轨迹和成果，激励教师不断追求进步。学校也组织不同学科、不同年级教师参加校际、区域乃至县域教学研讨、经验分享、教学竞赛等活动，帮助教师拓宽视野、更新观念、提升能力。

从理论学习到现场观摩，从初步了解到深入推进，通过各备课组反复集体备课，编好、用好导学案，抓好学习小组建设，合理运用"五学"课堂模式，优化作业设计等一系列措施，让课堂建设逐渐有了方向。将"五学"融入"五课"，以各级名师工作室成员作为课改的"引路人"，同时充分借助龙头学校专业引领和辐射带动作用，明确了课堂教学精髓，提升了课堂教学水平，促进了教师专业成长，助力学校教育教学质量稳步提升。

（三）强化教育科研，赋能教师专业成长

教育科研是学校发展的生命线，课题研究是提高教师专业素养、提升教师教科研水平的有效途径。

学校牢固树立"科研兴校""科研兴教"观念，把提高教师教育科研素质

作为推进学校素质教育重要战略举措，坚持从学校实际出发，在课题研究上坚持以"立得起"为前提，"研得透"为关键，"积成果"为核心，"保结题"为目的，把开展课题研究和教育教学相结合，组织教研组谋深推实课题研究，从大处着眼小处入手选立课题，认真撰写课题方案设计，对课题方案进行反复论证和修改。围绕课题研究，加强教师学习和培训工作，积极提供相关书目，要求教师学习课改理论，转变教研观念，撰写读书笔记；搭建培训平台，定期对教师进行集体培训和分科培训，引导教师反思教学问题，总结教学成果，认识教育规律，撰写教育论文，对课题开题、开展、结题进行有效的监督指导。

（四）推进"三名工程"，打造学校名师团队

学校借力仪陇县教体局"三名工程"（名校长、名班主任、名教师）建设，结合实际，积极探索"三名工程"实施策略，力争通过"三名工程"锻造一支有深厚教育情怀、精湛教学技艺、丰富教学经验的教育人才队伍。

学校建立健全"名师工程"领导小组，制定《名师工作室管理办法》《名师工作室成员工作量计算》等制度，具体负责学校名师的选拔、培养、培训和管理，定期开展名优教师展示和研讨活动，促进各级名师团队的交流和提高。校级各工作室在工作中育高徒、出实效、见成果；工作室主持人领好衔、表好率、带好队；工作室成员勤学善思、开拓创新、全力以赴。借助省、县、区名师工作室平台，积极为教师创造脱颖而出、成长进步、专业发展的条件，为名师的成长提供良好的工作环境和氛围。

两年来，学校先后成立语文、数学、英语、理科综合、文科综合、班主任、心理健康教育、全域悦读等8个校级名师工作室，吸纳入室学员30余人，涵盖语文、数学、英语、物理、化学、生物、地理、历史、政治、心理健康等学科。

三、学校教师专业发展成效

（一）教师专业素养明显提高

近年来，学校统筹规划各层级培训，推动青年教师人才培养系列化、常态化、校本化、实效化，为教师专业能力提升提供持续动力。2023年来，学校教师参加各级各类培训160余次，共计935人次。教师在专业发展过程中，接触到了多元化的教育理念，如学生中心、终身学习等，这些理念对教学实践产

生了深远影响。教师将新的教育理念应用到实际教学中，促进了教学模式的转变，养成了自我反思的习惯，定期对自己的教学实践进行审视和评价，同时意识到持续学习的重要性，不断追求专业知识的积累和专业技能的提升，实现了个人的成长和发展，对提高教学质量和促进学生发展都有积极影响。

（二）课堂教学质量稳步提升

学校教师通过持续的专业发展，掌握了更多的教学方法，能够更好地调动学生的学习积极性，并根据学生的不同需求和特点，个性化地调整教学策略，以实现更有效的教学。教师开始不断尝试新的教学工具，如智能黑板、在线学习平台等，这些工具提高了教学的互动性和趣味性。教师还掌握了有效的课堂管理技巧，能够更好地维持课堂秩序，创造有利于学习的课堂环境。近年来，多位教师在省、市、县、片区上示范课和竞教课，获得一致好评。

（三）教育科研能力持续进步

学校依托学科组力量开展课题研究，积极争取省、市级课题立项，有效监督已立项课题的研究结题，积极推动已结题课题的应用推广，鼓励全体教师参加论文大赛、四川省作业设计大赛等各级各类竞赛活动，搭建专业比赛平台，促进教师专业发展。2023 年以来，学校语文组主研的课题"群文阅读中比较与整合能力的实践研究"获四川省课题成果一等奖，微型课题"群文阅读教学中'三环四步'模式实践研究"获南充市特等奖，德育课题"学校德育工作与家庭教育融合的研究"中期报告获南充市三等奖，两个县级课题获仪陇县课题成果一等奖，105 人次在课件、微课、课例、论文等主题的比赛中获得奖。

（四）名师引领示范不断彰显

三年来，学校的中青年教师在历练中已成长为各级教学名师。学校现有四川省卓越名校长工作室成员 2 人，四川省名师工作室成员 2 人，县级名师工作室执行主持人 1 人、成员 8 人，片区名师工作室主持人 3 人、成员 7 人，校级名师工作室主持人 8 人、成员 34 人。各级名师工作室开展课例展示、送教下乡、专题讲座等研讨活动，促进教师的交流和能力的提高。名师的教学实践为学校其他教师提供了学习的榜样，名师的专业发展活动推动了教师群体的成长。

成效的取得为教师提供了持续成长的动力，也为学生的全面发展创造了更好的条件。通过不断的专业发展，教师能够更好地适应教育变革的要求，为提高教育质量和培养社会需要的人才做出贡献。问渠那得清如许？为有源头活水来。学校将继续以教师专业发展为抓手，怀揣"乱云飞渡仍从容"的定力和"不破楼兰终不还"的决心，弘扬"爱岗敬业、严谨笃学、与时俱进、志存高远"的精神，着力为学校内涵发展蹚出一条励精图治、拼搏奋进的新路子。

执笔人：仪陇中学金城分校　胡黎黎　胡江海　朱　攀

案例二

中学管理型人才培养实践探索

——以成都市石室联合中学为例

一、学校管理型人才计划实施背景

建成新时代高质量现代化的一流初中是成都市石室联中学"十四五"规划的发展总目标。而要建成高质量现代化的一流初中，一流的竞争力是必不可少的。人才是学校的"第一资源"，是获取一流竞争力的核心要素，是学校实现高质量发展的基础性决定性力量。成都市石室联合中学（简称石室联中）是成都市石室联合中学教育集团的龙头学校。近年来，石室联中正处于快速发展扩张期，审视学校人才培养工作，发现由于办学规模的扩大，人才培养计划的不健全，人才工作长远规划的缺乏，石室联中人才问题突出，人才稀释严重、断层明显，人才储备量明显不足。

过去十年间，石室联中办学规模和结构都相对稳定，长期处于"一校两区"的结构模式，加之中层干部多为青壮年，干劲足，精力旺，学校人才储备的需求相对较小，忽略了人才培养的长期规划。在这期间，学校也制订过人才短期培养计划，但受学校发展现状影响，未形成可持续的人才选拔标准，没有建立人才储备库，这也埋下了近年来人才断层的种子。2020年调研发现，学校管理型人才年龄断层，结构不合理。当时，学校教研组组长的平均年龄为48.2岁，最小年龄41岁；学校管理干部平均年龄为46.9岁，最小年龄36岁。这表明，加强学校管理人才梯队建设、培养储备管理人才已刻不容缓。2020年，学校在两校区遴选培养了7名中层干部，目前均已成为学校教育管理的中坚力量。学校管理人才年龄结构虽有改善，但仍需加强梯队建设，进一步完善。

此外，集团化办学必然会导致教育管理人才的稀释。长期以来，学校积极践行优质均衡，促进教育公平，派出5名管理干部与集团成员学校开展长期交流。2022年7月领办石室联合成飞学校后，先后向石室联合成飞学校输出了4位优秀管理干部、3位优秀级部干事、2位优秀班主任、1位优秀教研组长和2

位优秀备课组长，人才队伍随着办学规模的扩大而不断被分解，从而导致了石室联中陕西街校区和金沙校区管理型人才更加匮乏。

二、管理型人才储备计划推进措施

基于以上种种问题，学校于 2022 年 5 月启动了管理型人才储备计划，对如何选好、用好、发展好储备人才，使其在学校发展中更好地发挥中流砥柱的作用积累了丰富的经验。

（一）优化人才选拔，发现优秀人才苗子

一是增强用人规划意识。凡事预则立，不预则废。学校管理人才培养需要提前谋划，增强规划意识。首先要整体规划管理人才结构。在管理型人才储备计划启动前，学校充分考虑了未来几年学校发展需求，认真分析了学术型管理人才队伍和行政型管理人才队伍的年龄、学科、职称等结构，加快布局，逐步优化学校管理人才队伍结构。其次要清晰定位培养目标。学校协同学校各职能中心，认真分析各培养岗位需求，定位好学术型管理人才和行政型管理人才培养目标，围绕目标制定选拔标准，遴选合适的人选。通过引入竞争和淘汰机制，建设一支符合学校发展要求、思想觉悟高、综合素质强、充满生机和活力的管理人才队伍。

二是拓宽人才来源渠道。英雄不问出处，人人尽展其才。在学校党委领导下，学校破除唯资历、唯年龄的用人倾向，打破了"论资排辈""平衡照顾"等陈旧观念，拓宽储备管理人才来源渠道。其一是学校推荐。学校协同各职能中心，在平时的工作中，以任务为契机，去发现愿意做事的人，以责任为历练，去发现能做事的人，积极发掘能做事、敢担当的教师。其二是人才自荐。在管理型人才储备计划启动前，学校广泛宣传动员，营造良好的氛围，激发教师参与热情，首批计划吸引了 33 名教师自愿申报，涵盖了各学科，既有在编教师，也有校聘教师，既有"70 后"，也有"90 后"，为想干事、能干事的教师搭建了发展平台。

三是改进人才遴选方式。首批储备管理型人才遴选采用教师自愿申报、笔试、专家面试等流程，遴选程序公开公平公正。首先，面向全校，不拘一格选取优秀管理人才，敞开进贤之路。其次，在面试环节，借力专家智库，对参与遴选的教师进行较为全面深入的了解以及较为全面的综合素质评价和分析，不仅为遴选提供了科学依据，更为教师今后发展提供了重要参考。

（二）强化党建引领，系好人才思想扣子

学校依据"党建赋能，思政铸魂"的党建工作方针，发挥党建在储备管理型人才队伍建设中的引领作用。

一是增强政治素养。组织参训学员认真学习贯彻新时代党的教育方针政策，特别是党的二十大报告精神，切实提高政治素质，坚定为党育人、为国育才的初心使命。学校组织首批储备管理型人才探访天府家风馆，让参训学员接受优秀家教家风文化浸润，汲取红色优良家风智慧和养分，切实增强他们的教育责任感和社会责任感。

二是把握思想动态。在学校党委领导下，学校对储备管理型人才开展谈心谈话活动，深入了解他们在工作上以及生活上的困难，及时把握人才思想动态。

三是强化双向培养。开展党员教师"双向培养"活动，把教学骨干培养成优秀党员，把普通党员培养成教学骨干。以首批储备管理型人才为例，遴选的人才有 16 名党员教师，通过系列培训把他们培养为教学骨干；还有 8 名骨干教师，计划从他们当中发展 2 名党员。

（三）细化研修培训，打好人才干事底子

学校设计了系统的研修培训课程，全面提高了储备管理型人才队伍的理论素养、业务素质和管理水平。

一是理论与实践相结合。加强参训学员理论学习，促使他们明政策、强思想；鼓励学员学以致用，将理论转化为现实的教育生产力。以首批管理型人才储备计划培训方案为例，学校依托中国教育学会，开展了为期三天的"新课标"主题研修，张志勇教授等 11 位高层次专家为学员全面细致地解读了新课标；学习结束后，鼓励他们积极探索新课标如何在学校落地落实。在学校举办的《学校转型：北京十一学校创新育人模式的探索》读书汇报会上，学员们借鉴北京十一学校教改经验，结合自己的任教学科、管理兴趣和教育经验进行分享，与学校管理干部共话学校发展路径。后期，学校又组织学员参加交流答辩，让他们对学校的办学实践有了更为深刻的领悟，也更加明晰了自己下一步的工作方向。

二是线上与线下相结合。线上依托教育部中小学智慧教育平台，精心筛选培训资源，形成线上培训课程菜单，通过系列线上主题研修，切实提高了参训学员的教育科研素养和业务水平。线下邀请知名专家、校长为学员开展专题讲座。首批储备管理型人才培训中，学校邀请到了罗哲教授为参训学员开启第一讲，罗教授通过实践案例，深入浅出地让他们明晰了管理者角色定位与组织发展之间的关系。石室联中党委书记、教育集团总校长宋奕云结合学校管理实践，和参训学员分享了韦尔奇的"4E1P"管理原则，提升了他们的管理水平。学校还组织参训学员到新都区参加素质拓展训练，通过活动体验增强了学员的情感归属，提升了他们的领导力与合作力。

三是集中与分散相结合。针对管理型人才应具有的理论素养、综合素质进行集中培训。结合学员的发展意愿与学科特点，为其定制专属学习菜单。例如，针对学术管理型参训学员，侧重安排教育科研、教研相关主题研修；针对行政管理型参训学员，侧重安排学校治理、学校文化建设等相关主题研修；针对学员学科特点，优先推荐他们参加各级各类的相关学科研修活动。

首批管理型人才储备计划培训内容

培养方式	具体内容
专家讲座	①培训主题"学校认同及管理优化"——四川大学公共管理学院教授、博士生导师罗哲主讲 ②培训主题"2022年义务教育新课标的出台"——北京师范大学教育学部张志勇教授等11位高层次专家主讲 ③培训主题"韦尔奇的'4E1P'管理原则"——石室联中党委书记、教育集团总校长宋奕云主讲
读书汇报	①管理型人才储备计划培训——《学校转型：北京十一学校创新育人模式的探索》读书汇报会 ②管理型人才储备计划培训——《静悄悄的革命：创造活动、合作、反思的综合学习新课程》读书汇报会
主题研修	①专题研修 ②学术研修 ③行政研修
线上培训	依托教育部中小学智慧教育平台，形成线上培训课程菜单

（四）深化实践锻炼，拓宽人才成长路子

学校采取"事中练"的方式，让储备管理型人才在具体的管理实践中提升行动能力。

一是承担青年教师培养任务。鼓励参训学员承担青年教师指导任务，结合自己擅长领域为青年教师开设专业发展培训课程。在首批储备管理型人才中，有6位学员被学校聘请为青年教师的指导教师，18名学员为学校"雏鹰计划"

授课，参训学员不仅促进了青年教师专业发展，更让自己在这个过程中提升了业务水平和综合素质。

二是安排校内跟岗实岗锻炼。在学校党委的统一部署下，首批储备管理型人才中的8名教师到教研组组长、校级名师工作室领衔人、级部干事等岗位进行"实岗"锻炼；15名教师到学校三校区各职能中心、教研组进行"跟岗"锻炼。

三是搭建外派实践锻炼平台。积极与上级行政和教科研部门对接，为参训学员搭建发展平台。在首批储备管理型人才中选派了1名学员到青羊区教育局纪检组锻炼，推荐了2名学员到青羊区教科院任兼职教研员。

三、管理型储备人才计划实施成效

学校管理型人才储备计划实施两年来，效果显著，首批储备管理型人才收获丰富。目前，新一批管理型人才储备计划正在稳步推进。

（一）赋能了学员智慧成长

管理型人才储备计划系列培训提升了参训学员的理论素养、业务水平和综合素质，15名学员在区级以上教育教学技能比赛中获奖，16名学员获评区级以上综合荣誉称号，2名学员建立区级名师工作室。一大批德才兼备的管理干部脱颖而出，7名学员已走上学校中层管理岗位，培养了6名教研组长和备课组长。

（二）推动了师资队伍建设

灵活的遴选机制激发了教师的干事热情，形成了"人人想干事、人人想成事"的工作局面；定制的培训模式提升了教师成长内驱力，营造了浓厚的学术氛围。多元的成长渠道不仅拓展了学员的成长空间，也助力学校青年教师的发展，有6位学员被学校聘请为青年教师的指导教师，18名学员为学校"雏鹰计划"授课，指导青年教师成效显著。

（三）促进了集团内涵发展

通过一年的培养，多名学员已被安排到了集团三校区重要的工作岗位，有效解决了学校规模扩大带来的办学制约；培训中积淀的综合素质让他们在各自岗位上展现出了惊人的管理才能，干出了不凡的业绩，为各校区特色发展做出了重要贡献，促进了集团的内涵发展。

党的二十大报告提出了人才强国战略，强调人才是全面建设社会主义现代化国家的基础性、战略性支撑之一。[①] 下一步，在学校党委的领导下，石室联中将继续落实好人才强校战略，为建设高质量现代化一流初中提供人才支撑，办好人民满意的教育。

执笔人：成都市石室联合中学　蒋雪霞　敬凡珂　王焱柯

---

① 习近平：《高举中国特色社会主义伟大旗帜　为全面建设社会主义现代化国家而团结奋斗——在中国共产党第二十次全国代表大会上的报告》，人民出版社，2022 年版，第 33 页。

案例三

培育积极生长型教师，助力学校高品质发展
——成都市锦西中学校教师队伍建设实践

一、积极生长型教师培育背景

　　党的二十大报告指出："教育、科技、人才是全面建设社会主义现代化国家的基础性、战略性支撑""高质量发展是全面建设社会主义现代化国家的首要任务"。① 时代要求学校必须向质量效益型转变。教师是立教之本和兴教之源，是助力学校高品质发展的主体与关键。教师素养的提高需要学校、社会等多方支撑，然而，其自身内生动能才是激发奋斗意志和增进幸福感的本源。

　　目前，成都市锦西中学校（简称锦西中学）发展仍因固有问题和全新挑战而受限，如教师年龄结构不合理等。教师自身发展也面对诸多现实问题。此前相关调查结果显示，锦西中学有 61.54％的教师存在睡眠障碍；51.93％的教师存在情绪问题；83.65％的教师身体处于亚健康状态，时常感到力不从心；50.96％的教师存在工作热情问题。据此可知，学校教师队伍存在着较为突出的动力瓶颈，因此，帮助教师走出发展困境、获得职业幸福感是锦西中学走向高品质发展的重要突破口。据此，学校着力建设积极生长型教师队伍，秉持以人为本的教育观，将立足点放在了教师的积极能力和积极潜力开发上，寻找并研究教师身上的积极品质，并在实践中对其进行扩大和培育，增加教师效能感、幸福感，助力学校高品质发展。

二、积极生长型教师培育策略

　　学校不仅是传道授业解惑的场所，还是能够激发师生精神成长生命力的场所。积极生长型教师是积极教育的实践者，应主动追求自我提高和发展，并积

---

　　① 习近平：《高举中国特色社会主义伟大旗帜　为全面建设社会主义现代化国家而团结奋斗——在中国共产党第二十次全国代表大会上的报告》，人民出版社，2022 年版，第 33、28 页。

极探索激励学生成长和发展的方法和策略。为此，学校以全校教师为对象，结合教师个性化发展需求，构建了基于积极生长理念的"1257 自主发展模式"（图 1），即一个目标、两个关键、五个核心素养、七个生长指标，将"以人育人，共生共长"作为发展目标，聚焦教师的价值追求和行为表现，以美德和习惯驱动，以人际互动来激活教师内在潜能，从团队、制度、平台等多方发展教师核心素养。

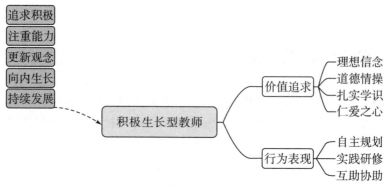

图 1　"1257 自主发展模式"

（一）着力文化铸魂，夯实教育提质基点

1. 思想引领，以教育家精神强化使命意识。丰富活动形式，通过宣传教育、评先表彰、讲述身边的故事、"教育家精神"演讲比赛、经验交流会、服务社会志愿活动等注重体验、注重互动的不同形式的党建主题活动、教学研讨活动、学习培训活动，增强教师为党育人、为国育才的责任感、使命感，提升教师的道德追求，形成风清气正的教育生态。

2. 正向激励，以民主参与加强职业认同。营造公平公正的制度环境，以双选制度激发教师的内生动力，营造良好的工作生态，给予科学的参照评价，让每一位教师都有发声的机会和选择的权利。健全校级荣誉体系，激发教师的职业尊严感、荣誉感、责任感。坚持底线管理有力度，人文关怀显温度；坚持以人为中心，让教师在岗位竞争、绩效考核等重大事件中充分参与，贡献智慧，从而激发教师的主人翁意识和主体积极性。

3. 管理强基，以健全制度筑牢精神大厦。挺纪在前、制度为先，建立学校、家庭、社会"三位一体"师德师风监督网络，充分发挥学校作为金牛区师德教育涵养基地的辐射引领作用。开展师德师风专项整治，与全体教师签订《教师职业道德承诺书》，建立师德档案制度。

（二）深化"素养导向"教育改革，提升教师发展动能

1. 推进课堂改革，提升育人质量。制定并完善相关制度，如《成都市锦西中学校公开课管理制度》《成都市锦西中学校教研活动制度》，落实监督、反馈、评价过程。结合强校工程领航学校资源，多次邀请学科专家、教研员、一线名师深入指导，精准助力，让教师汲取先进理论及实践经验，促进课堂效能提升。

2. 发掘校本特色，开发生长课程。"双减"背景下，学校依据学情开设"根基""叶茂""拔萃"课程，围绕学科核心素养，以五育融合为指引，阶段性地开展丰富多彩的学科活动，由此，以基础性、拓展性、探究性课程满足学生不同成长阶段的需求，培养学生在真实情景中解决问题的能力，促进学生的个性发展，加强跨学科交流合作，提高教师教学素养（图2）。

3. 聚焦真实问题，孵化生长课题。聚焦教育教学改革重点领域，立足学校办学、教师教学中的具体问题，积极开展党建、师德师风、"双减"专项等各级各类课题研究，通过前沿理论提高教师教育科研能力，优化积极生长育人实践。

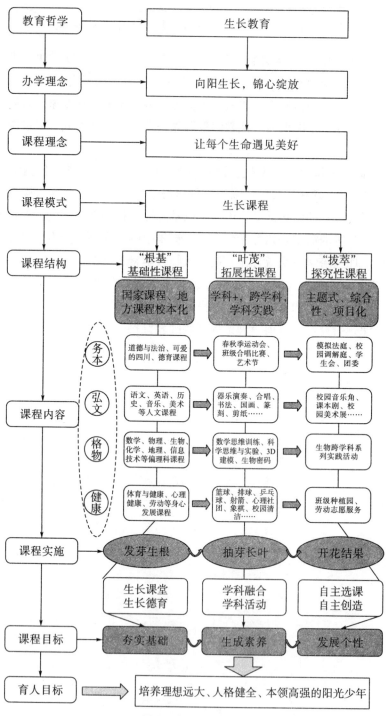

图2　生长课程设计

（三）完善教师队伍培育机制，做强学校特色品牌

1. 发掘积极潜能，优化队伍建设。借助马丁·塞利格曼积极心理学理论模型，优化积极生长型教师队伍建设。坚持开展"积极生长"专题培训，构建分阶段培养策略，制定"成都市锦西中学校青年教师研修任务单"，从青年教师到骨干教师，在发展关键点指引方向。建立起多元培育机制，在课题引领、课堂提质、课程建设等方面形成团队合力，强化"乐教爱生，启智润心"的教风，营造和谐共进的研修氛围以及积极务实、融合创新的团队氛围。

2. 彰显人文关怀，提升品牌形象。尊重差异，结合实际进行阶梯培养，聚焦课程、课堂、课题研修等关键环节，提升教师专业素养，培养教师专业自信。学校公众号开设"积极生长，面向未来"专栏，对情绪健康、主动学习、持续发展的积极生长型教师进行定期宣传，关注教师发展全过程，营造良好氛围。

3. 形成价值共识，撬动整体发展。学校不断凝练积极生长价值，坚持回归育人本质，促进师生关系进一步改善，以积极生长型教师促进学生全面发展及精神品格成长，构建积极生长型校园。在积极追求理想教育的过程中，学校干群关系、同事关系、师生关系更和谐，更多的教师自觉践行"心中有爱，眼中有人"的育人理念。学校的课程因为教师的主动学习研究，更加丰富多彩。因为教师的观念更新，课堂组织形式更生动鲜活。学生更是受益于此，更热爱校园，热爱学习，热爱生活。师生精神面貌焕然一新，教育改革顺利推行，育人质量全面提升。

三、积极生长型教师发展成效

学校践行积极生长型教师培育机制以来，近三年获得区级及以上各类奖项共计 200 余项，其中区级奖项占比 64%，市级奖项占比 25%，国家级、省级奖项占比 11%。教师发展呈现出全面性、分阶段、阶梯化等特点。

1. 党建引领示范。学校始终坚持贯彻党的各项方针，将对党的无限忠诚化为教育行动。学校党员教师觉悟高、理念新，自身发展相对成熟，在指导学生、带动青年教师成长、先进经验交流、论文发表等方面均起着带头作用。

2. 教学竞赛成长。以赛促教，逐步打造出具有"积极生长"特色的业务能力精湛的积极生长型教师队伍。学校为青年教师提供全方位教学竞赛支持，引导其加强团结协作，4 个备课组获区级优秀奖。三年间教师们积极参与各类

教学比赛，取得优异成绩。2023年新增省级一等奖，市级奖项由1项增至5项，其中一等奖占比20%。此外，在对教育改革新形势的关注下，跨学科融合课程市级献课，区级作业设计从无到有，各学科组协作能力实现一定突破。

3. 技能特长发展。夯实专业技能是教师教育教学素养提高的前提，是教师深入理解核心素养的基础。学校进一步拓展教师发展平台，坚持"引进来"和"走出去"，为教师提供更多学习机会，创造更多成长机遇。

近三年教师技能及特长获奖占比22%，2023年相较2021年新增市级奖项10.5%，区级特等奖比例由4%提升至21%，一等奖比例由24%提升至36%。同时，学校为教师提供兴趣发展契机，为其身心健康及全面发展提供平台，如开设教师瑜伽班；全方位支持教师特长发展，实现教师跨学科素养的提升，2023年两名教师的作品入选市级美术书法展览。教师们以个人专业及特长的提升为基础，丰富生长课程建设，完善"诗、书、画、印"融合的锦西特色美育体系。

4. 科研赋能成长。此前线上问卷调研结果显示，科研是教师们普遍感到困难的一个方面，他们希望外出学习。

三年间，学校为教师提供各类科研学习机会，有针对性地解决教师实际需求；大力引进专家资源，以科研赋能学校品牌教师队伍建设，以教育教学前沿问题研究拓宽教师视野。2021—2023年教师论文、课题类获奖比例高达28.4%，获奖数量逐年稳步提升。

2023年新增省级科研类获奖，市级获奖占比由50%提升至56%，不仅实现了数量上的稳步增长，在质量上也有所提升，市、区级一等奖比例由8.3%提升至10%，二等奖比例由16%提升至20%。2023年10月，学校围绕"积极生长"品牌建设的区级课题"基于积极心理学理论的教师积极生长实践研究"获批立项。

5. 荣誉模范争先。在全方位培育积极生长型教师的背景下，学校涌现出一批优秀教师，在市、区级各类活动中表现突出，起着先进模范作用，激励着教师继续奋进。近年来，学校教师获区级及以上各类荣誉称号共计91人次，在德、智、体、美、劳各方面均起着示范作用。

从教师个人发展看，从青年教师到成熟教师，均在职业生涯关键节点取得了突出成就，从规范到模范再到示范，既获得了职业幸福感与成就感，又提升了教学素养。从学校发展上看，师资队伍建设梯队合理性、进步性、协作性等进一步发展完善，不断助力学校发展。

6. 先进经验交流。2021—2023年学校教师多次承担省、市、区级教学经验、德育经验等的交流发言，其中省级经验交流占比在 2023 年由 2021 年的 20％提升至 80％，以"积极生长"样貌助力区域教育优质均衡发展。

7. 品牌辐射推广。近三年来，学校通过微信公众号，先后进行 30 余次"积极生长"专题宣传，多次教师活动被国家级、省级官方媒体报道，面向社会展示了学校教师积极生长的样貌。2023 年 7 月，学校宣传片播放量累计破万，突出了师生协同发展的积极生长品牌样貌，丰富了积极生长型教师形象，产生了良好的社会效应。

学校认可度大幅提升，家长满意度，学生满意度，2023 年新生数量、报到率均有较大提升。学生、教师、家长对学校品牌知晓度、满意度均在 90％以上，对"积极生长"理念下的教师形象、学生风貌、家长特质有准确认识。

8. 师生共同发展。积极生长型教师将"以人育人，共生共长"作为价值追求，学校致力于以教师的主动成长来培养理想远大、本领高强、人格健全的阳光少年，以积极生长型教师促进学生全面成长。2024 年，学校九年级学生谢柯江的"小雷锋"事迹被中央电视台社会与法频道、四川教育发布、成都发布等主流媒体报道，树立了学校"积极生长"品牌形象。

习近平总书记指出："教师是教育工作的中坚力量。有高质量的教师，才会有高质量的教育。"[1] 高品质教师队伍建设是新时代教育理念对教育系统的必然追求，也是助力学校高品质发展的必要保障。未来，学校将继续探寻积极生长型教师队伍建设，打造出乐教爱生、启智润心的教师队伍新生态，办好家门口的好学校。

执笔人：成都市锦西中学校　刘　利　陈俊萍　张仕琳

---

① 王洛忠，程琼：《以教育家精神涵养大国良师》，中国共产党新闻网，http://theory. people. com. cn/GB/n1/2023/0918/c40531-40079681. html。

案例四

赋能教师，春风化雨
—— 石室联合成飞学校教师梯队建设的探索

构建高质量教育体系，教师是关键。"赋能教师，春风化雨"这一理念强调通过有效机制提升教师的专业能力，并建立健康的教师梯队，以促进教育质量的整体提升。学校不仅要通过全方位、多维度的方法，提升教师的专业素养和教学能力，而且要建立和完善教师梯队，为学校培养未来的教学领军人物。

以下实践案例，展示了石室联合成飞学校如何在这一理念指导下实施具体的策略和措施。

一、"构建教师能力提升与梯队建设机制"的必然之需

（一）区域教育高质量发展的呼唤

2022年5月，青羊区委、区政府与航空工业成都飞机工业（集团）有限责任公司签署了一份意义重大的合作协议——"政企共建推进青羊航空新城教育高质量发展战略合作协议"。这一协议的签署，标志着青羊区与航空工业在教育领域迈出了坚实的步伐，共同打造"教育版歼20"，为区域教育的高质量发展注入了新的活力。

（二）新创办学校发展的迫切需求

在此背景下，成都市石室联合成飞学校应运而生。作为一所全新的九年一贯制学校，成都市石室联合成飞学校（简称成飞学校）规模扩大，年级跨度增大，教师队伍的结构也发生了重大变化。两年来，共有30多名石室联中陕西街校区和金沙校区教师陆续加盟；有近40名新进青年教师和外校引进的成熟教师，还有原成飞中小学的170多名教师。三股教师力量必须有机整合。引进的成熟教师需尽快适应工作环境与工作内容；原有教师须尽快更新观念与技术，新进青年教师必须尽快站稳讲台适应教育教学的工作……学校教师梯队建设比以往任何时候都更加迫切。

（三）名校教师对自我的职业追求

名校教师作为教育领域的精英群体，其自我追求往往超越了基本的教学职责，涵盖了学术研究、教育创新、个人成长及社会责任等多个方面。名校教师往往更注重学生的全面发展，不仅传授知识，还重视培养学生的批判性思维、创新能力、沟通能力及道德品质。他们努力成为学生的引导者、激励者，帮助学生发现并挖掘自己的兴趣和潜能。在教学上，他们不断探索和实践新的教学方法与技术，旨在提高教学质量，优化学生的学习体验。这包括采用混合式学习、翻转课堂、项目式学习等现代教学模式，以及利用数字化工具和资源增强互动性和个性化教学。这个群体认识到教育行业的快速发展，持续进行自我学习和专业发展，参加研讨会、工作坊、在线课程等；始终保持对新知识、新技能的渴望和学习，以适应高质量教育领域的变化。因此，他们迫切希望学校可以多维度、全方位地为他们提供各种学习机会，搭建各类学习平台，拓展国际视野，不断精进和提升自己，实现自身的职业追求。

为此，学校需要建立一体化的师资培育和管理体系，促进教师的专业成长，推动学校的整体发展。在这一方面，成飞学校做出了积极的探索和实践。

二、"构建教师能力提升与梯队建设机制"的应然之举

（一）精心制定层级发展规划，各美其美

学校现有教师 250 余人。学校针对不同教龄的教师制订了分层发展计划：0～6 年教龄的教师为"雏鹰"，为他们配备经验丰富的学科和班主任导师，让他们在导师的带领下展翅高飞；7～12 年教龄的教师为"雄鹰"，为这部分骨干教师充分搭建展示的平台，推荐其参加各种各样的比赛和培训，充分展示翱翔之美；12 年以上教龄的教师为"金鹰"，通过课题研究、讲座交流等方式让这部分教师充分发挥其引领辐射作用。

1. 以青年教师培养为支点，抓好中坚力量。

（1）个性化制订青年教师培养计划，以精准规划促效能提增。除组织青年教师积极参加集团线上培训外，学校专门制定了《石室联合成飞学校青蓝结对管理办法》，对青年教师的专业学习、课堂教学、个人发展提出明确要求。同时，学校开展调研，对青年教师的困惑和关注的培训内容与形式进行征集，形成课程清单，针对性地定制课程并在集团内外招募主讲讲师、邀请专家进行专

业引领。通过每次培训心得体会的撰写，使青年教师反思内化。

（2）适配导师，以课堂提质促师能提升。建立导师库，通过双向选择，为每一位青年教师量身匹配导师。同时，导师们定期深入青年教师的课堂观课、议课，促进青年教师更快更好成长。

2. 建名优教师工作室，做强榜样引领。

为贯彻落实中共中央、国务院《关于全面深化新时代教师队伍建设改革的意见》的精神，学校不断完善教师队伍建设工作机制，建立规范化、制度化、常态化的专业发展支持体系，发挥学校名师引领、示范和辐射作用，成立了校级、集团级名师工作室三个。

3. 强化教研组建设，做强骨干中坚力量引领全体教师发展。

不断规范教研活动制度，促进教研组的发展。以教研组骨干中坚力量的发展带动每位教师个人的发展。

（1）变教学型教研为研究型教研。教研活动均有明确的目标，有学期的重点，更加聚焦，更能解决实际问题。

（2）变常规性教研为规划性教研。每学期开学由教师发展与课程建设中心分学科组织教师研讨，制订教研工作计划，落实每学期教研具体主题、方式、分工、任务。每周各教研组上报下一周的教研计划安排，教师发展与课程建设中心汇总后在全校公示，让每一位教师都能清楚教研安排。每周的教研都有主题，都有主讲（评）人（表1）。

表1　2022～2023学年秋季学期周教研计划表

活动时间	活动地点	主讲（评）人	活动内容
9.6	各数学组办公室	各组自定	怎样做到仔细备课
9.20	各数学组办公室	各组自定	"新课标"品读（选择某一方面分析，如数与运算主题分析、数量关系主题分析、综合与实践的活动设计等）
10.11	各数学组办公室	各组自定	向35分钟课堂要效率（怎样构建有效的数学课堂）
10.25	北三楼会议室	××	怎样减少学生课业负担
11.8	北三楼会议室	3、4、5年级教研组组长	半期定时练习质量分析
11.22	北三楼会议室	××	如何提高后进生的成绩
12.6	北三楼会议室	××	怎样系统地做好期末复习

（3）变单一教研为综合教研。第一，纵向跨学段教研。各学科组每学期至

少举行两次中小学贯通教研，了解各学段不同要求、不同特点，打通学段壁垒，更好实现学段贯通。第二，横向跨学科教研。学校每学期举行项目式主题活动，如 2022—2023 学年秋季学期"秋天的美"，2022—2023 学年春季学期"最是一年春好处"，涵盖语文、数学、英语、美术、音乐、科学、生物、体育等学科。

（二）以课程建设为契机，助推教师梯队发展

1. 丰富的校本课程建设是推进教师队伍建设的重要途径。学校现有飞天拓展课程、博雅课程各 60 余门，教师们以提升学生核心素养为课程研发目标，反复研读新课标，将课程情境化、生活化；学生们在用中学、在做中学、在创中学。更有特色的跨学科教学实践研究将中小学课程融合贯通，多学科共同构建一个学习项目。在进行这项教学实践研究的过程中，教师个人专业能力得到了极大提升，团队凝聚力进一步增强。

2. 课题引领课程开发。学校设立专项基金支持教师开展教育教学改革、课程开发、教育技术应用研究等。通过科研推动经验丰富的名优教师不断革新观念，优化教学活动设计，促进多元评价，不断提升教师的理论水平和实践创新能力。

（三）拓渠道，促进高质量教师队伍建设，共谋学校发展

1. 向外生长，多渠道拓宽教师发展路径。

（1）承办各级教研活动，为教师搭建交流平台，探索教研形式，拓宽教研视野。两年来，学校承办各级各类学科教研活动 20 余次，借力展示课、研究课磨炼教师，加速其专业发展。

（2）引入高校专家团队，为教师发展提供支持，引导教师寻求科学方法，探索更有效路径。

2024 年 4 月，学校邀请华东师范大学项目组入校开展"共生视野下未来学校高质量育人体系建设"研究，为学校的高质量教师队伍建设做指导。

2. 向内扎根，和兄弟学校联合教研同发展。

借力石室联中教育集团其他成员学校，并且和成都市高新区新华学校、西充张澜学校、遂宁第四中学校等学校合作建立长期校际合作教研平台，促进理论与实践结合。通过联合教研、跟岗交流、同课异构、课题申报、论文发表、研讨会等，提升教师的科研能力和学术影响力。

（四）建立有效的评价与激励机制，激发教师自我提升

建立教师专业成长的综合评价体系，创新设计教师学术积分认定方案（图

1)，对于表现优异的教师给予表彰奖励，如"感动学校发展十大人物"；充分尊重、肯定教师劳动，为教师提供职称晋升、国内外研修等机会，重视教师的持续学习。

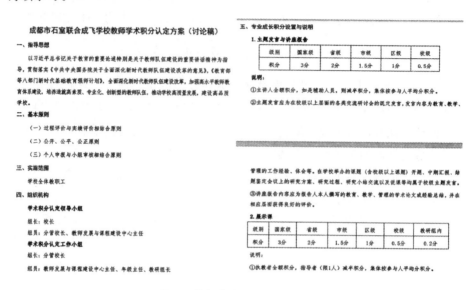

图1　教师学术积分认定方案

三、"构建教师能力提升与梯队建设机制"的实然之果

经过两年实践研究，学校为近100位教师提供了各种交流展示平台，开展了讲座、示范课等活动；有50余篇相关论文获奖，朱湘静老师的课例入选教育部基础教育精品课例；各教研组参加各级比赛，70余人次获奖；20多名教师荣获国家级、省（市）级荣誉称号。

学校通过教师分层培养，多层次、多维度搭建平台，不断提升全体教师专业素养和能力，较为成功地构建了一个从新进教师到资深教师、从教学能手到学科带头人的完整教师发展梯队，为学校的持续创新和高质量发展提供了人才保障。

在未来发展中，学校将继续秉持"多路共进、主动发展"的理念，为区域教育高质量教师队伍发展注入新的活力，展现"赋能教师，春风化雨"的深远意义。

执笔人：石室联合成飞学校　谭琳娜　张　慧　邱雪翔

案例五

做立德树人的"大先生"，助力高品质学校建设
——成都市石室联合中学教师发展课程建设与实施

一、教师发展课程建设与实施背景

教师队伍的整体素质决定了人才培养的整体效果和质量。教师队伍只有以立德树人作为核心理念和实践导向，厚植教书育人情怀，专注于专业成长和全面发展，才能完成教书育人、立德树人的教育使命，从而实现学校的高质量发展。

随着集团化办学规模的扩大，成都市石室联合中学（简称石室联中）在教师结构上有了新的变化。新鲜血液融入的过程中，旧有的教师发展课程已无法与现实需求相适应，急需建立新的课程体系，以实现教师的迅速成长，同时还需建立分层教师发展体系，以满足不同层级教师的发展需求，从而实现教师团队的高效高质发展。

在此背景下，石室联中积极探索，统一部署，以立德树人根本任务为导向，将建设高质量教师队伍作为学校"十四五"规划的重要战略部署。坚持问题导向，整合发展方向，构建了石室联中教师"专业发展力模型"，包含内驱力、协作力、学习力、研究力、创造力、反思力等六大专业发展力，通过点燃、助燃，赋能教师队伍的高质量发展。

二、厚植崇高教育理想，构建动力及导航系统

学校通过专家讲座、课题研究、案例研讨、学术年会等多种途径，在教师群体中根植以人为本的教育发展理念和教书育人情怀，建立科学的教学价值理念，促进教师的思考与认同，形成教师发展的思想和精神高地。立德树人本身就是促进教师和学生趋向于自我实现的过程。教师有科学的育人理念，才能真正成为立德树人的践行者，为社会育英才，为国家树栋梁。

与此同时，学校还为教师"专业发展力模型"构建了两大系统，将根植在

教师内心的教育理想转化为教育实践。

（一）动力系统，点燃教师发展内驱力

动力系统的要点在于：提升伙食质量，富养教师；解决教师困难，感动教师；服务教师需求，温暖教师；表彰教学成果，肯定教师；构建荣誉体系，激励教师；用真心换取真心，用尊重赢得尊重，让幸福的教师去教出幸福的学生。内驱力的激发，除了情感带动，还需要目标引领。按照马斯洛需求层次理论，在解决了爱与归属、尊重需求这两个层次后，再往上便是自我价值的实现。

（二）导航系统，打通教师成长路径

教师发展动力不足的关键原因之一是缺少合理的职业规划，于是学校推出了导航系统，即石室联中人才储备计划，包括"专业技术储备人才成长路径"和"行政管理储备人才成长路径"。两条成长路径，双线并行，亦可交叉，实现团队成员差异化发展。经过公开公正的选拔，第一批次遴选 11 名教师作为培养对象，并全部于半年后提拔重用；第二批次遴选 24 名储备人才，培养提拔了 9 名；建立了 8 个校级名师工作室，15 个区级名师工作室。有了公平向上的氛围、公正的职业发展的路径，教育理想的实现才有了清晰的方向，教师发展的内驱力才被彻底点燃。

三、健全教师发展体系，培育德才兼备"大先生"

点燃内驱力的同时，学校继续推进组织变革，健全教师发展体系，助力教师成为德才兼备的"大先生"，形成了研发、支持、反馈三大系统。

一是研发系统，成立教师发展中心和学术委员会。教师发展中心是学校的行政部门，致力于为教师成长服务，整合校内资源，拓展校外资源，对标六大专业发展力，开发教师发展课程，搭建教师发展平台，构建教师评价体系；学术委员会是学校的学术权威机构，致力于营造学术氛围，引领教师发展，发扬学术民主，为教师发展提供智库支持。

二是支持系统，研发系统孵化的教师发展体系。着眼于"根"的浇灌，引领教师向下扎根，使六项专业发展力不断"生长"。首先，发展课程赋能。根据石室联中教师素养成长阶梯，设置专题必修培训类课程、交流互动类课程、实践类课程等三大类课程；形成规范化、专题化、序列化的课程菜单，构建精准的教师发展课程体系，名为"飞鹰课程"，实现教师从"雏鹰"到"雄鹰"

到"金鹰"的进阶发展。其次，校本研修破局。教师最大的成长是发生在课堂上的。学校深耕课堂实践，常态化开展课例研修，在真实自然的教学情境中观察和改进教师的教学行为；开展高水平主题式研修活动，加大研修的深度广度，破解教育教学实践困境。再次，学科建设驱动。学校还鼓励教师转变教学方式，探索高效课堂；创新作业形式，丰富课后供给；开展命题研究，促进教学改革；组织学科实践，尝试学科融合；带动课题研究，增强研究能力；强化团队评价，推进学术协作。最后，发展平台聚力。新竹高于旧竹枝，全凭老干为扶持。在原有"青蓝结对"的基础上，学校还实行"双重导师制"，为每位青年教师配备学业导师和成长导师；提供更多的赛课、交流平台，推荐青年教师加入各级名师工作室。依托学校名优教师集群，一批一批德才兼备的好老师正在茁壮成长。

三是反馈系统。学术积分制，是反馈系统中关键的一环。此制度从教学专业技能、教育科研等多个方面对教师进行"科学考核，量化标准"的多元化评价，激发了教师发展动力，也能让教师看到自己的学术雷达图，明确短板所在。另一个"王牌"是 2021 年引入的第三方"学校诊断"项目，来自北京师范大学李凌艳教授的 E 智慧团队，对学校的课程、教学、组织关系、师生关系等进行全面"体检"，帮助教师发现隐藏在"冰山"下的问题，以诊促改，有效促进教师自我发展。学校还在积极探索增值性评价，分析教师对学生成长的贡献，获得教师发展的"净效应"，引导教师关注每一位学生，激励教师促进每一位学生进步，并不断通过自我反思、自我改进，促进自身的专业化发展。

四、形成教师队伍自觉，做立德树人优秀践行者

在崇高教育理想的引领下，健全的教师发展体系可以助力形成一个高质量的教师队伍，但是要将理念和队伍建设成果长期稳定地转化为教育成果，让每一位教师都成为立德树人的优秀践行者，做立德树人的"大先生"，还需要形成教师队伍的自觉，从而形成师与生相互促进、共同成长的良性循环。

因此，学校还改革教师教育评价机制，将立德树人作为评价的根本标准，兼顾科学性与价值性。一方面，综合量化指标，开展质性反馈，对师生的道德、知识、能力发展开展长期追踪，制定服务于教师教育高质量发展的评价指标。另一方面，不简单套用普遍化的教育评价标准，注重新时代教师的特殊性，尤其强调立德树人根本任务的落实情况。

图1为石室联中教师队伍建设与学生发展实现路径，表1为以生为本的教师评价系统。从表1可知，学校尊重教师的个性发展，重视对教师在关注学生个人成长、身心健康、品格品质等方面的评价，从而为教师队伍发展提供方向，形成师生成长的良性循环，形成教师队伍自觉，使每一个教师都能成为立德树人的优秀践行者。

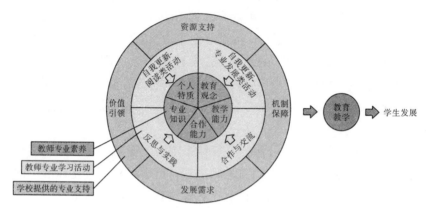

图1　石室联中教师队伍建设与学生发展实现路径

表1　以生为本的教师评价系统

评价维度	具体项目
养成教育	老师不仅关心我的学习，还注重引导我更好地做人做事
	老师能给我留出课内外自主学习的时间，并教给我自主学习的方法
个别化教育	老师能够给予我有针对性的帮助
	老师善于发现我的闪光点，并及时鼓励我
	老师关心我，会及时了解我的学习状态和心理状态
学习效果	老师风趣、幽默，跟TA学习愉快而有收获
	老师能做到按时下课
	老师重视培养我独立思考的能力，鼓励我表达自己的想法
	老师在教学中注重联系生活情境，教会我分析和解决生活中的实际问题
受学生喜爱程度	这位老师是我本学期比较喜欢的老师

（一）育人为本，教师团队育人理念先进

为了促进教师核心竞争力提升，打通教师成长路径，学校设置了完善的教

师发展路径，2019 年至今，已有 19 名教师受到提拔重用，成为学校储备干部；建立了 8 个校级名师工作室和 15 个区级名师工作室。周丽老师发展为四川省名师工作室领衔人，12 名教师成为省、市级名师工作室成员，易梅老师发展成为四川省教书育人名师。60 多名教师被评为青羊区名师、优秀德育工作者、优秀班主任、党员示范标兵、优秀教师等。学校政治、语文、数学、英语、物理、化学等学校的教研组多次荣获青羊区教育系统"优秀教研组"称号。

（二）名师集群，教师队伍高质量发展

2021 年至今，学校共有 3 名教师的课程入选教育部基础教育精品课，1 名教师获川渝青年教师风采大赛中学组一等奖，5 名教师在国家级赛课中获奖、5 名教师在省级赛课中获奖，24 名教师在市级赛课中获奖，各级各类赛课获奖 131 余人次。截至 2024 年 2 月，学校共计获批科研课题 58 项，其中 49 项在研，包括国家级课题 1 项、省级课题 8 项、市级课题 4 项、区级课题 36 项；9 项课题已结题，包括省级课题 1 项、市级课题 2 项、区级课题 6 项；各类论文获奖 41 人次，其中省级奖项 6 人次、市级奖项 30 人次、区级奖项 5 人次。

（三）队伍自觉，赋能学生成长发展

学校开展了五轮自我诊断，得分 90＋的教师占比大幅提升（图 2），反映出学生对教师喜爱程度的提升。由此可见，教师的成长与发展，是最好的示范，能有效促进良好的师生关系，实现育人的良性循环。

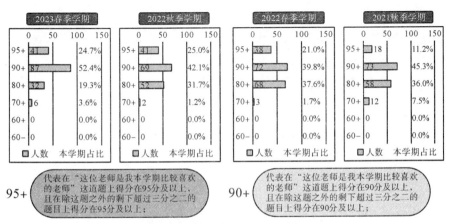

图 2　学校关于教师满意度的诊断

石室联中教师队伍实现了高质量发展，立德树人根本任务落实在校园的文化氛围中、教师的课堂教学中，为每一位联中学子的成长与成才保驾护航，助力学校高品质发展。

执笔人：成都市石室联合中学　王　勇　熊菡梅　向海洋

案例六

"五色"发展体系，助力教师专业发展

——以雅安市雨城区上里镇初级中学为例

一、教师专业发展需求背景

党的二十大报告要求："加快义务教育优质均衡发展和城乡一体化，优化区域教育资源配置。"[①] 在推进义务教育优质均衡及城乡一体化建设过程中，教师作为建设者，其素养的高低、专业发展的优劣直接影响着教育优质均衡发展的实现与否。同时，面对"双新双减"带来的教育变革转型，学校需要实现多样性、自主性以及持续性的教师专业发展，为课改奠基，为课堂增效。

雅安市雨城区上里镇初级中学（简称上里镇初级中学）作为一所农村单设初中，在 2021 年两项改革后，将原上、中、下里初中学校合并为上里镇初级中学。合校后，教师从原来的 45 人增长到 85 人，教师年龄、学历结构发生较大改变。此外，学生人数与结构也发生了巨大变化。学校在合校之后发现了一系列问题，包括：三校理念不同造成的教师思想不统一、观念不一致、文化不协同；教育方式方法落后，课堂效率不高；教师思想观念滞后，自主学习能力差，学习持续性不强；教师年轻化，骨干教师队伍弱；师生关系疏离，师生矛盾明显；很多教师因无法适新环境而出现了排斥学校各项活动、教育教学工作懈怠等情况。长此以往，不仅学生全面发展得不到有力保障，学校教育教学质量、教师身心发展也会受到极大影响。

二、教师发展体系建设

基于上述背景，建设教师发展体系，自内向外激发教师发展动力，提升教师思想政治素养及教育教学水平，成为学校迫在眉睫的行动。学校认为应以终

---

① 习近平：《高举中国特色社会主义伟大旗帜　为全面建设社会主义现代化国家而团结奋斗——在中国共产党第二十次全国代表大会上的报告》，人民出版社，2022 年版，第 34 页。

身学习为前提保障，寻切口，用载体，找抓手，构建教师专业发展体系。为此，作为"五色素质教育科普基地"，上里镇初级中学以中国传统五色"红、黄、青、黑、白"为底色，构建学校教师发展体系。

（一）"红色"引领——"党建示范"提思想

学校以党建示范校的创建为契机，强化政治素质。教师队伍的发展首先需素质清晰，明确为谁培养人，怎么培养人，培养什么人。党的二十大报告已经指明了方向。教师队伍的政治素养是落实立德树人根本任务的要素。教师懈怠、思想滑坡，深究其原因，是角色定位不准，立场不清晰。为此，学校通过抓党支部建设、以党建带团建等工作来推进教师政治素养的提高，达到统一思想的效果。学校以党建为切口，丰富"三会一课"内容，将教师师德师风、专业理想、专业态度等内容融入支部党员大会、党小组会、党课，加强思想道德建设。此外，学校还成立党员巡课组，每日早中晚三巡，以监督、促进课堂教学的规范及质量提升。

（二）"黄色"塑材——"自信教育"促发展

教师教育方式落后、课堂出现"满堂灌"等情况实际上源于对学生没有信心，对自己课堂的不自信。为此，学校打造"自信教育"，从自信生活、自信课堂等方面提升教师自信，促进教师发展。为让教师自信生活，学校开展了"幸福好老师"系列活动，通过"笑起来真好看"活动评选教师最美笑脸，以"幸福好老师成长营"假期团指导教师更好地与同事、学生相处，找准自己的角色定位等，让教师感受到幸福，获取积极向上、提升自我的心灵能量。为打造自信课堂，学校强化教师学习培训与专业提升。学校将教师培训分为三类。第一类为新进教师入职培训以及青年教师常态化培训，学校采取多种方式，如集体讨论、演讲、听课评课、"请进来、走出去"等让青年教师找准自身定位，逐步站稳讲台。第二类为骨干教师培训。学校现有区级骨干教师 37 名，作为学校中流砥柱，骨干教师的发展对自信课堂打造能起到巨大的推动作用。为此，学校支持骨干教师参加各项培训，鼓励骨干教师加入名师工作室进行再学习，要求骨干教师在校上示范课，以促进自身课堂教学质量的提升以带动青年教师。第三类为全校教师学习分享。为促进全校教师不断学习、完成自我更新、提升教育教学理念，学校鼓励全校教师积极阅读并开展丰富的读书分享活动。学校利用每周一教师大会时间，通过"抽签"让教师进行读书分享，以此"倒逼"教师读书学习，形成读书氛围；此外，还会以教研组为单位开展课标学习、赠书学习与分享。通过自信生活、自信课堂让教师有蓬勃的朝气、自信的底气。

（三）"青色"点灯——"青蓝工程"育新师

青年教师是学校发展的源头活水，更是学校教师队伍中最需成长、最快成长的群体。师徒结对在青年教师专业发展方面发挥着举足轻重的作用。它不仅能够促进知识的传承与拓展、教学技能的提升和科研能力的培养，更能够在团队协作与沟通、职业规划与发展、创新思维激发等方面为青年教师提供全方位的支持和帮助。学校"青蓝工程"采取"双师三段式"培养模式。青年教师入校后，学校即选派学科业务骨干与班主任骨干和其进行师徒结对，确保每位青年教师既有学科业务指导也有班主任工作指导。师徒结对之后进行第一阶段"影子"跟岗研修阶段，即青年教师在工作时间全程同影子般跟随班主任师父，观察学习师父如何管理班级、管理课堂。第二阶段为业务实践阶段，即青年教师在班主任师父的指导下参与班会设计与班级管理，在学科师父的指导和观摩下进行学科授课实践，包括新课、复习课、作业课等不同类型的课程教授。同时，学科师父还会对徒弟进行教育科研论文的写作指导，学校也会组织召开座谈会，让青年教师分享交流实习心得。第三阶段为总结提升阶段。学校会安排青年教师执教校级公开课，同时评定授课等级并颁发证书。之后，学校会组织召开师徒结对总结会，师徒进行总结交流，学校颁发聘书。

（四）"黑色"传薪——"三笔字"训练聚合力

在信息化、数字化的时代背景下，虽然技术手段为教学提供了便利，但在写板书时，传统书法依然无法被替代。"三笔字"技能作为教师的基本功之一，对于提升教师的教学专业素养、教学质量及效果等具有不可忽视的作用。同时由于合并前三所学校均在书法文化方面有所积淀，从"三笔字"活动入手，不仅有助于教师专业素养的提升，还可以加深教师对学校文化的认同，进而形成合力。为此，学校将"三笔字"列入教师发展重要板块，将硬笔、软笔、粉笔字的练习分配到每学期三个学月中，定主题，定内容，规范教师"三笔字"训练。此外，在每学年的中华文化传统发扬月中，学生与教师共同开展书法比赛，展示书法作品，参与校门书写。在点滴的浸润与活动中，教师的专业技能得到发展，教师队伍的凝聚力在逐渐增强，文化认同也逐步形成。

（五）"白色"润心——"心理辅导"滋心灵

教师心理辅导是教师专业发展中不可或缺的一环，对于教师自我认知提升、情绪管理强化、教育策略优化、师生沟通畅通、职业韧性增强、专业成长等，都有着极其重要的作用。学校结合学生心理辅导活动月开展教师心理辅导，每学期定期请心理专家对师生开展心理健康讲座以及"赋能沟通"讲座，教会教师自我调节及对学生的心理疏导。

三、教师专业发展成效

通过近 3 年的实践研究，学校办学水平不断提高，成功创建为雅安市党建示范学校，也是唯一一所地处农村的市级德智体美劳"五育一体化"新优质学校。教师专业水平普遍提高。近两年，学校立项各级科研课题 5 项、市级重点课题结题 1 项，34 人次在各级论文大赛和优质课展评中获奖，连续 3 年荣获市、区级教书育人先进集体，中考成绩也名列前茅。

学校在教育科研方面也取得相应突破。学校通过聘专家指导，与四川民族学院、四川农业大学依托实习实训基地关系，开展深层次的合作；鼓励教师积极投入教育科研，形成"科研兴校、科研强校"的共识。当前，学校有 4 项市级微课题已结题，区级课题"在农村寄宿制学校开展天文观测的实践与研究"在研；市级重点课题"'实验＋'构建师生成长共同体的实践研究"在研，中期成果获得雅安市科研成果二等奖。学校鼓励教师撰写论文和案例参加各级比赛，一年多以来，有 33 人次获得省、市、区级奖励。学校物理教师研发的《一种初中物理浮力用实验装置》更是成功申请国家专利。

在不断推进发展的进程中，学校逐步完善校本研训制度，围绕"自信教育、自信课堂建设"开发校本课程，形成了"红领巾心向党""团学之家""夜空最亮的心""班会进行时""让科学之光照亮课堂"等校本课程。下一步学校将继续开发"上里镇初级中学学生必备劳动技能 30 项""党员心路""阳光青年"及其他学科课程。

强国必先强教，强教必先强师，教师的发展是教育事业持续发展的基石，优秀的教师队伍是保障教育质量的关键，教育理念的不断更新则是引领教育发展的风向标。学校定将紧跟时代步伐，适应社会变革的需求，塑造良好教育环境，培养德智体美劳全面发展的社会主义接班人。

执笔人：雅安市雨城区上里镇初级中学　高　健　彭丽旭　郑　博

第四章

高品质基础教育学校的学生发展指导

第一节　理论分析

　　"全人、全纳、共生、共赢"是四川省高品质学校建设所倡导的价值取向，指向每一个学生的"全面而有个性的发展"。习近平总书记勉励学生："希望同学们树立远大志向，珍惜美好时光，坚持德智体美劳全面发展，争做爱党爱国、自立自强、奋发向上的新时代好少年，努力成长为堪当强国建设、民族复兴大任的栋梁之材。"① 这里的"栋梁之材"的培养离不开高品质基础教育学校对学生发展指导的研究与探索。

　　在高品质学校建设的要求下，基础教育学校的教育需要的是直抵人内心的、温暖而坚定的力量，是以学生的全面而有个性的发展作为发展要务的清晰目标，是对学生生命成长、身心健康的全力担当。学生发展指导不是新事物，是对学校育人目标所关注的"培养什么样的人"的直接回应。学生的模样，就是学校的模样；学生所反映出来的价值观念、核心素养，决定了学校的育人文化和办学品质。赵家骥教授指出："构建高品质教育，就是要找准教育和孩子人生发展的切入点、契合度，值得花功夫。"如何实现高品质基础教育学校的学生发展指导，找准切入点和契合度？在实际工作中，基础教育学校也在不断探索建立完善的学生发展指导制度，但在实践中却常常以活动简单地代替了学生发展指导，在指导的内容、价值、方式、队伍建设等方面都缺少系统性，导致学生发展指导成果不明显。

一、找准行动路向：促进学生全面发展，激扬生命内在价值

　　在不同的语境中"学生发展"常常有不同的内涵。马克思在人的发展理论中指出应该实现人的全面的发展。基于马克思的人的发展理论的观点，学校也

---

① 《习近平回信勉励四川省南充市嘉陵区之江小学学生》，《光明日报》2024 年 6 月 1 日 1 版。

应该实现学生的全面发展，包括全员发展、全面发展、个性发展与和谐发展。黄向阳教授从"指导"的作用上做了细致的解释，认为指导并不是只适用于某一项教学工作，而是致力于促进学生的全面发展。指导是积极的、正向的，引导学生走向正确的道路；指导可以减少学生的消极情绪；指导具有预防、矫正和发展的职能，是学校中的必需品。[①]

综合来说，我们可以这样理解：学生发展指导是学校"根据青少年身心发展需要，运用一定的专业知识和经验，帮助学生了解自己、认识世界、解决问题，从而更好地适应学习和生活，实现最大程度发展的过程"。[②]

学生的个体成长过程就是一个发展的过程。学生发展观研究对于学生发展指导制度的现代取向具有直接和深刻的影响。鉴于对学生发展的目标和内涵的理解不同，学界大致形成了以下几种学生发展观的研究。

（一）生命取向的学生发展观

持生命取向的学生发展观的学者主要是从物质和精神两个方面来研究学生发展的问题。一方面，他们承认人具有"生物性"和"自然性"，因此认为学生的发展应该是建立于躯体和心理不断成熟的客观现实之上；另一方面，他们又强调学生需要在满足自然属性的基础上实现对自身的超越，反对传统教育的弊端对人的拘束和生命的异化，认为学生的发展需要遵循其作为人的本性，尊重他们的生命和尊严，进而通过教育帮助其实现自身的独特价值。

（二）社会取向的学生发展观

持社会取向的学生发展观的学者主要从社会结构、社会群体、社会化的方式，以及人们之间的互动关系和方式讨论学生的发展问题。他们将学生的发展看作一种社会化的活动，把发展过程主要解释为个人参与社会活动，或者社会环境对个人发生影响的结果。该取向的研究重点放在了个人参与或者对个人有影响的社会化过程上。[③]

（三）整全取向的学生发展观

"人的全面发展"思想中包含一种整全取向的学生发展观。马克思认为人

---

① 黄向阳：《学生发展指导制度建设刍议》，《教育发展研究》，2010 年 Z2 期。
② 杨清：《学生发展指导的学校综合推进策略》，《中小学管理》，2020 年 2 期。
③ 谢维和：《当代青年社会学》，中国青年出版社，1994 年版，第 101 页。

的个体发展同社会发展一样，也是通过正、反、合这样一个持续过程完成的。马克思指出："人的本质不是单个人所固有的抽象物，在其现实性上，它是一切关系的总和。"① 因此，他提倡人的全面发展。在描绘未来教育蓝图时，马克思列出了智育、体育和技术教育等几个方面，并强调将生产劳动和智育、体育结合是造就全面发展的人的唯一方法。② 苏联教育家苏霍姆林斯基随后将马克思人的发展教育思想运用到了教育的实践层面。他主张培养德、智、体、美、劳各方面"全面和谐发展的人"，即学生发展的方向既需要提倡生命取向的人本发展思路，兼顾社会取向的学生培养观，同时又要做到兼容并蓄，进而建立一种继承与超越并存的整全取向学生发展观。

纵观以上，当前的学生发展观呈现出多质、多向和多维并存的繁荣局面。学生发展应是一个包括生理、心理和社会等众多要素在内的总体性概念。我们对于学生发展的研究不能仅仅局限于某一个方面，而要将其扩展到与学生成长有关的各个方面，从根本上更加全面地关注学生的发展问题，以实现"人的全面发展"。

二、把准行动构思：聚焦立德树人，落实核心素养

（一）行动逻辑起点：贯彻方针政策

早在 2010 年 7 月，中共中央、国务院印发《国家中长期教育改革和发展规划纲要（2010—2020 年）》，明确指出要建立学生发展指导制度，加强对学生理想、心理、学业等多方面的指导。教育部《关于全面深化课程改革落实立德树人根本任务的意见》等文件，也强调了学生发展指导在推进教育改革、实现素质教育进程中的地位与作用。2019 年，国务院办公厅公布《新时代推进普通高中育人方式改革的指导意见》，明确要求加强学生发展指导，具体对学生理想、心理、学习、生活、生涯规划等方面进行指导。党的二十大报告指出，"全面贯彻党的教育方针，落实立德树人根本任务，培养德智体美劳全面发展的社会主义建设者和接班人"③，为推进学生发展指导工作指明了方向。

---

① 中共中央马克思恩格斯列宁斯大林著作编译局：《马克思恩格斯选集》（第一卷），人民出版社，2012 年版，第 139 页。

② 中共中央马克思恩格斯列宁斯大林著作编译局：《马克思恩格斯选集》（第二卷），人民出版社，2012 年版，第 230 页。

③ 习近平：《高举中国特色社会主义伟大旗帜　为全面建设社会主义现代化国家而团结奋斗——在中国共产党第二十次全国代表大会上的报告》，人民出版社，2022 年版，第 34 页。

在一系列文件的指引下，学生发展指导已经成为与教学、管理并重的现代学校三大职能之一①，对学生的全面健康成长起着积极的推动作用，是学校现代化的重要标志。

2023 年 12 月 14 日，中国教育学会学生发展指导分会成立大会在北京举行，该分会致力于开展我国学生发展指导领域的研究与实践，全面贯彻党的二十大精神和全国教育大会精神，立足党和国家教育强国、科技强国和人才强国战略需要，紧密结合国家"十四五"规划和 2030 年教育远景目标，紧扣立德树人根本任务，凝聚学生发展指导思想共识，探索适合我国学生成长规律的发展指导方式方法，创新中国特色学生发展指导体系，传播中国文化和教育范式。

（二）行动逻辑指引：更新育人理念

1. 紧扣立德树人根本任务的学生发展指导。

从党和国家的教育政策来看，高品质基础教育学校要时刻牢记"培养什么人、怎样培养人、为谁培养人"这一根本问题，全面贯彻党的教育方针，落实立德树人根本任务，以培养德智体美劳全面发展的社会主义建设者和接班人为目标。高品质基础教育学校要把学生的选择和国家、社会的需要融会贯通，探寻、发现、明确学生发展的"重要节点"，给予学生"适切的指导"，培养学生"学以致用""知行合一""实践创新"的素质，引导学生发现自我、思考人生、体察社会、省思时代，从而把小我融入大我，用理想照亮现实，用志向引领人生发展，立大志、明大德、成大才、担大任。

2. 基于核心素养的学生发展指导。

2016 年 9 月教育部正式发布《中国学生发展核心素养》，核心素养成为我国深化基础教育改革和落实素质教育的关键要素，为我国未来人才培养指明了方向。核心素养的孕育、栽培需要教育，核心素养的分裂、衍生也需要教育。教育便是核心素养发展指导的有力保障和推进路径。教育以指导的形式作用着核心素养的养成、发展。核心素养发展指导是教育的终极形式和功能定位。尤其是这个时代的教育，几乎所有的内涵和外延都是围绕核心素养发展指导而展开和丰富的。发展学生核心素养关系到培养什么人、怎样培养人、为谁培养人的教育本质问题，是学生发展指导的出发点和归宿。扎实落实学生发展指导工作，是将核心素养目标有效落地的关键支撑。

---

① 杨光富：《国外中学学生指导的实践与特色》，《全球教育展望》，2011 年第 2 期。

3. 基于"适合教育"理念的学生发展指导。

"十四五"期间，上海市普陀区教育局提出了引领区域教育改革发展的"适合教育"新理念，倡导为每一位学生学以成人、人生出彩提供"适合的教育"，要求普陀区各级各类学校积极探索特色发展之路，为每一位学生提供"适合教育"及学以成人的引导，为学生终身发展奠基。①"适合教育"理念下，学生发展指导能够促进全体学生的公平发展，激发每个学生的个性发挥。学校要从学生身心发展特点出发，将学生发展指导放在与学校教育职能、管理职能同等重要的地位，将学生发展指导理念与学校育人目标紧密结合，通过多样化选择为学生提供"适合的教育"，引导学生发现兴趣、能力和需求，实现以学生发展指导体系建设推进育人方式改革的目的。

（三）行动逻辑终点：推动学生全面而有个性地发展

学生发展指导不仅是高品质基础教育学校建设的一项重要任务，更是推动学生全面而有个性发展的关键。21世纪的竞争本质上是人才的竞争。在竞争激烈的知识经济时代，学生不仅需要掌握基础、核心的学科知识，也需要具备创新能力，灵活解决具体问题的思维能力，积极与他人团结协作的能力以及查找信息、掌握信息、运用信息的能力等，掌握生活的必备技能和职业发展所需的技能等。因此，学生发展指导是实现推动学生全面而有个性地发展这一教育目的的基本手段，也将会成为教育的第一新质生产力。在传统教育中，学校往往更侧重于知识的传授和技能的训练，而对学生个性化发展的关注相对较少。但在教育过程中，学生面临着理想、心理、学业、生涯规划、生活等多方面的挑战和选择。开展学生发展指导这项工作，能够帮助学生更好地应对这些挑战，规划未来，实现自我价值。

三、定准行动策略：尊重身心发展规律，建立协同指导机制

学生发展指导是新时期教育进入高质量发展新阶段的必然要求，许多基础教育学校积极地开展了建构科学的学生发展指导体系的探索与实践。需要注意的是，学校在学生发展指导体系的探索与建设中要有目标导向、有课程支撑、有活动承载、有评价反馈，要真正落地。

---

① 张文渊：《全员育人 陪伴成长 "适合教育"理念下学生发展指导体系的设计与实施》，《现代教学》，2023年第6期。

相关调查显示，当前学生发展指导日益得到关注，学生发展指导工作也不再是单维度、碎片化地开展，而是呈现出全面探索的发展趋势。组织机构的建设为学生发展指导工作的顶层设计与落地实施提供了保障；心理指导在各学段得到高度重视；体验活动成为学生发展指导中的优选方式。与学校常规的教学、管理相比，学生发展指导更重视个性化、实践性和体验性，在理想、生活、生涯规划三个维度上体现得尤为明显。

同时，由于学校对教学和管理的投入处于"高位"，对学生发展指导重视不够，在推进学生发展指导的过程中依然存在不少问题。首先，认识不足，求术失道，对学生发展指导的理解浅表化，没有将学生发展指导和教学、管理放在相当的位置，重视短期的、眼前的学生成绩，但忽视了学生真实的、长远的和可持续的发展；其次，专业的学生发展指导师资力量匮乏，长远的支持不足，对促进学生发展的资源的统筹安排不能满足学生发展指导的需要，"无米难为炊"；最后，推动学生综合发展的制度建设也和纲要的要求存在一定差距。

学生发展指导，必须落实在一件件具体的事上，既要与课程对接，考虑学生的特点，又必须具有面向未来的极强的前瞻性。可从课程、活动、评价三个维度入手，整合家校社资源，提升指导教师专业能力，多措并举，多方协同，全员育人。

（一）实施指导课程，丰富指导内容

学生发展指导需要对学生提供方向和方法上的指导，需要持续性地、有针对性地开展指导，最终才能促进学生获得持续不断的成长动力。学生的全面发展需要学校所有的教育教学工作来支撑，学生发展指导也和学校管理一样，是提高育人质量、实现学校高品质发展的重要途径。课程是学校实现育人目标的重要载体，要将学生发展指导课程融入学校现有课程体系，以课程实施为根本，为学生全面发展奠基。在开展学生发展指导的过程中，很多学校缺少课程意识，课程建设局限于学科课程和特色课程设置。

马彩红指出，积极探索行之有效的学生发展指导体系，以适应三新背景下的人才培养需求，对学校育人目标所关注的"培养什么样的人"做出直接回应与实践检验。基于此，学校需要立足实情，明确学生发展指导的目的，规划好路径，将指导课程建设提到高位，才能更科学地推进发展指导。学生发展指导课程应包括思政课程、生涯课程、导师制课程、实践课程等，既关注学生的全面发展也关注学生的个性成长。①

例如，都江堰市塔子坝中学以"塔高树德，坝阔学远"构建了学生发展指导课程。都江堰市塔子坝中学在落实《中小学德育工作指南》中依托地缘优势，深挖学校文化内涵，以"塔"文化和"坝"文化为核心锚定育人目标，设置工作路径，构建学校德育工作体系，涂好学生成长发展的底色，形成了学校办学特色。其德育工作内容中的"六维"包括爱国情怀、理想信念、文化自信、生态文明、道德品质、健全人格，着眼于学生的品格养成和长远发展，厚植家国情怀，为学生成长奠基。学校依托多元的课程建设、多层级的文化浸润、丰富的活动形式、多渠道的实践、科学的管理机制、紧密的融合育人路径，全方面开展对学生的发展指导。都江堰市塔子坝中学在课程建设中优化提质，具有鲜明的特色。该校注重国家课程的思政引领，在学科教学中融入思政教育，帮助学生树立正确的理想信念；也用好了地方课程，凸显了"拜水都江堰，问道青城山"的文化溯源，既有看得见的山水，更让学生领会李冰治水的精神内涵。校本课程既注重红色基因浸润，也注重学生科学素养的提升。该校还重视为学生搭建展示平台，校园主题活动重视人人参与，社团活动则为学生的个性发展提供了丰厚的土壤，让学生的全面发展和个性成长成为可能。

（二）搭建活动载体，做好多元评价

学生发展指导的目标是帮助学生更好地适应学习和生活，实现最大限度的发展。变革育人方式，由育分走向育人，促进学校办学品质的提升，这样的做法很多学校都在尝试，并且形成了自己的特色。以特色活动为驱动，为学生个性发展护航，学生发展指导就是要在有鲜明特色的活动当中，能够让学生看到个人发展的鲜亮多彩。学校的育人目标也正是尊重和发展学生的个性，通过丰富多样的特色活动，让学生发现并发展自己的潜能、特长和兴趣；以有效评价为抓手，为学生未来发展助力。面对学生发展的动态过程，学校通过有效的机制对学生发展的目标定位和实施路径进行准确评估，对学生发展方向、发展合理性和可能性作出更好的检验和评价，才能为学生的长远发展发挥更加积极的作用。

巴中市巴州区第四小学的"三美"融合培育将学生发展指导工作做得扎实深入。以身美为基，注重学生的体质发展指导；以技美为核，做细学生的学业

---

① 马彩红：《构建学生发展指导的"三维"体系———基于课程、活动和评价》，《教育研究与评论》，2023 年第 1 期。

发展和社会适应力指导；以心美为魂，加强学生的思政教育和心理健康教育，同时融合美育，为学生成长正心塑形。学校借助课程建设、学生评价体系构建以及丰富多彩的活动设置将更多的教师卷入，使教师都成长为学生发展指导师，形成了学校独特的教师文化。

一所优质学校如何在高品质学校建设上更上一层楼，需要找准学校的发展增长点，并将此转化为学校发展的持续动能。学生发展好了，学校才能真正发展，进而以加强学生发展为抓手，促进学校内涵发展，提升学校的办学品位。

（三）关注全体，全员协同育人

在区域层面，学校、家庭和社会需要携手共进，心理、生活、生涯规划等方面的指导需要多样化的实践场地，学校需要多方协同管理。学校需要整合、开发多元资源，协同社会、企业、家庭等力量，共建综合实践基地，实现课程、课堂、课外的"三课"协同，建构完善的实践管理、评估系统，为学生的个性化发展提供机会，让学生收获真实的生涯、生活体验，为未来发展打下良好的基础。同时，学校还要提升教师学生发展指导胜任力，逐步建立全体教师共同参与，专兼职相结合，分工负责、互相配合的全员导师团队。

1. 面向全体，关注个体。

在学生发展指导中，学校和教师既要关注全体学生，也要关注学生个体，开展好个性化发展指导。各种原因引发的情绪问题对学生健康成长的影响日益增加。学校需要及早发现问题，积极思考与探索，整合多样教育资源，打通培养学生发展的多条路径，做好学生身心健康的保障工作，为开展学生发展指导打好基石。

同时，学校还需要关注随班就读特需学生的成长发展需求，开展有针对性的发展指导。近年来，国家对特需儿童的教育达到空前高度，随着随班就读工作的持续推进，普通学校在随班就读学生的管理模式上也遇到了诸多问题：如何做好特需学生的日常管理，如何处理好日常教育教学与特需课程的关系，如何保障特需学生真正深入参与学校课程学习和活动，如何加强特需学生的成长与发展指导。只有不断加强探索研究，才能提升融合教育质量，从而让每一名学生都有人生出彩的机会。以成都市花园（国际）小学开展的"融合教育背景下普通学校特需儿童分级管理模式研究"为例。成都市花园（国际）小学基于学校实际情况和儿童身心发展规律，做细特需儿童的分级管理。该校研发了一套特需儿童教育管理模式，从工作组织架构、特需儿童情况摸排评估、分级处理流程、协同育人等方面落实对特需儿童的教育教学特殊关爱；建立了学生成长档案，实施"一生一策"档案动态化管理，针对特需儿童进行分级分类管理与追踪，做到精准施策；联动了包括德育处、心理健康中心、安全中心、家庭教育指导中心在内的四大中心力量，调动了包括学校行政教师、专职心理辅导教师、安全教师、班主任、学科教师、家长在内的六方力量，最大限度地形成融合教育合力，为特需儿童发展提供有力保障。

高品质基础教育学校建设离不开科学的顶层设计。郫都区友爱子云学校则关注了学困生的成长指导，改变了学校的育人方式，突破了学校的发展瓶颈。该校地处农村，是一所九年一贯制学校，学生的学业发展是学校建设高品质学校中亟待解决的问题。该校以转化学困生作为突破口，在具体施策中注重对学生发展的现状分析，精准把准方向，将品格教育作为抓手，全面提升学生的学习内驱力。在品格教育中，该校将学段目标逐一细化，同时注意了小初衔接过程中的过渡目标。这样以目标为导向的顶层设计有助于班主任和学科教师更加重视在教育教学中以学生发展为中心，不同的学段皆有"有为"与"不为"。该校构建了适合学生发展的品格教育校本课程，同时注意协同育人，构建了适合家长的品格教育指导课程，借助主题月活动将目标落地；同时注重行动策略，"学困生帮扶记录""学困生跟踪转化记录表"的使用体现了对学生发展的过程性记录与评价作用，让学生能够被看见，让学生的成长也真实可见。

2. 整合资源，协同育人。

高品质基础教育学校可持续发展的行动逻辑是遵循规律，育人方式变革的基本思路是遵循规律观照下的守正创新。同时，随着深化研究的推进，育人方式的变革实践带来教育资源供给侧的变化，校家社共建育人生态，走向一体化协同育人，从而能有效整合各类社会资源对学生开展针对性发展指导。成都市花园（国际）小学的"一中心三梯队"的校家社共育模式以儿童的成长发展为中心，构建了全方位的关爱体系，加强儿童的心理指导，重视过程管理，做强师资保障，建立特需儿童成长发展的良好校园生态，抓住了特需儿童发展的关键时期，以融合教育助力了学校高品质发展。

而处于成都环中心城市圈的郫都区犀浦外国语学校则既看清了城市化发展的"时"，也抓住了城市化发展的"势"。随着城市产业结构的进一步调整，中国城市化进程不可避免地带来这类学校的发展困境。它们一方面享有大城市优质资源的辐射；另一方面也需要不断挖掘自身潜力，形成自己的特色。郫都区犀浦外国语学校将学校教育与街道社区社会治理相融合，构建校家社教育生态圈，共建"幸福共同体"，为学生发展做好支撑，提升学校高品质发展软实力。在建设"幸福共同体"工作实践中，该校通过建设一个区域平台，组建两支师资队伍，构建三级工作体系，探索共建四大路径，有力地促进了校家社协同育人。在建设区域平台的过程中，该校创新工作思路，整合了区域内知名高校、社区、小学等优质教育资源，以此为主体形成教育生态圈。在师资队伍建设的过程中，该校既重视专家资源的引进，又重视师资队伍的梯队建设，为学校发展注入澎湃活力。在工作体系构建的过程中，该校注重组织机构建设，联动家委会，实现了专事专为、精准发力。在路径探索的过程中，该校特别注重课程的研发，以菜单式共育课程为核心，既实现全面覆盖，又体现个性特点，也满足了家长的多元需求。

在实践中，很多学校通过开展真实且深入的家校互动，打通了家校沟通渠道，链接了家校关系，重构了家校教育共同体。通过建立紧密的校家社联动机制，铸牢了学生发展指导的根基。将学校建设成为学生成长的乐园，让学生在人生的起始阶段获得更好的成长环境和发展支持，在校园中有更强的获得感和幸福感，学校也自然会获得好口碑。

综上，高品质基础教育学校建设既要注重品位也要注重品质，既要注重面子更要注重里子。离开了学生实际情况的学生发展指导都是无本之木、无源之水，仅仅有单一的学生活动也只是将学生发展指导落在了表面功夫上。学生的发展指导是一个系统工程，需要协同多方力量，搭建多元平台，注重过程细化落实。当然，我们也清晰地认识到，以学生发展指导来助推高品质基础教育学校建设，更需要做好学校的整体规划，确定好学校的特色发展方向，牵一发动全身，统整好学校各方面的实践做法。如果能在学生发展指导上尝试制度建设，由课程活动的推进跃升到学校课程治理的变革，由单一的德育行政模式进阶为多学科的融合教育模式，从而将学生核心素养的培养融入学生发展指导，必能更好地实现学生发展指导的真正价值。

第二节　实践探索

案例一

以品格为源，润向善之花
——农村学校依托品格教育转化学困生的实践探究

一、学困生品格教育建设背景

随着城镇化进程加快，农村地区学生在家庭、社会环境等因素的影响下，其学习、心理、价值观的发展更易偏离正轨。他们普遍缺乏学习内驱力，自我成就感较弱。一部分学生会萌生自卑心理，逐渐对外部环境充满戒备，封闭自我；也有学生随着年龄增长，自我意识觉醒，在自己的客观表现与社会要求产生矛盾时，会产生较强的逆反心理。这些不健康的心理对青少年的影响是极其严重的。学校作为青少年成长教育的主阵地，对帮助学困生度过青少年迷茫期有不可推卸的责任，同时这也是学校高品质建设的重要一环。

郫都区友爱子云学校（简称子云学校）一直在不断摸索学困生转化的办法和途径，在多次的实践中意识到不能为了追求某种教育效果而忽略学生的内心。对于学困生而言，激发其学习内驱动力，帮助其树立信心是当务之急。只有把进步主动权交给学生，才能帮助学困生实现长期有效的成长和发展。为此，学校将学困生的转化重点放在品格教育上，也取得了一些成效。

二、学困生品格教育成长体系

子云学校关注学生的共性及个性需求，以品格教育为抓手，构建以品格教育校本课程、家长品格教育指导课程、品格发展月主题活动以及班级个性化品格教育为一体的学困生品格教育成长体系。

（一）开发品格教育校本课程

在学困生转化过程中，子云学校重点关注学生自信、乐观、向善、勤奋等品格的培养。为此，学校将这一目标与心理辅导进行有效结合，开发适合学困生学段特点的成长型团辅课程，在主题引导下开展系列课程，逐步达成转化学困生的目标。

小学低段的主题为"乐观、积极、勇敢、自信"，内含"我有一双发现美好的眼睛""打跑'害怕'小怪兽""夸夸我自己""我学会了……""种下爱的种子""我敢大声说"等课例，意图在于帮助学困生适应新的环境，乐于体验，敢于尝试，逐步学会享受学习生活的乐趣。小学中段的主题则为"勤奋、责任、目标、合作"，包括"我会自己管自己""家族优势树""遇到'梦想精灵'""梦想互动""'福流'手牵手""爱的大连线"等课例，目的在于培养学困生的合作意识，品尝解决困难的快乐，进一步正确认识自己，体验学习成功的乐趣。小学高段在"坚持、合作、努力、自信"的主题下开展"努力让我更聪明""失败中的价值""我的第一个项目""合作更精彩""寻'我'启事""勇做登山者"等课例，为帮助学困生加强集体意识，更好地与他人合作，敢于面对挫折，形成乐学、合群、自立的品格。初中学段也以"坚持、合作、努力、自信"为主题，开设"多彩的自我""有你，很好""绘制生命卷轴""学做生涯规划，开启成长之旅""做行动的巨人""揭秘意志力""翻过那座'压力山'""慧眼识'挫折'"等课例，重点在于帮助学困生正确认识自己，感受团体支持，激发向上的愿望，树立信心，学会对自己负责。

各个学段的课程呈螺旋上升，其主题不断深化，致力于培养学生完善的品格特质，为全面均衡发展夯实内在基础。

（二）构建家长品格教育指导课程

在农村地区，家长家庭教育观念更新较慢，教育方式单一，家长普遍处于焦虑但无能为力的状态。这也是农村地区相对于城市，学困生数量更多的重要原因之一。在这一背景下，学校认识到家长的交流和引导也是学困生转化的重要一环。为此，学校构建了家长品格教育指导课程，意在改进家长教育观念、方法，提升家长素质，从而达成学困生转化这一目标。学校还开设了家长学校系列课程（表1），为学生家长解决面临的疑难问题提供指导。

表1　家长学校系列课程

学段	课程	设计意图	学段	课程	设计意图
小学低段	1. 亲爱的家长，这些话您千万别说 2. 从心理入手帮助孩子尽快适应小学生活 3. 与孩子一同起跑 4. 如何辅导一年级新生做作业 5. 性格认知助力因材施教 6. 怎样面对孩子的情绪问题 7. 孩子不自信怎么办 8. 让孩子学会感恩	帮助学困生适应新的环境，乐于体验，敢于尝试，逐步学会享受学习生活的乐趣	小学高段	1. 如何面对孩子的畏难情绪 2. 培养孩子积极正确的价值观 3. 孩子只有三分钟热度怎么办 4. 孩子缺乏主见怎么办 5. 如何面对挫折 6. 过程比结果更重要 7. 如何培养孩子的责任意识	帮助学困生加强集体意识，更好地与他人合作，敢于面对挫折，形成乐学、合群、自立的品格
小学中段	1. 如何培养孩子的自理能力 2. 做诚实家长，发挥榜样作用 3. 孩子的自信源于父母的引导和鼓励 4. 怎样让孩子保持积极心态 5. 与孩子沟通有妙招 6. 责任意识早培养	培养学困生的合作意识，品尝解决困难的快乐，进一步正确认识自己，体验学习成功的乐趣	初中学段	1. 让沟通变得有温度 2. 如何客观看待孩子进入初中后的身心变化 3. 绘制生命卷轴 4. 学做生涯规划，开启成长之旅 5. 做行动的巨人 6. 揭秘意志力 7. 翻过那座"压力山" 8. 慧眼识"挫折"	帮助学困生正确认识自己，感受团体的支持，激发向上的愿望，树立信心，学会对自己的学习负责

（三）品格发展月主题活动

围绕"立德树人"的根本任务，为培养全校学生，特别是学困生的个人品格，学校近年来依托五四青年节，在每年五月举行品格发展月主题活动。根据学生的发展特点，学校为每一学段制作了品格发展主题（图1）。

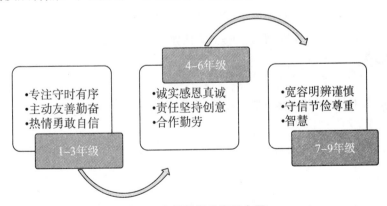

图1　各学段品格发展主题

各学段可以选择相应主题开展形式多样的活动。在以往的品格发展月主题活动中涌现出了以下精彩的形式：班会、知识竞赛、辩论、征文、研学、观影、讲座、情景剧表演等。

（四）班级个性化品格教育

在学校课程制度的引领下，各班积极开展符合班情的个性化品格教育，主要有品学共进小组建设、学伴制度、守护天使行动等，上述活动结束后，教师会形成对学困生个人品德和学习情况转变的文字记录和评价。

品学共进小组的建设措施为，将每个班性格各异、学习能力不同的学生均衡分配到不同的学习小组，最后再以操行分对小组进行定期评价。一方面，组内成员可以在学习上对学困生起到帮助作用，同时通过组内合作让学困生更好地融入班集体；另一方面，出于本能的对集体荣誉的维护，可以纠正学困生一些不良的行为习惯。综上，品学共进小组的组建不管是学习上还是行为习惯上，都对学困生转化起到了良好的促进作用。

对于一些学习态度端正但效率不高的学生，一些班级实行了学伴制度。对于存在学习困难又处于心理闭塞状态的学生，个别班级开展了守护天使行动。每一个心思细腻敏感的孩子都是一位天使，教师希望他可以在班级感受到爱和温暖，所以鼓励全班同学化身爱的天使去守护他，同时教师也会私下为他寻觅一位"专属天使"，这位天使可以在教师的指导下帮助他打开心扉，重拾信心。

各个班级个性化的学困生帮扶方案形式各样，为了细化学困生帮扶的措施和评价，学校制定了《重点学生帮扶记录表》及《学困生转化跟踪记录表》。《重点学生帮扶记录表》主要从学困生帮扶内容和帮扶成效进行具体记录；《学困生转化跟踪记录表》则以学期为单元，由班主任老师对学困生每个月的转化情况进行记录，并在期末给出总体评价。以上措施有助于学校了解各个班级的帮扶措施，吸收有益经验纳入学困生帮扶体系，同时也帮助学校了解学困生的转变和发展情况。

三、学困生品格教育成长体系建设成效

学困生品格教育成长体系建设以来，子云学校学困生转化工作取得了一定成效。

（一）校本课程赋能学生完善内在

结合学生自述以及班主任和科任教师的反馈可知，品格教育校本课程开展后，学生的学习积极性普遍增强，学困生的进步尤为明显。在这一过程中，学

生感到自己被看见、被尊重、被理解、被信任，其自我改变意愿得以激发，教师抓住时机给予针对性辅导，通过完善品格达成学困生转化目标。

（二）家长学校助推学生品格完善

家长学校品格教育指导课程着重指导家长在孩子不同年龄阶段给予正确支持，使家长辅导与学校教育相一致，家长教育与学生发展水平相适应，从而从家庭教育的角度打开学生内心，激发其内在潜力，逐步完善自我。在辅导过程中，越来越多的学困生家长表示教育方法逐渐丰富，自己和孩子的心态有明显改善，自己的教育焦虑也有所缓解。

（三）品格教育沉淀教师育人智慧

在学困生转化过程中，教师因材施教、因地制宜不断调整辅导策略，及时反思与改进，将过程中的做法与经验进行沉淀和提炼，提升育人能力和科研能力。学校确定依托品格教育转化学困生这一目标以来，班主任及科任教师在学困生辅导、班级管理等方面多次获得区、市级奖励和荣誉。

随着品格教育相关活动的不断推行，学校整个校园焕发出别样的美丽。同学之间愈加包容友爱，师生关系更加融洽，亲子关系也得到显著改善。学生在校园中，脸上都洋溢着青春自信的笑脸。这些无法用数据衡量的变化才是子云学校品格教育的意义所在和成功之处。

作为一所扎根农村的九年义务制学校，子云学校始终秉持着"以人为本"的教育理念，尊重每一个教育主体，不放弃每一位学生。学困生转化这一重大课题会始终伴随着学校的过去、现在和未来。子云学校将始终走在求索、践行的路上。只有不忘初心才能行稳致远，子云学校会始终坚持立德树人的初心和使命，不断提高办学质量，努力成为老百姓家门口的好学校。

执笔人：郫都区友爱子云学校　李军强　蒋那娜　唐贵英

案例二

阳初花开美少年
——巴中市巴州区第四小学校"三美"融合育人实践案例

巴中市巴州区第四小学校（简称巴州四小）始建于 1953 年，位于巴中市秦岭淮河分界线南麓，地处南北文化交汇之地，历史悠久，文墨厚重。巴州四小现有"两区四园"，是全国书香校园和四川省最美校园之一。近年来，巴州四小全面贯彻党的教育方针，坚持立德树人根本任务，传承和发展晏阳初教育思想，多措并举落实"三香""三气""三美"融合，着力构建阳光校园，塑造阳光教师，孕育阳光少年，先后荣获"国家心理健康教育实验学校""全国零犯罪学校""四川省优秀少先队集体""巴中市依法治校示范学校""巴州区基层先进党组织""巴州区教育工作先进集体"等 200 余项殊荣。

一、实践背景

党的十八大指出"把立德树人作为教育的根本任务，培养德智体美全面发展的社会主义建设者和接班人"[1]，党的十九大指出"落实立德树人根本任务，发展素质教育，推进教育公平，培养德智体美全面发展的社会主义建设者和接班人"[2]，党的二十大指出"落实立德树人根本任务，培养德智体美劳全面发展的社会主义建设者和接班人"[3]，与时俱进地深刻回答了"培养什么人、怎样培养人、为谁培养人"这一根本性问题。面对新时代教育存在的诸多问题，中共中央办公厅印发《关于培育和践行社会主义核心价值观的意见》，2021 年又与国务院办公厅联合发布《关于进一步减轻义务教育阶段学生作业负担和校外培训负担的意见》，教育部办公厅下发《关于加强中小学生手机管理工作的

---

① 中共中央党史和文献研究室：《全面建成小康社会重要文献选编》（上），人民出版社，2022 年版，第 673 页。

② 习近平：《决胜全面建成小康社会 夺取新时代中国特色社会主义伟大胜利——在中国共产党第十九次全国代表大会上的报告》，人民出版社，2017 年版，第 45 页。

③ 习近平：《高举中国特色社会主义伟大旗帜 为全面建设社会主义现代化国家而团结奋斗——在中国共产党第二十次全国代表大会上的报告》，人民出版社，2022 年版，第 34 页。

通知》，教育部等十八部门联合出台《关于加强新时代中小学科学教育工作的意见》……诸如此类的文件不胜枚举，充分说明党中央正在采取一系列措施推动教育改革，为破解义务教育的问题密码提供坚强的政策保障。在此背景下，巴州四小认真践行晏阳初教育理念，坚持"三美"融合育人，从国家战略高度办顺应时代需要的美好教育。

二、具体举措

巴州四小在阳光品格、阳光素养、阳光视野中，紧抓"阳光校园"建设，努力实现全面提升学生审美素养、陶冶情操、温润心灵、激发创新创造活力的育人功能，打造了昂扬向上、文明高雅、充满活力的校园文化，建成了向阳而生、大气有为、心向世界、人如朝阳的育人环境，为培养"身美、技美、心美"的"三美"阳光少年提供了丰沃的物质和精神土壤。

（一）坚持体质强身，培育"身美"阳光少年

"体者，载知识之车而寓道德之舍也。"身体作为精神和知识的载体，是人全面发展的前提条件。巴州四小积极落实中共中央办公厅、国务院办公厅《关于全面加强和改进新时代学校体育工作的意见》的精神，通过提出"身美"阳光少年培养目标，以多种方式助力学生拥有健康体魄。

学校不仅致力于增强学生的体魄，更着重于培养他们自强不息、顽强奋斗的品质。从课堂律动操到阳光大课间，从眼保健操到运动会，以及各类专业项目训练，每一项活动都蕴含着对学生全面发展的期望。课堂律动操作为日常课堂的一部分，不仅能帮助学生调节身心，更能培养他们的节奏感和协调性。阳光大课间则为学生提供了更广阔的活动空间，让他们在轻松愉快的氛围中放松身心，增强团队意识和协作能力。此外，学校还高度重视体育社团的建设与发展。篮球、足球、乒乓球、跳绳等社团不仅为学生提供了展示自我、提升技能的平台，更让他们在参与中培养对体育的浓厚兴趣。通过轮周专业训练，力求让学生将这些技能转化为终身受益的体育能力。

为进一步促进学生全面发展，学校还特别将周三设置为无书面家庭作业日和无电子白板日。在这一天，学生可以将更多的时间和精力投入体育锻炼和阅读中，从而实现身心的全面发展。同时，学校还编创了眼保健操，并在校园内设置了瞭望点，鼓励学生每天坚持做眼保健操，切实保护学生的视力。

（二）坚持"慧质筑基"，培育"技美"阳光少年

为全面贯彻落实"双减"政策，巴州四小实施"慧质筑基"工程，牢固树立减负增质意识，全面提升教育教学质量，助力学校高质量发展。学校以"慧质筑基"为主引，聚焦学生学习技能、生活技能、劳动技能、科创技能的全面提升，进一步培养"技美"阳光少年。

学校紧扣育人主题，精心打造校园文化墙，着力凸显"校园处处皆文化，一砖一瓦皆说话"的校园文化引导功能。为了让学生阅读国学，品味经典，知礼仪，明大义，学校创立了校报《阳初报》，各年级创作编辑了《阳初花开》《花开有声》《时光剪影》等学生散文诗歌作品集，编印了《诗韵巴州，诗意四小》《晏阳初故事》，选编了中华经典诗词，实行"每天晨读 20 分钟，每周背诵一首经典，每周一升旗仪式千人经典诵读，每周阅读课两节 80 分钟，每学期举行一场诗词大赛"。学校也成立了书法工作坊，通过书法课、书法社团、书法作品展评，以书倡学，以书精心。此外，学校围绕"阳初科技＋"，以争创全市盛名、全省知名、全国有名的科技学校为目标。通过"阳初科技＋硬件"筑牢基础。学校多功能大型智慧图书馆藏书 3.2 万余册，配备了人脸识别借阅系统，实现了无人值守图书借阅信息化管理；每个班还配备了电子班牌，展示校园理念、学生风采和前沿科技信息。通过"阳初科技＋社团"强化培训。学校开设了 VR 教学体验中心、创客机器人社团、无人机飞行社团等科技社团，让学生在丰富多彩的社团活动中热爱科技。通过劳动科创活动，培养学生综合素养和创新能力：开辟无土栽培和有土栽培劳动基地，引入太空种子，开发科技劳动实践课；与中国科学技术大学合作实施科创实操课程。每学期每个学生参与 16 次科技实操探索，小学毕业时总计参加 190 余次科学实操实验，获得了家长高度评价，学校也因此能争创全国科技教育示范校。

（三）坚持品质筑魂，培育"心美"阳光少年

党的十八大以来，以习近平同志为核心的党中央高度重视和关心广大学生的心理健康和成长发展。党的二十大报告提出要"重视心理健康和精神卫生"。[①] 学校以办好人民满意的教育为宗旨，以品质塑魂为抓手，全面加强学生思想建设，多措并举培育"心美"阳光少年。

---

① 习近平：《高举中国特色社会主义伟大旗帜　为全面建设社会主义现代化国家而团结奋斗——在中国共产党第二十次全国代表大会上的报告》，人民出版社，2022 年版，第 49 页。

学校以每周一主题升旗仪式、班队活动、少先队活动为抓手，切实将爱党爱国爱社会主义这一思想根植在学生心里；将学生道德品质、行为习惯等纳入班级考核，建立好人好事每日通报制度。每个班级设立"三美少年"表彰栏，将道德品质好、行为习惯好的学生树立为班级典范。每周一国旗下的讲话，对各班评选出的"三美少年"进行全校表彰，并颁发"三美少年"证书，培养学生向善、向美、向上的积极心态，激发学生的学习动力，帮助学生树立自信心。

此外，学校以课堂、心理辅导、家校活动为抓手，全面抓实学生心理健康工作。学校开设有心理健康课程，有完备的心理健康工作室，有专职的心理健康医生，而且还创造性地设立了"书记、校长倾诉日"。针对学习有困难、家庭有矛盾、思想偏激的孩子，家长可以在"书记、校长倾诉日"这一天，将孩子带去书记、校长办公室接受辅导。学校通过举行心理健康讲座、常态化落实家访制度，将学校和家庭的力量融为一体，共同助力学生阳光成长。

每学期末，学校教务处、德育处会要求全体教师对学生做学业评价，而学业评价的依据不能只是学习，要更多地考量学生的综合素养，力争每个学生都能领到适合自己的奖状。学校也会就期末教师寄语进行展示评价。通过这些措施，教师更加注重学生良好行为习惯的养成，以及学生在成长过程中展现出来的观察力、学习力和创造力。正是由于学生评价方式的改变，学生展现出了充分的活力和创造力，进一步展示了"身美、技美、心美"阳初学子风貌。

三、实践成效

阳初花开，培育"三美少年"是巴州四小的理想追求。在"三美少年"培养过程中，学生和教师都以最好的姿态绽放出了最美的自己，让学校捷报频传，斩获无数的荣誉。无论是田径比赛，还是乒乓球、篮球等项目，阳初学子都展示出了强健的体魄和顽强拼搏的精神，成为同龄人中的佼佼者。在市、区级运动会上，学校代表队连续多年名列前茅，彰显了学校在体育教育方面的卓越成效。2024 年 5 月，巴州四小被评为"全国足球特色学校"，这一荣誉不仅是对学校足球教育工作的肯定，更是给予了学校力量与信心。在全体师生的共同努力下，巴州四小必将会培养出更多优秀的"三美少年"，为社会的发展贡献更多的力量。

除体育方面，巴州四小学生参加四川省硬笔书法大赛，一名学生获金奖、一名学生获银奖、两名学生获铜奖，37 名学生获优秀奖；两名学生以全市第一的优秀成绩代表巴中市参加四川省中小学生信息素养大赛超级轨迹赛。学校创编的《红领巾飘起来》《欢欣鼓舞》《早安四小》《有一首歌》等少儿节目，在市、区各级会议、活动中展演，为学校增光添彩；学校开辟了劳动基地，学生在校园种花、养花、赏花、画花、写花，收获满满。在 2024 年的六一艺术节上，学生还走进展演现场，开展种植园新鲜蔬菜义卖活动，并将所获得的所有收益全部用于爱心公益事业。

展望未来，巴州四小将继续以"三美"教育理念为引领，以成为全市盛名、全省知名、全国有名的科技学校为发展目标，不断深化教育改革，提升办学水平，努力构建新时代现代化高品位、高品质、高品格的小学教育体系，让每一名学生都能绽放出最美的光彩。

执笔人：巴中市巴州区第四小学校　何　远　李春娇　胡　伟

案例三

共建"幸福共同体" 共育幸福犀外娃

成都市郫都区犀浦外国语学校（简称犀外）位于郫都区犀浦街道兴业北街111号，是一所公办小学。学校现有教学班55个、学生近2700人，确立了"润物无声、育人有痕"的办学理念，形成了"求实、求新、求精、多元"的校风，"敬业精技、仁爱厚德"的教风和"乐学穷理、求真尚美"的学风。学校致力于学生的自我管理、自我成长和家校共育，创设多元课程，丰富社团活动，积极推进创新创客教育，培养具有国际视野、具备自主学习能力、适应未来社会多元发展的幸福犀外娃。

一、工作背景

犀外所在的成都市郫都区犀浦街道是郫都区主要板块之一，是连接成都市主城区的前沿阵地。近年来，随着经济社会快速发展和城市化进程不断加快，区域人口快速增长，目前学校学生及家长95％以上为新市民。新市民到来后，如何快速找到认同感、归属感，如何快速融入区域文化并且积极主动参与区域发展和社区治理，是一个需要面对的重大课题。在"共建、共治、共享"理念推进成都市郫都区犀浦街道社区治理的实践中，在社会心理服务体系建设的进程中，学校充分认识到家庭教育和家校共建共育的重要意义。2012年建校以来，学校坚持探索家庭教育、家校共建共育的课程设置和实施路径，实践依托家庭教育和家校共建共育构建学校、家庭、社区教育生态圈，全力共建"幸福犀外"全域育人环境的"幸福共同体"，形成了"一二三四"工作模式，在"共育幸福犀外娃"教育实践中取得积极成效，探索出了一条创新发展的高质量成长之路。

二、工作实践

（一）建设一个"幸福共同体"区域平台

学校以"幸福犀外"为圆心，依托区域内西南交通大学，犀和、学苑、龙吟社区等区域教育资源，联动成都市郫都区犀浦外国语学校教育集团所属龙吟路小学、犀方路小学、锦城小学，搭建区域家校共育平台，通过制度建设、例会协调、主题研讨和实践活动等方式，初步形成了学习型"石犀大家"教育生态圈。通过建设"幸福共同体"区域平台，实现了家校共建共育和家校教育理念共融、资源共享、工作互动。

（二）组建两支"幸福共同体"师资团队

一是组建一支专家团队。学校特邀 ICF 国际教练联盟认证准 PCC 教练、国际埃里克森学院认证教练欧阳彦琨等家庭教育专家指导学校家校共育课程建设、师资培养和活动开展。二是组建一支专业师资队伍。第一阶段培养含种子教师、种子家长和社区志愿者在内的共 30 人的专业师资队伍，培育 3 个实验社区，支持社区成立家庭教育中心，开展课程培训和主题活动。第二阶段培养 60 人的专业师资队伍，对 3 个实验社区进行精细化、专业化管理，打造社区家庭教育示范中心，新培育 5 个实验社区；同时对学校（社区）的家庭教育课程化，编写具有地域性、人文性、专业性的家庭教育教材，制定《规范化家长学校管理办法》《社区教育辅导员管理制度》《兼职教师考核管理办法》等制度。第三阶段培养 60 人的专业师资队伍，打造"百堂家庭教育精品课"，对前两批实验社区进行"一社区一品牌"的特色打造，同时再培育 6 个实验社区，做到家庭教育社区全覆盖，建立"石犀大家"家庭教育示范基地。

（三）构建"幸福共同体"三级工作体系

一是组建家庭教育指导委员会。学校按照发展规划和年度工作计划，成立以专家、校长、分管校长、学生发展中心、班主任、优秀家长代表和社区家庭教育志愿者为核心的家庭教育指导委员会，指导学校及区域家校共建共育和家庭教育工作，同时建立完善的家校共建共育制度和工作规范。二是组建校级家委会。校级家委会设一正两副 3 名主任，下设宣传部、学习部、组织策划部、后勤保障部、志愿者管理部和家校联络部等 6 个工作部。家长根据自己的专业特长积极参与、竞聘上岗后开展工作。校级家委会定期召开工作例会，反馈信息，分析问题，解决问题。三是组建班级家委会。各班班主任和学生家长结合班级实际情况决定人员组成。班级家委会以组织班级活动和小组活动为主，服务班级建设和学生成长，同时积极支持和配合校级家委会工作。

（四）探索共建"幸福共同体"四大路径

1. 建设共育课程。

学校在家校共育实践中，构建了从满足群体需求到满足个性化需求的三级课程体系。以大讲堂的形式满足大多数家长的提升需求，以家长成长沙龙和读书会的形式满足部分家长对高提升度的需求，以工作坊的形式满足个人长效提升的需求。学校开发了《幸福大家》《石犀育大家 乐行筑小家》《石犀清廉家风》等家校共育校本教材。其中《石犀育大家 乐行筑小家》作为学校的"家庭教育养成手册"，从"知行合一"四个方面给予家长指导，即："知"——积极认知，让心充满阳光；"行"——积极互动，让爱陪伴成长；"合"——积极关系，让家温暖身心；"一"——积极成长，让幸福浸润童年。

2. 实施菜单式培训。

在系统开展家校共建共育培训的基础上，学校为了使家庭教育指导更具针对性和实效性，建立了菜单式家庭教育培训模式。一是根据家长和学生成长需求，建设菜单式培训课程。二是通过抢课的方式开展菜单式培训。定期开设课程宣传推广，定时抢课，有针对性地帮助家长处理在家庭教育中出现的"个性"问题。三是培训形式多样。学校常态化开展"同读一本书""共画一幅画""小手拉大手 共创新生活""亲子耕读体验""清明祭扫活动""亲子社区志愿服务活动"等菜单式亲子活动，通过活动融洽亲子关系，助力家长和孩子一起成长。

3. 家长"四进"系列活动。

学校通过常态化开展家长进校园、进课堂、进活动、进食堂"四进"系列活动，构建和谐民主的家校关系。近三年来，学校共举办校级家长开放活动30余次，2000余名家长深度体验学校生活。家长"四进"活动拉近了家长与学校、教师和学生的距离，让家长们更深入地了解学校和班级，全方位地认识自己的孩子，从而更有针对性地开展家庭教育和家校共建共育。

4. 教师进家庭。

家访，一场美丽的行走教育。一个家庭、一个孩子、一个故事，故事里有美好、有真情，更有温暖。学校把家访活动作为共建"幸福共同体"的重要措施，常态化建立家访工作机制。2022年暑假，学校校长带领教师开展了为期一个月的家访活动。

三、工作成效及思考

近年来，在学校"共建幸福共同体""共育幸福犀外娃"的理念引领下和工作实践中，家长的教育理念和家庭教育水平有了很大提高，家校共建共育的氛围更加浓厚。越来越多的家长积极关注学校发展，更加关注学生身心健康，更加注重以身作则、言传身教，树立起良好的家风。犀外学子在良好的家校共育氛围中茁壮成长。每一天，孩子们都带着笑容走进校园，幸福地享受学习生活；带着自信走出校园，幸福地度过美好童年。学校在办学实践中，全面实施家校共建共育和家庭教育指导，办学质量不断提升，先后获得"全国优秀家长学校""全国啦啦操示范学校""四川省文明校园""四川省优秀少先队集体""成都市新优质学校""成都市阳光体育示范校""成都市艺术特色示范校""成都市党建标准化示范学校""成都市廉洁学校"等百余项荣誉。在犀外的示范引领下，集团内各学校和社区积极探索、不断创新，区域内全域"幸福共同体建设"扎实推进，成效显著。

在取得成绩的同时，犀外人也清醒地认识到，在家校共建共育和家庭教育指导中，专家引领和顶层构建还没有形成系统完整的体系，工作成效还有待提高；家庭教育和家校共建机制建设还需完善；部分留守儿童家庭教育还不到位等问题。对于这些问题，犀外在未来的工作中将努力解决。展望未来，全体犀外人将会在"共建幸福共同体""共育幸福犀外娃"的道路上不断前行，高质量推进老百姓家门口的好学校建设。

执笔人：成都市郫都区犀浦外国语学校　薛发贵　张　娅　谢佳邑

案例四

优教育人，"三育三化"助力学生发展

一、"三育三化"的实施背景

《国家教育事业发展"十三五"规划》明确指出："把立德树人作为根本任务，全面实施素质教育，积极培育和践行社会主义核心价值观，更新育人理念，创新育人方式，改善育人生态。"教育从"育智"转为"育人"，从"五育并举"到"五育融合"，关注学生的生命成长和生命价值。然而当下学校教育也存在一些问题。例如，德育内容相对传统，与现实需求脱节；德育形式单一，教育者以"说教"为主，急功近利，忽略学生的体验和反思；教育评价注重智育水平，忽略了对"五育融合"的核心素养的全面评价，德育为首的意识薄弱。这与高品质学校建设、新时代人才培养要求还有一定距离。为此，乐山市实验中学在建设高品质学校中坚持立德树人、优教育人，坚持以核心价值引领为核心、以学生发展指导为方向、遵循学生成长和发展的内在规律，关注学生人生观、价值观的养成。学校秉持"优教育人、优学高效、优长发展"的"三优"教育理念，在实施学生发展指导中，从"育德、育心、育行"三个层面，实施"三化德育"（德育主题化、课程化和活动化），达成价值培养立德、素养培养立魂、活动体验立能。

二、"三育三化"助力学生发展

为实现优教育人，助力学生发展，乐山市实验中学遵循育德、育心、育行"三育"合一的原则，将传统思想道德教育课堂与实践体验相结合，在不断的教育实践中培养学生的道德品质、心理素质和行为能力，发挥德育培根铸魂、启智润心的作用。"育德"是德育体系的基础与核心，因此，学校依托政教处，开展主题德育课程，旨在塑造学生的道德品质与道德观念，引导学生树立正确的价值观、人生观和世界观。道德品质的形成是道德认知、道德情感和道德行为的有机统一，为学生提供了行为的内在驱动力，并为"育心"和"育行"奠定坚实的道德基石。"育心"则是学校的德育工作中的关键一环。学校依托心理健康教育中心，开展序列化育心课程，旨在培养学生健康的心理状态和积极的情感体验，为"育德"提供心理支持和情感保障，让社会主义核心价值观发于学生内心，深入学生内心。学校通过走进学生心灵活动，致力于塑造学生积极的心态、健康的心理以及正向的情感体验，使学生能够更好地理解并接受道德教育，从而更好地内化道德规范和价值观。"育行"是德育体系的实践环节。学校依托政教处、心理健康教育中心和团委开展研学实践、心育体验、社会实践和志愿者服务等活动，将学生的道德认知和积极心理转化为实际行动。在"育行"中，学生通过实践活动来检验和巩固自己的道德认知和情感体验，将道德规范内化为自己的行为习惯和行动准则。同时，"育行"也是"育德""育心"的落脚点，是德育成果的具体体现。

为助力学生全面健康发展，学校实施"三化德育"把学生培养成为有中国灵魂、世界眼光、嘉州情怀的时代好少年。

德育实践主题化助力学生核心价值观培养。教育部于2017年8月印发的《中小学德育工作指南》明确提出了中小学德育的内容要求，包括理想信念教育、社会主义核心价值观教育、中华优秀传统文化教育、生态文明教育以及心理健康教育等。乐山市实验中学以"社会主义核心价值观"为引领，结合学校特色和学生实际，构建了一套独具特色的序列化德育实践主题（图1），涵盖了十二个德育实践主题，旨在全面提升学生的思想道德素质。开展主题式核心价值观教育活动，能够把空洞的教育言语转化为生动的教育场景，让学生更容易理解与接受。

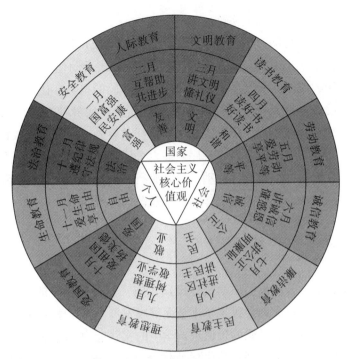

图 1　德育实践主题

德育内容课程化助力学生科学发展。乐山市实验中学根据自身的实际情况和学生的具体需求，结合地方文化和特色，独自开发出校本德育课程，将德育内容融入校本课程和学科课程，旨在通过多样化的课程教育方式，培养学生的道德素养，增强他们的社会责任感和公民意识，帮助他们建立正确的价值观和人生观。学生只有拥有正确的价值观才会保持昂扬持久的学习热情、生活热情，才能成为一个能给班级、学校、社会带来正能量的人，才能找到学习成长的原动力。为此，乐山市实验中学在优教育人时，立足实际，大胆探索育人新途径，开展国家课程校本化、校本课程特色化，促进学校德育工作的有效开展，促进学生的全面进步，为他们的未来成长打下坚实的基础。这套课程包括德育认知课程、德育实践课程、德育展示课程和学科德育渗透课程。德育认知课程包括"团学课程""班队课程""校史课程""国旗下讲话""嘉州古韵""走进智圣""知行廉洁""开学第一课""新生导航手册""穿行历史"；德育实践课程包括"社会实践""研学实践""志愿者服务""闲梁面塑""乐山乐水""嘉州之名""峨眉扎染""中国茶艺""阳光少年行""我写我心"；德育展示课程包括"读书节""体育节""艺术节""科技节""校训主题月""仪式课程""未来艺术家"；学科德育渗透课程则是所有教师在实施学科教学时充分挖掘国家课程的德育素材的基础上实施的思政教育。

德育形式活动化助力学生自主发展。法国教育家卢梭说："真正的教育不在于口训，也不在于说教，而在于实行。"德育形式活动化，其实就是摆脱传统的枯燥乏味的说教，为学生提供直接参与、体验的机会，让学生在活动中体验、感悟、反思、成长，进而提升道德践行能力，培养社会责任感、担当意识、创新精神和实践能力。乐山实验中学依托政教处、心理健康教育中心和团委等组织，围绕德育系列主题，有序开展六大活动，即常规活动（升旗周会）、节日活动、有针对性的教育性活动、研学旅行、心育活动、社会实践及志愿服务等德育实践活动，确保德育工作的科学规范、系统实效。

三、"三育三化"精彩纷呈

乐山实验中学开展高品质学校建设，实施"三育三化"的德育实践以来，取得了较好成效，极大地促进了学生全面健康发展。该校学生具有良好的道德品质、社会公民意识、正确的价值观，学生的实践能力、艺体素养、创新思维能力、综合素养亦显著提高，学生毕业优秀（升入国家重点高中）率达40%以上，深受省内外名校的欢迎，综合素质评价长期位列乐山市公办学校第一。学校教师对实施"三育三化"的意义认知清晰，参与面广，爱岗敬业，以身作则。"学高身正，厚德从教"成为学校教师的普遍追求。教师队伍优化，现有省级名校长1名、天府名师1名、嘉州名师3名、特级教师3名、正高级教师6名、省市级骨干教师33名、省市名校长名师工作室5个。学校更加明确"为党育人、为国育才"的办学方向，深化改革五育融合，校风纯正、学风浓厚、教风高尚，教育质量保持领先，办学特色与优势日趋明显。学校先后荣获全国文明单位、全国文明校园、全国和谐校园先进单位、全国中小学中华优秀文化艺术传承学校、全国科学教育实验校、四川省未成年人思想道德建设示范校、四川省级家长示范学校、四川省教育工作先进集体、四川省校风示范学校、四川省首批艺术教育特色学校、四川省阳光体育示范校、四川省义务教育优质发展共同体领航学校、四川省关心下一代先进集体等殊荣。

优教育人，落实"三育三化"工程，极大地促进了学生发展。学校正在不断地探索创建高品质基础教育学校，遵循立德树人的根本任务，为党育人，为国育才，打好学生的人生底色，扣好学生的第一颗扣子，唤醒学生的生命价值。面对"新质生产力"驱动新时代教育的时代呼唤，学校将用新技术、新生态、新链接、新场景来实现学校的转型，充分实现以学生为中心的无边界的自适应学习，提高学生的道德品质修养，成为新时期老百姓满意的家门口的新质学校。

执笔人：乐山市实验中学　谭　俊　刘栋梁　刘利华

案例五

塔高树德，坝阔学远
——都江堰市塔子坝中学"六维一体"德育体系的构建与实践

为实现教育方针的具体化，将"立德树人"作为教育的根本任务，全面实施素质教育，都江堰市塔子坝中学（简称塔子坝中学）结合《中小学德育工作指南》文件精神，制定了以"塔高树德，坝阔学远"为主题的"六维一体"德育体系。通过《中小学德育工作指南》育人途径的引导，实现学校培养"三高六会"学生的目标，通过"六维一体"模式开展德育教育，促进学生德育发展。

一、"六维一体"德育体系构建的背景

习近平总书记指出，教育"是对中华民族伟大复兴具有决定性意义的事业"[①]，他还多次强调要把教育摆在优先发展的战略地位，明确了把"立德树人"作为教育的根本任务，全面实施素质教育，培养德智体美劳全面发展的社会主义建设者和接班人的任务。为全面贯彻落实党的二十大精神，开拓创新，办好人民满意的教育，学校需要明确德育目标，完善德育体系，构建具有本土特色的德育文化体系。

都江堰市塔子坝中学创建于 1958 年，原坐落于都江堰市奎光塔附近，经过 60 多年的发展历程形成了独特的塔文化，在都江堰市是一所具有较高社会声誉和影响力的学校。学校坚持"塔高树德，坝阔学远"的办学理念，以"以德为先、以人为本、张扬个性、全面发展"为培养目标，形成"多平台、高质量、有特色"的办学模式。复盘学校自身的德育工作，虽然在德育目标、德育基础设施、德育内容和方法、家校社三位一体的德育建设等方面做了大量工作，但是还是存在目标抽象、内容时代性和创新性不强、德育合力不足等问题，因此很有必要重新梳理并优化学校的德育体系，以提高德育工作的有效性

---

① 习近平：《做党和人民满意的好老师：同北京师范大学师生代表座谈时的讲话》，人民出版社，2014 年版，第 2 页。

和质量。

二、"六维一体"德育体系构建的内容

学校德育体系构建完善对学生个体发展、学校教育质量、社会和谐稳定以及国家未来发展等有重要作用。因此，学校应该高度重视学校德育体系的构建和完善工作。塔子坝中学以《中小学德育工作指南实施手册》为指导，结合自身实际，以"塔"文化课程为切入点，以"塔人合一"为方向，创新开发了"六维一体"德育体系。

（一）深挖学校文化，构建完善学校德育体系的培育目标

学校以"塔高香自远，坝阔花竞芳"为教育主线，对"塔"课程深入分析，根据"塔"文化，确立了培养"三高六会"学生的目标。"三高"，即"高理想、高能力、高素养"，"六会"即"会做人、会学习、会健体、会尚美、会劳动、会创新"。

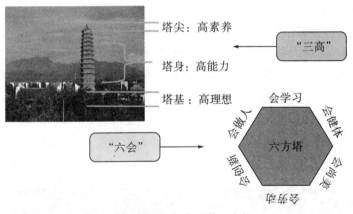

图1　塔子坝中学"塔"文化

（二）以学生为中心，构建学校"六维一体"的德育内容体系

学校在"塔高树德，坝阔学远"办学理念和"三高六会"教育目标指引下，结合《中小学德育工作指南》的五大重要内容和中国学生发展核心素养六大素养，总结提炼出"爱国情怀、理想信念、文化自信、生态文明、道德品质、健全人格"六维度的"六维一体"德育体系（图2）。

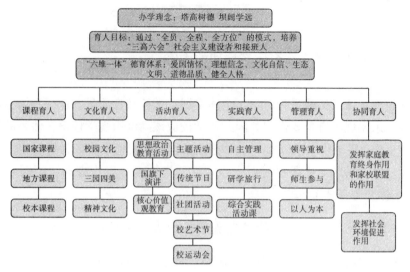

图2　塔子坝中学"六维一体"德育体系

（三）"六维一体"德育体系构建的育人途径

1. 课程育人。

赫尔巴特强调教育与教学的结合，提倡在教学中融入德育。塔子坝中学坚持德育为先，通过国家课程、地方课程和校本课程，实现全面育人。国家课程注重德育内容的融入；地方课程强调地域文化和家乡情怀；校本课程则基于学生兴趣和特长，为学生提供多样化选择（图3）。经过几年的摸索和沉淀，学校开发了"学校有一个永恒的主题——爱国""文史墨香""国学讲座""奎光塔故事""电影课程""丹青雅苑""自然科创""农作课程""健康运动，健康你我"等校本课程，让学生在生活中学习、思考、探究，提高学生的人文修养。

图3　都江堰市塔子坝中学校本课程

2. 文化育人。

"关乎人文，以化成天下。"文化是一个复合的整体，以文化育人为核心，学校致力于营造一个复合型的人文环境，促进学生全面发展。校园文化启智，通过展示名言警句、寓言故事等文化元素，激励学生发展。同时，打造"三园四美"的环境，实现环境育人，并通过日常维护和美化校园环境，培养学生责任感与审美情趣。这些举措共同构成了学校以文化育人为核心的教育体系，促进学生全面发展。

3. 活动育人。

学校建构了丰富的活动体系，通过升旗仪式、国旗下主题展演、社会主义核心价值观教育等，引导学生塑造正确三观。传统节日活动强调文化传承，社团活动发展特长，艺术节和运动会则展现学生风采，鼓励学生超越自我，继而促进学生"会尚美""会健体""会做人""会创新"等培养目标的达成。

4. 实践育人。

"纸上得来终觉浅，绝知此事要躬行。"学生在自主管理、研学旅行、学校微田园劳动、"小手拉大手""塔中少年向未来"社会实践等活动中能更深地认识自我，在活动中体验自主、合作、探究等，进而增强珍爱生命等意识，健全人格养成，提升自我管理能力，促进"会学习""会劳动""会做人""会创新"等培养目标的实现。

5. 协同育人。

通过家、校、社三个主体多方面的作用，能为学生营造轻松愉悦的学习环境，培养学生乐学善学、勤于反思、科学使用"互联网＋"等，促进学生学会学习、学会协作、学会求助，最终实现多方力量的协同育人。

三、"六维一体"德育体系构建的成效

（一）德育与学科教学的有效融合

在"六维一体"德育体系的建设过程中，教师更加注重将德育内容与学科教学相结合，使德育渗透学科教学的各个环节。这种融合不仅丰富了学科教学的内涵，也提高了德育的实效性。

（二）学生发展空间的拓展

通过实施"六维一体"德育体系，学校为学生搭建了更多的发展平台和空

间。学生可以根据自己的兴趣和特长选择适合自己的课程和活动，展示自己的才华和优势，从而实现个性化发展。

（三）德育工作得到社会认可

随着"六维一体"德育体系建设的不断深入，学校的德育工作逐渐得到了社会的认可和好评。学校还建立起了家长学校，定期开展家长讲堂，形成了校家社协同育人的德育联盟。

"路漫漫其修远兮，吾将上下而求索。"教育是一项良心的工程，需要每个学校、每个教师、每个家庭和全社会用"眼中有光，心里有爱，用心呵护，静待花开"的育人态度为之努力奋斗。学校将进一步推进和完善"六维一体"的德育体系，通过落实《中小学生德育工作指南》的六大育人途径来完成"立德树人"的根本任务，为党育人，为国育才！

执笔人：都江堰市塔子坝中学　孙远林　张　浩　张德斌

案例六

与万事融，与自我洽
——融合教育背景下普通学校特需儿童分级管理模式研究

一、特需儿童分级管理模式的构建背景

在国家政策的大力扶持下，融合教育理念不断深入推进。2019 年 10 月 10 日，教育部发布《对十三届全国人大二次会议第 1894 号建议的答复》，指出："教育部认真落实党中央、国务院决策部署，会同国家发展改革委、财政部、中国残联等相关部门，推动各地以实施两期特殊教育提升计划为抓手，采取切实举措推进特殊教育改革发展，重点保障残疾儿童少年接受义务教育。"其中重点提到部分特需儿童应在普通学校随班就读。[①] 政策的鼓励意味着普通教育学校将出现更多特需儿童。

普通学校特需儿童人数逐年递增，"如何认识特需儿童"便是工作开展的起点。从意识层面来看，教师和家长需要认识到"特需儿童"首先是儿童，是人的存在的多样性和差异性的一种表现，才能在特需儿童的成长过程中有更多的理解和包容。大众更常接触到的词是"特殊"，而成都市花园（国际）小学（简称花园小学）并不用"特殊"来界定这部分学生。身体障碍的学生会进入特殊学校，而轻微身体障碍的学生会进入普通学校。把"特殊"变为"特需"，其实是一个长期的过程。去标签化也是心理教育工作的重点。给学生去掉"特殊"的标签，只有给他们创造一个更包容的学校环境，他们才能够更好、更积极地成长。花园小学的特需儿童涵盖了自闭症儿童、行为情绪特殊的儿童，这些学生都需要被看到，所以花园小学给他们起名为"特需儿童"，因为他们的需求是特别的，对教师来说他们的成长也是特别重要的，他们的一切都特别需要被关注。

在不断推进融合教育的过程中，普通学校也面临许多困难与挑战。在融合

[①]　教育部网站：《对十三届全国人大二次会议第 1894 号建议的答复》，http://www.moe.gov.cn/jyb_xxgk/xxgk_jyta/jyta_jijiaosi/201912/t20191205_410900.html。

教育中，师资力量的匮乏导致特需儿童的需要容易被忽略，教师的主要时间和精力都用在普通学生身上，且普通教师由于没有接受过特需教育相关的系统培训，缺乏相关的专业知识，对特需儿童提供的教育和服务并不能够满足他们的发展需要。[①] 特需儿童易对课堂教学和教育计划的正常推进产生不良影响，因此部分学生家长难认可特需儿童在班级的存在并对其产生抵触心理。除此之外，国际融合教育相关经验并不完全适配我国普通学校，全国各地的融合教育实现方式也存在差异，过往经验不能完全适配。而学校若未建立规范化和系统化的特需儿童干预模式，缺乏特需儿童突发情况应急管理机制，将会在突发事件中暴露许多问题。

为此，花园小学以现目前普通学校特需儿童的实际情况为前提，从学校、家长、学生三方面深入研究分级管理模式，设计相应分级管理机制，并对教育管理成效进行提炼总结，希望能有效提升特需儿童教育管理工作的成效。

二、特需儿童分级管理的举措

由学校融合教育小组领头针对特需儿童进行分级分类管理，联合家校社三方实现教育干预全员化。根据学校实际情况，各部门从不同角度围绕特需儿童的成长教育提供指导和培训，实现家校社共育、共同保障特需儿童在校的学习生活。

为了将特需儿童分级管理模式系统化，学校根据实际情况制定以下工作流程。首先，成立学校特需儿童管理工作组（图1），然后根据《特需儿童情况摸排流程图》（图2）对全校学生进行现状调查，建立特需儿童成长档案。其次，根据《校园常态化特需儿童分级管理流程图》（图3）针对每个特需儿童形成各部门工作履行报告制度，当发生校园突发事件时应及时按照《校园突发情况分级处理流程图》（图4）向相关部门或人员进行汇报。最后，形成特需儿童档案动态化管理并建立"一中心三梯队"的家校社共育模式。

学校针对特需儿童建立专门的管理工作组，领导全校各部门认真履行自己的职责，承担相应的责任，以此实现教育全员化的目的。

前期的摸查工作是分级管理方案制定的方向标。学校为保障管理的科学性、有效性，避免漏报、错报开展了两轮摸查。第一轮摸查由班主任上报有医

---

① 王雁，黄玲玲，王悦等：《对国内随班就读教师融合教育素养研究的分析与展望》，《教师教育研究》，2018年第1期。

院确诊证明的特需儿童名单，第二轮由心理健康中心进行无证明学生的筛查和课堂观察。经过两轮摸查后对特需儿童进行建档并针对分级教育模式的设计进行讨论。

将特需儿童进行分级，按需求程度分为三级：一级（黄色）——一般需求、二级（橙色）——较高需求、三级（红色）——极高需求。由学校融合教育小组领导，对特需学生分级后根据具体情况制定处理方案。

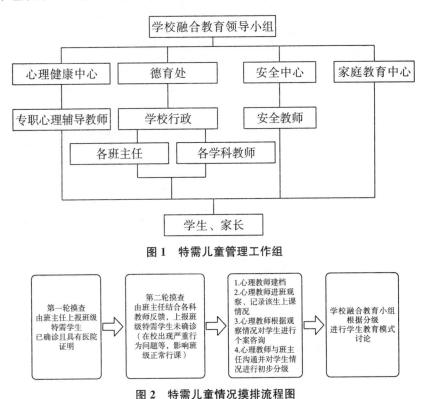

图1　特需儿童管理工作组

图2　特需儿童情况摸排流程图

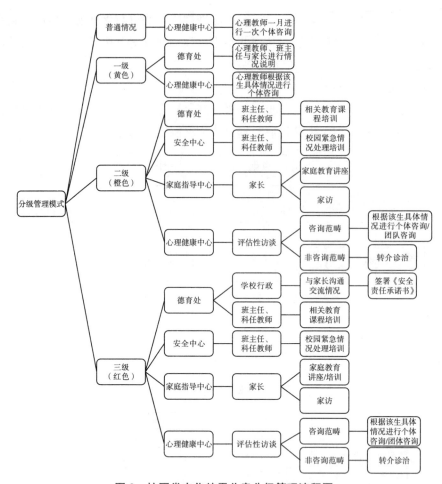

图3 校园常态化特需儿童分级管理流程图

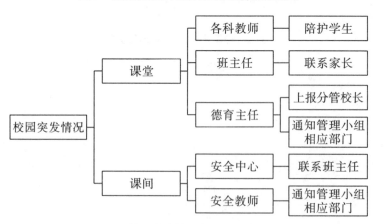

图4 校园突发情况分级处理流程图

当特需儿童在课堂上出现突发的风险行为时，教师首先对行为的程度进行分级，主要分为极高风险行为（如自残、伤害他人等）、较高风险行为（如尖叫、哭闹等）、突发行为。教师根据不同程度的风险行为进行相关处理并向学校特需儿童管理工作组进行情况汇报。

当特需儿童在课堂间出现突发的风险行为时，保卫处通过监控实时观察校园学生动态，及时联系安全教师。安全老师配合保卫处对学生情况进行处理后，向学校特需儿童管理工作组进行汇报。安全教师针对此类学生进行相关安全培训。

为构建全员化特需儿童教育管理模式，首先需要构建以特需儿童为核心，班主任、班级家委会、特需儿童家长共同参与的常态化安全工作小组，及时反馈特需儿童在校情况，在日常生活中对特需儿童进行观察和交流，实时记录特需学生的情况。最后，学校心理健康中心整合信息，更新特需儿童的成长档案并形成系统化的记录（表1）。

表1　学生成长追踪记录表

姓名：　　班级：　　班主任及联系电话：		
情况简介： 班主任描述：		
学校心理健康中心追踪观测在校情况记录	日期	学生情况说明
其他资料		
学校评估		

建档日期　　　　年　月　日

在特需儿童的成长上，学校、家庭都是主战场。学校建立"一中心三梯队"家校社共育模式，以特需儿童为核心，达到家校社三方共同参与学生成长的教育目的。

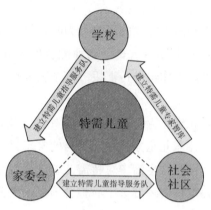

图5 "一中心三梯队"家校社共育模式

以学生为主体、学校为主导建立家校社共育中心，调动各级家委会积极配合学校特需儿童教育工作，建立特需儿童指导服务队，当出现紧急情况时形成家长互助，给特需儿童本人及家长帮助和支持。家委会与社会机构及社区服务中心在学校的组织下建立专业的特需儿童指导志愿者服务队，整合各类社会资源点对点给予特需儿童支持。学校还要与专科医院、特需儿童治疗机构等建立友好合作关系，长期开展医教联合活动，共同构建特需儿童专家智库，由专科医生介入特需儿童的转介工作，在特需儿童的治疗过程中为家长、学校做好保障。

三、特需儿童分级管理的成效

在学生方面，通过建立特需儿童教育管理模式，家校社共同保证特需儿童的成长环境，开展常规心理课及以特需儿童同辈交往为载体的心理沙盘，引导帮助特需儿童认识自我，理性认识生活环境，友好地认识同龄伙伴，在成长过程中阳光健康地与同学交往，并逐渐学会自我管理，最终能适应社会，成长为能够感受美好生活、有正确价值观的人。

在教师方面，通过开展教师专业培训、教师沙龙让教师对特需儿童的管理能力及对课堂突发情况的处理能力得到有效提升。在日常教学中结合实践和特需儿童教学理论形成一套行之有效的教学方法，对教师教育教学实践能力提高有所帮助。

在学校方面，学校对特需儿童的教育形成了一套完善且规范化的管理模式，对特需儿童制定针对性的教育计划，有助于学校体现办学特色，获得社会的广泛认可，对学校的发展具有积极影响。

在融合教育理念提出后，从普通学校的角度去帮助特需儿童更好地成长具有现实意义。花园小学提炼出普通学校对于特需儿童的分级管理经验，保障特需儿童教育的顺利开展，通过建立完善的分级管理机制为家长与教师提供更好的教育指导，并进一步加强家校社之间的连接，能使普通学校对特需儿童的管理更具专业性和有效性。

执笔人：成都市花园（国际）小学　王　曦　马筱晓　李茜雯

第五章

高品质基础教育学校的课程体系建设

第一节　理论分析

在学校教育中，课程具有核心地位，它是实现教育目标的主要途径，是落实立德树人根本任务、凸显教育价值的重要载体。学校的教育教学工作，都是围绕规划课程、建设课程、实施课程、评价课程等来展开的。学校课程承载着国家意志、社会需求和育人期望，对学生的健康成长、教师的专业提升、学校的高质量发展起着颇为关键的作用。

2001 年新课程改革以来，课程受到了人们的高度关注，引发了广泛热议。现代教育专家成尚荣认为，中国已经进入高质量发展的时代，需要构建高质量的教育体系，高质量的教育体系则需要高质量的课程体系作支撑。高质量的课程体系至少包含两层含义：一是建构更高品质的课程；二是提高课程实施的质量。基于此，我们必须定准位、站好位、做到位，努力强化课程建构和课程实施，不断提高课程的科学性、系统性和有效性。

一、"定准位"：厘清课程发展，认识课程内涵

"课程"一词在我国始见于唐宋时期。《诗经·小雅》中"奕奕寝庙，君子作之"句有疏"以教护课程，必君子监之，乃得依法制也"。[1] 但是，此处"课程"的含义与我们今天所用之意相去甚远。宋代朱熹在《朱子全书·论学》中多次提及"课程"，如"宽着期限，紧着课程""小立课程，大作工夫"等。虽然他对"课程"没有进行明确的界定，但含义是很清楚的，即指功课及其进程。这里的"课程"仅仅指学习内容的安排次序和规定，没有涉及教学方面的要求，因此，其实称为"学程"更为准确。到了近代，由于班级授课制的施行，以及赫尔巴特学派"五段教学法"的引入，人们开始关注教学的程序及设

---

① 秦蕙田：《五礼通考》（卷五十八），中华书局，2020 年版，第 2531 页。

计，于是课程的含义从"学程"变成"教程"。20世纪80年代中期以前，由于受凯洛夫教育学理论体系的影响，"课程"一词便很少出现。

在西方，"课程"一词最早出现于英国教育家斯宾塞1859年所写的《什么知识最有价值》一文。它是从拉丁语"currere"一词派生出来的，原意为"跑道"，用于规定赛马者的行程，与教育中"学习内容进程"的意思较为接近。所以课程最常见的定义是"学习的进程"，这一解释在各种英文词典中比较普遍。课程既可以指一门学程，又可以指学校提供的所有学程。这与我国一些教育辞书如《中国大百科全书·教育卷》及《辞海·教育学心理学分册》对课程的狭义和广义的解释基本吻合。

然而，在当代课程文献中，关于课程的这种界定受到越来越多的批评。不同的学者由于其哲学价值观的不同，对知识、学习理论等方面的理解也不同，所以对课程的本质有不同的认识。学者们或强调学习的经验与内容，或强调经验的组织过程，或强调科目的时间安排与计划，不一而足，对于课程的本质内涵的解释仍然是多元的。

目前，关于课程的定义有很多，其中较有代表性的主要有三种：一、课程是学科知识的总和；二、课程是一种计划或学习方案；三、课程即经验。"课程是学科知识的总和"是人们最熟悉的一种课程定义，教师们往往认为，课程表上的内容就是课程。"课程是一种计划或学习方案"，持这种观点的代表人物有美国的塔巴、麦克唐纳、威尔逊，英国的坦纳等学者。他们认为，把课程仅仅限于学校设置的科目表和具体科目的学程过于狭窄，因为课程是学校根据一定的教育目标而提出并指望为学生所接受的一种人为的设想，它包括学校设想的预期结果、教学内容和学习活动。同时，他们也不赞同把课程解释为"有计划的经验"，认为这种定义过于广泛，对完成学校要求的教学任务毫无帮助。因此，他们主张把"学习方案"作为课程这一术语的同义词，把课程当作学生受教育的计划。"课程即经验"，持这一观点的代表人物有多尔、派纳等。他们给课程下定义所使用的关键用语是"经验"二字，而最初使用这一用语的是杜威。他们继承了杜威的观点，认为只有让学生参加活动，才可能从中学到以前没有学过的东西，才能获得经验，才能认识和预见到学习对其现在和未来的行动所产生的后果。他们进而得出结论：课程作为教育蓝图，最终由学生在学校领导下所应该获得的经验组成。这是由于学校的建立是为了让青年一代朝着某一特定的方向发展，而发展则要通过学习者所获得的经验去实现的，因此课程应该是"在学校指导下，学生所经历的全部经验"。

关于课程的三种定义并非出现在同一时期，而是随着社会的发展而不断丰富的。第一种定义，课程是学科知识的总和，反映了当时的社会对知识的推崇——知识是高于人的；第二种定义，课程是一种目标下的计划，强调的是成人对学生未来发展的一种规划和设想，这时候，知识的地位开始有所下降，人们开始关注到人的作用，但还是强调成人的想法居多；第三种定义，课程即经验，强调学生的参与、活动和经验，此时课程的核心关注点已经落到学生的身上。在当下的教育实践中，以上三种课程的定义是同时存在的，其中，对于"课程即经验"这样一种宽泛的课程定义，很多专家学者予以批判，认为过于宽泛的课程定义不利于学校准确、规范、系统地设计和开发课程，但这样一种定义也在从另一方面提醒我们，教育当中的任何事件、任何行为都有可能成为影响学生人生发展的关键课程，正所谓"时时有课程，处处有课程"。

要应对新时代教育中的各种挑战，我们必须具备先进的课程观。先进的课程观是指在当代教育理念和实践发展的基础上，对课程设计、实施与评价的一种前瞻性和创新性的理解。这种课程观强调以学生为中心，关注学生的主动学习、批判性思维、创新能力以及社会参与能力的培养，注重教育的实用性和时代性。先进的课程观倡导教育应面向未来，关注个体发展与社会需求的和谐统一，通过创新的课程设计和教学实践，为学习者提供更加丰富、灵活、高效和有意义的学习体验。作为教育者，我们要不断学习、反思和革新，深刻认识课程的内涵，扎实掌握课程设计与实施的方法，努力建构更多高品质的课程，为推动学校教育高质量发展、培养新时代人才提供助力。

二、"站好位"：着眼课程改革，深入课程研究

课程内涵的发展，反映了与社会的发展、教育文化的变迁相随的是我国经历的几次大的课程改革。西南大学教授罗生全写有《新中国成立70年来8次课改全回顾：诉求与阵痛交加，经验与收获喜人》一文，对新中国成立以来的课程改革历程做了细致的梳理。

> 1949年至1952年，新中国迎着朝阳对旧有的教育制度、教育内容和教学方法进行改革，第一次制定了全国统一的教育政策，开启了以'新'换'旧'的课程改革之旅。
>
> 第一次课改之后，我国步入了过渡时期社会发展的关键节点，主动适应该时期社会主义经济建设和文化建设的要求，服务党的教育方针，建构较为全面的中小学课程体系的迫切主张，促成了1953年至1957年以'师

法'苏联服务课程体系建设为主题的第二次课改顺势而来。

1957年，受毛泽东同志'关于正确处理人民内部矛盾的问题'报告的影响，全国各地在教育部统一部署之下进行了第三次课改，其目的是为了更好贯彻'教育为无产阶级政治服务，教育与生产劳动相结合'的方针。1961年，为纠正教育革命带来的严重后果，国家又以'调整、巩固、充实、提高'八字方针为指导，对中小学课改进行再调整、再统一，但最终未能有效调整。1964年至1976年，课改在纠正未果的情况下又遭遇'文化大革命'影响，中小学的正常教育教学秩序受到严重干扰，整个改革也陷入非理性的无序状态。

1977年，全国科学教育工作会议的召开，破除了前一时期课改存在的诸多困境。随后，教育部通过成立'教材编审领导小组'，重建人民教育出版社，确定中小学基本学制（十年制），使用第五套全国通用中小学教材等举措，实现课程领域的拨乱反正。随着'双基'任务的提出以及第五套全国通用教材全部编写完毕，第五次课改也于1980年悄然结束。

1981年至1984年，我国拉开了第六次课改的大幕。这一时期，教育部先后颁发全日制六年制和五年制中学教学计划试行草案和修订草案，以及城市和农村六年级学生教学计划草案，对整个课程领域诸多内容进行了调适。与此同时，人教社开始编撰第六套全国通用的十二年制中小学教材，以期实现整个课改的顺利推进。1985年《中共中央关于教育体制改革的决定》和1986年《中华人民共和国义务教育法》的颁布，为教育事业发展提供了体制创新和法律保障，特别是后者的出台，确立了义务教育的性质和地位。为在全国有计划有步骤地普及义务教育，当时的国家教委制定了课程教材发展规划、课程教材多样化和三级管理政策，确定了教材审定制，而所有行动举措也推动了第七次课改的登场。伴随第七套全国通用中小学教材的使用，"课程计划"也随之突破了教学计划的范畴应然而生，成为该时期课改的显著表征。

2001年6月，教育部颁布了《基础教育课程改革纲要（试行）》，掀起了以'为了中华民族的复兴，为了每个学生的发展'为目标的第八次课改的浪潮，素质教育下新课程体系建构是该时期课改的核心表达。2014年3月，教育部颁布了《关于全面深化课程改革 落实立德树人根本任务的意见》，其中明确提出要'组织研究提出各学段学生发展核心素养体系，明确学生应具备的适应终身发展和社会发展需要的必备品格和关键能力'。同年12月，我国普通高中课程标准修订工作正式启动，其核心要义是要培养学生的学科核心素养和跨学科核心素养。①

为贯彻党的二十大精神，落实立德树人根本任务，办好人民满意的教育，2023 年 5 月，教育部印发了《基础教育课程教学改革深化行动方案》的通知，明确要求"深化课程教学改革，加强机制创新，指导、发动各地和学校深化育人关键环节和重点领域改革，更新教育理念，转变育人方式，坚决扭转片面应试教育倾向，切实提高育人水平，促进学生德智体美劳全面发展"。

随着课程改革的演变与推进，基础教育课程改革的具体目标也越来越清晰：改变课程过于注重知识传授的倾向，强调引导学生形成积极主动的学习态度，使其获得基础知识与基本技能的过程同时学会学习和形成正确价值观；改变课程结构过于强调学科本位、科目过多和缺乏整合的现状，整体设置九年一贯的课程门类和课时比例，并设置综合课程，以适应不同地区和学生发展的需求，体现课程结构的均衡性、综合性和选择性；改变课程内容"难、繁、偏、旧"和过于注重书本知识的现状，加强课程内容与学生生活以及现代社会和科技发展的联系，关注学生的学习兴趣和经验，精选终身学习必备的基础知识和技能；改变课程实施过于强调接受学习、死记硬背、机械训练的现状，倡导学生主动参与、乐于探究、勤于动手，培养学生搜集和处理信息的能力、获取新知识的能力、分析和解决问题的能力以及交流与合作的能力；改变课程评价过分强调甄别与选拔的功能，发挥评价促进学生发展、教师提高和改进教学实践的功能；改变课程管理过于集中的状况，实行国家、地方、学校三级课程管理，增强课程对地方、学校及学生的适应性。

《基础教育课程教学改革深化行动方案》还提出："学校以促进学生全面而有个性地发展、健康成长为目标，高质量落实国家课程，建设校本课程，将课程理念、原则要求转化为具体的育人实践活动，构建体现学校办学特色的课程育人体系，注重持续优化。"江苏省教育科学研究院研究员万伟认为，在新的教育背景下，国家三级课程管理制度的建立为学校创生课程提供了空间，怎样将这些有限的空间转化为无限的可能，需要学校对课程进行全面的规划和设计。② 罗生全教授则强调，"教师是一切教育变革的生力军，缺乏教师参与的

---

① 罗生全：《新中国成立 70 年来 8 次课改全回顾：诉求与阵痛交加，经验与收获喜人》，《中国教师报》，2019 年 10 月 11 日。

② 万伟：《亦续亦断 ——新课改背景下"教师生存状态"之文化品析》，南京师范大学博士论文，2007 年。

课改是没有生命力和感召力的"，要让教师成为课改的主体。① 学校就需要组织教师加强课程研究，积极开发适应学校实情、适合学生成长的校本课程，不断激发和鼓励教师在课程设计、实施与评价中积淀专业素养，提升专业能力。

三、"做到位"：优化课程资源，抓实课程落地

当前，我们常能欣喜地看到，众多学校都在积极地规划和开发课程，但是，其中也潜藏着许多问题。比如，有些教师对课程缺乏基本的了解和认识，课程意识不足，课程设计与实施的能力不够；有些学校的课程只是一种"碎片化的叠加"和"机械化的操作"，课程结构、内容与课程目标之间缺乏内在的一致性，课程体系关系混乱，没有观照校情学情；课程缺少系统科学的评价，课程的落实浮于表面等。要建构高品质的课程，学校至少应当做到以下几点。

（一）立足学校实情，突显校本特色

学校建构课程，首先要思考清楚的问题是：教育的根本目的是什么？我们到底想要什么样的教育？想要培养什么样的人？好的教育是过程与结果的统一，学校要用好的教育过程来达到好的教育目的。课程是做好教育过程的核心环节，决定着学校的教育质量，塑造着学校的品牌价值，也影响着校内各种资源的开发与整合。学校在规划、设计和实施课程的过程中，都应该实实在在地立足校情学情，突显校本特色。

比如，简阳市射洪坝解放学校是一所九年一贯制学校，目前，该校的教育教学质量在简阳市范围内位居前列，但办学特色一直不明显、不突出。如何让学校课程真正做到一体化，做到五育并举，全程育人？如何走出一条特色之路和品牌之路？这是学校全体教职工一直思考并着力改变的问题。通过不断摸索，他们聚焦"九年融贯"，走向真正的融会贯通式办学，着眼学校未来发展的需要，提出了"九年融贯，全程护航"的办学理念，这是符合学校实情的。

现实中，很多教师存在着认识上的误区，认为校本课程的开发就是另外设计几门新的课程，编写几本新的教材。其实，学校课程的开发首要的任务是对国家课程进行校本化的二次开发，通过二次开发，保证能够开齐、开足、开好国家课程，从而为学生的终身发展夯实基础。其次，在当前的教育体制下，校

---

① 罗生全：《新中国成立 70 年来 8 次课改全回顾：诉求与阵痛交加，经验与收获喜人》，《中国教师报》，2019 年 10 月 11 日。

本课程的课时数在整个学校课程体系中所占的比例还较小，能够开拓的空间有限，因此提升国家课程的质量、优化国家课程的校本化实施仍是学校的首要任务。

同样以简阳市射洪坝解放学校为例。该校秉承"因解放，而飞翔"的教育观、"人人有双翼，个个能飞翔"的学生观，坚持以国家课程为基础，从学生的实际发展出发，构建了"一体一核两翼"的"丰翼"课程体系。"丰翼"课程，寓意是用课程让每一个学生的羽毛更加丰满，装备每一个学生的未来。"一体"指1~9年级一以贯之的一套课程体系，"一核"指以国家课程为核心，"两翼"指作为补充的地方课程和作为拓展的校本课程。"丰翼"课程体系囊括了"品格之翼""人文之翼""理性之翼""审美之翼""健康之翼"五个方面，通过德育、学科、科学、艺术、健康五个维度与国家课程进行融合，在开齐、开足国家课程的基础上，开好地方课程和校本课程，形成了学科融贯、德育融贯、艺术融贯、科学融贯、健康融贯五类课程，生动地体现了"国家课程校本化"。

（二）坚持以人为本，关注素养发展

在课程的规划、设计和实施过程中，教育者必须站在"人的发展"的角度思考问题、落实行动，关注学生的素养发展。

原北京十一学校校长李希贵曾讲述这样一个学生案例：北京十一学校有个孩子成绩优秀、性格较为内向，一直拒绝艺术，觉得自己毫无艺术细胞，但因为需要上戏剧课，被迫选了话剧《雷雨》并在其中扮演了繁漪这一角色，这让她对自己有了全新的认识。她发出了这样的感慨："我的灵魂是属于舞台的，或许我一直都把它藏起来了，我的血液里还是窜动着那样的因子，让我觉得已经依赖上了舞台上的那种感觉。这已经不是一门选修课，或许是一场命中注定的经历。尽管那段独白没有镁光灯的陪伴，但我也知道了，有那样一个灵魂，是为镁光灯而存在的。"尽管只是一门选修课程，学生却因此对自己有了全新的认识，学生的热爱与自信，是一种无法预料的成长能量。我们相信，在这个学生未来的人生道路上，这门课程为她带来了更多可能，也许会在未来的某个时候，影响她一生的发展。课程的力量，对于学生潜能的激发、素养的发展，确实是无法小觑的。

课程设计与实施要坚持以人为本，就要认识人的发展，这有利于课程规划者按照学习者的特点和需要来设计和实施课程。认识人的整个发展过程和特点是课程设计的基础。不同个体的成长过程存在差异，在对人进行研究的基础上，课程规划的要求之一还有"匹配"，也就是学习者的发展阶段和相应的课程必须匹配。人类学家阿什利·蒙塔古指出，儿童的本质是教育界目前尚未完全理解的一个问题，可塑性是人区别于其他动物的显著特点，除此之外，人类最重要最基本的需求就是对爱的需求。他认为，我们随意地将孩子的发展阶段规定为婴儿期、儿童期、青春期，按照不同的年龄区别对待不同的孩子，是一种有害的思想，因为每个孩子都有他自己的发展速度，以平等的方式对待不平等，这是最不公正的待人方式。阿什利·蒙塔古的观点不无道理，当前的大多数教育者最缺乏的就是对儿童的认知和研究，在课程规划设计中，更是如此。在课程规划中，考虑人的发展的特点时，至少需要关注五个方面：个体差异的生物基础、人的身体生长和发育、智力发展与成就、情感发展与培养、文化与社会发展。关于人的发展问题，教育理论家提出了很多重要的理论，这些理论对课程规划产生了重要的影响，其中比较有代表性的主要有三个：一是皮亚杰的认知发展理论，二是埃里克森的心理成长阶段理论，三是劳伦斯·科尔伯格的道德发展阶段论。他们分别从人的思维发展和认知特点、人格和心理发展、道德认知三个角度对学生的发展阶段和特点作出了自己的论述，教育者可以多加了解和学习。

具有课程能力的学校必须具有敏锐的战略眼光，在学校传统文化和教育积累的基础上，结合当前的社会发展形势、学校发展特点、学生发展需求等多方面因素，制定既立意高远又符合现实发展需要，既有长远战略考虑又清晰可操作的课程愿景。课程愿景会影响学校课程建设的整体发展方向，是判断一所学校是否具有课程能力的首要指标。课程愿景中很重要的一个维度是对"人的形象"的设计与描述。在选择学校课程内容时，除了知识性的内容外，更应通过丰富的活动、综合性课程的设计来提高学生的综合素养。

比如，成都市少城小学倡导的"适应性教育"注重双向适应：教育者需适应孩子的身心发展，同时引导孩子适应环境。这种教育模式旨在支持学生核心素养的发展，构建具有时代特色和人文情怀的学校环境，培育互促共生的学习生态，以适应并支持多样化的学习需求，提供多元化的学习模式选择。该校致力于让学生"自由而全面"地发展，坚持立德树人，强化学生综合素质；以"德育为魂，能力为重，基础为先，创新为上"为教育原则，重视基础教育在高质量发展中的关键作用。该校通过培养学生适应终身发展和社会所需的价值观、品格和能力，特别是中国学生发展核心素养，实现高质量的基础教育。

（三）搭建结构框架，形成课程体系

课程结构是指把学生在校的学习时间分成几个部分，在不同的学习时间安排不同的课程类型，由此形成一个课程类型的组织体系。设计理想课程结构的基本前提是探究课程类型之间内在的联系。学校的课程结构对应的是学生的素质发展的结构，只有整体变革和优化学校课程结构，学生的全面发展、个性发展才能得以实现。

有些学校的课程开发和建设往往是零散的、随意的，想到一门课程就开一门课程，或者看到其他学校搞什么课程就搞什么课程。教育者要特别注意的是，学校课程建设的重点不是盲目地增加课程门类，而是整体变革学校的课程结构。当前学校课程结构主要的问题在于：第一，缺乏整合，各部门之间各行其是，各学科之间缺乏交流及配合，导致很多课程交叉重复；第二，课程的丰富性、选择性不够，过于单一；第三，综合性、开放性不够，基本以分科学习为主，与生活贴近的综合型课程相对较少，实施起来也困难重重；第四，探究性和活动性课程不够，更多的是学科课程，以学生的被动接受为主；第五，课程的"留白"不够，学生缺乏参与课程规划设计开发的权利和自主发展的空间。

除了国家课程，当前大多数学校缺乏对课程的系统设计和整理，很多课程之间存在着交叉、重复，缺乏整合。比如，综合实践活动课程往往跟学校的传统活动项目、校本课程开发有很多重复的地方，综合实践活动还跟德育、科学教育有交叉的地方。如何有效整合各门课程，形成培养学生的合力，如何针对学校课程结构的缺点进行针对性的优化，在整合、优化的基础上形成相对稳定、清晰的课程框架，对于明确学校教育的方向、促进学校的可持续发展有着重要的影响。

教育者还要明确的是，课程的结构其实就是对学生素质结构的设计与预期，学校在对课程进行整体规划时，不可能样样兼顾，要重点突出对学生知识结构与能力结构的优化。学校在设计课程体系时，应以发展学生的能力为主线。当前学生素质结构较突出的问题就是综合解决问题的能力比较薄弱、欠缺动手实践的能力、缺乏创新意识和创新能力、缺乏学习的内在动力、社会公德意识淡化等。学校的课程规划要紧密围绕学生的普遍性的缺点，并且要通过调查、访问等形式了解本校学生素养结构方面的突出性问题，从而进行课程的专门设计和开发。这样的课程规划的针对性才会更强，更有利于促进学生的发展。

比如，四川省通江县涪阳镇中心小学认为，随着新课程改革的推进，劳动教育作为培养学生综合素质的重要组成部分，越来越受到社会的关注，特别是在农村地区，劳动教育不仅有助于提高学生的动手能力和劳动技能，还有助于传承农耕文化，促进农技提升。于是，该校结合农村现状，将劳动教育与农村文化、生活紧密相连，在课程内容设计上，充分体现农村特色，如农作物种植、果树修剪管护等，并注重将劳动教育与乡土文化、环境保护等相结合，培养学生的乡土情怀和环保意识。该校构建了一套适合农村小学的劳动教育课程体系，具体内容为"劳动知识专业化、劳动模式个性化、劳动教育融合化、劳动成效服务化"。

（四）规范开发流程，强化课程评价

学校的课程开发有一些基本的规范和程序，看似是对技术的强调，但是，如果认真审视、探究这些规范和程序会发现它们真实体现了一定的合理性。课程对学生来说应是美好、正确、合适的内容，以对学生未来生活的展塑为核心。如果没有这一精神核心，课程实践仅仅是一项纯技术工作而已。课程实践的技术应该有其精神灵魂，技术和精神应该完美地结合在一起。从另一方面来说，精神核心的落实与彰显，离开了技术的支撑也是无法实现的。

一般来说，校本课程的规划与开发设计包括以下几个程序：第一，学校背景分析，校本课程开发的必要性与可能性分析；第二，学生需求评估；第三，课程规划与开发的总体目标制定；第四，课程结构与门类设计，包括校本课程的类别与门数，每门课程的课时要求以及限制性条件等；第五，提出实施与评价的建议，为教师实施与评价校本课程提供一些相关的政策或行动指南；第六，提供保障措施，即明确来自组织、制度、人力、物力和财力等各方面的保障措施，确保校本课程的顺利实施。

课程评价是指依据一定的评价标准，通过系统地收集有关信息，采用各种定性、定量的方法，对课程的计划、实施、结果等有关问题作出价值判断并寻求改进途径的一种活动。当前基础教育阶段的大部分学校都处于课程开发实施的初级阶段，对于如何有效评价校本课程大都缺乏成熟的技术。习惯了学科课程中的纸笔测验，面对五花八门的校本课程，如何进行评价成了很多学校的难题。事实上，不少学校有课程开发而无课程评价，虽然开发了一大批课程，但这些课程的实施效果究竟如何基本上不得而知，也因此，学校课程的质量提升难以得到有效的保障。还有很多人对课程评价存在误解，他们总认为课程评价就是通过考试之类的手段给学生打分或将学生分个三六九等，也有不少教师认为，校本课程中很多的活动类课程、社团类课程主要就是让学生参与活动，不需要进行评价。

教育者需要重新认识课程评价。评价不等于考试，不等于测验，不等于自评、他评、家长评，不等于填一堆表格。评价是给出努力的方向、标杆，是一种激励、一种认同、一种肯定、一种鞭策、一种自我实现、一种风采展示，是记载行走足迹的过程，是了解课程效果、了解师生对课程的满意度的重要手段。没有反馈，没有修正，没有不断的淘汰和完善，学校的校本课程就会如同一潭死水，没有活力。因此，要想不断提升学校的课程品质，让校本课程真正受到师生的喜爱，学校一定要好好设计并实施课程评价。

课程是否能够达到学生和教师的预期？如何保证课程能够受到学生欢迎，让社会满意，有效贯彻国家教育方针、彰显地方特色？这都需要建立起一套完备的课程评价及督导的量化规定体系。卓越的学校领导往往是善于制定评价量化规定并善于运用它来开展学校管理的。不断从课程内容、形式、实施等各要素、各环节进行综合或分项的评估，可以帮助学校不断提升课程的品质。

校本课程的评价包括对学生的评价、对教师的评价、对课程的评价，以对学生的评价为主。其中，对学生的评价可以通过以下几种途径展开：通过问卷了解学生兴趣、满意度；在对第一阶段调查问卷进行分析和总结的基础上，通过继续设计问卷或深度访谈的方式对问卷中显示的问题进行追踪调查以发现问题的成因，探讨解决问题的对策；对学生的学习结果进行评价；通过成长记录袋、日常观察记录表、考勤表等对学生在课程学习的过程表现进行评价；通过多种途径为学生提供课程学习情况的展示平台；全面考查学生学习水平，进行终结性评价等。

比如，成都市少城小学针对国家课程、综合实践课程等，设置了不同的评价方式，但是都强调多元化和多样化，结合结果与过程、定性与定量评价。四川省通江县涪阳镇中心小学也设计了科学合理的劳动教育课程评价体系，包括过程性评价和总结性评价两个方面，过程性评价主要关注学生在学习过程中的表现和进步情况，包括实践操作、团队协作、创新思维等，总结性评价则主要评价学生的学习成果和收获情况，包括劳动技能掌握情况、劳动态度和价值观等。

总之，高品质课程的建构是影响学校高质量发展的关键因素，是推进未来学校建设的重要抓手。广大教师要积极学习系统的课程理论知识，掌握好课程开发的技术，在实践中不断提升课程建设的能力，做好课程的研究者、开发者、诠释者和执行者，让课程在学校的教育教学中生发蓬勃的力量，为孩子们不设限的人生带去源源不断的美好能量。

第二节 实践探索

案例一

为学生奠定终身发展的适应性基础
——成都市少城小学"成·全"课程体系建设探索

一、"成·全"课程体系建设背景

（一）国家政策驱动：基础教育课程改革新动向

教育部办公厅于 2023 年 5 月印发《基础教育课程教学改革深化行动方案》，以回应社会快速发展和科技变革带来的挑战，提出要落实科技、教育、人才三位一体发展战略，以提升学生科学素养，培养具有创新精神和实践能力的社会主义建设者和接班人。

（二）新课改引领：落实核心素养的课程目标

新课程改革旨在突破传统教学限制，引入多元、实践性的教学理念和方法，提供丰富的学习资源和活动，激发学生的兴趣，提升其自主学习、批判性思维和问题解决能力。同时，新课程也强调学科交叉融合，培养具有核心素养的复合型人才。

（三）学校发展需求：培养创新与实践能力的教育转型

为适应新时代教育需求，成都市少城小学积极推进新课程改革，秉持适应性教育理念，以"德育为先，能力为重，全面发展，知行合一"为原则，旨在为学生"养其根，俟其实"，致力于促进学生全方位成长。学校注重学生核心素养和全面发展，创新课程以满足多样化的学习需求，打造现代化校园和共生生态圈，培养学生适应社会所需的价值观和关键能力。

二、"成·全"课程体系建设过程

为促进学生全面发展与核心素养提升，回答"培养什么样的人"这一关键问题，成都市少城小学从自身情况出发，厘清、挖掘学校优势，确定适合学生发展且具有可行性的课程目标，形成"成·全"课程体系。

（一）以全面发展为目标进行顶层设计

学校新课程建设响应"树立科学的教育质量观，健全德智体美劳全面培养体系，坚持德育为先、全面发展、面向全体、知行合一，为学生的终身发展奠基"的基本要求，坚持"启智增慧、培根育魂"的宗旨和"为学生终身幸福奠定适应性基础"的理念，致力于培养拥有美好心灵、智慧头脑、灵巧双手、健康体魄的学生，形成"切问近思，励学敦行"的学风。学校树立"泛适应性"课程观，落实党的育人方针，拓展国家课程，融合地方课程，创新校本课程，构建适应学生需求的课程与教学法，培养学生的学习力、行动力、问题解决力、适应力，为学生未来奠定坚实基础。学校构建了基于核心素养的课程供给体系（图1），形成了基于核心素养课程建设体系4.0结构图（图2）。

图1 基于核心素养的课程供给体系

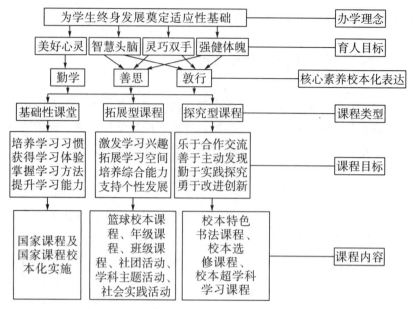

图2 成都市少城小学基于核心素养课程建设体系4.0结构图

（二）以落实素养为导向进行课程开发

1. 构建课程体系。

学校以培养"全面发展的人"为目标，致力于学生"学习力、行动力、解决问题力、适应力"的培养，建设包括基础学科课程群、特色发展课程群和校本课程群在内的课程体系（图3）。学校课程开发的总体目标可精炼为"三培三显"：培养兴趣，显现艺术韵味；培育特质，彰显个性魅力；培植文化，突显办学风格。

2. 践行"成·全"课程宗旨。

（1）以基础学科课程群夯实基础。

以基础学科课程群夯实学生基础，培养学生勤学品质。国家基础课程如语、数、英、音、体、美等，普适性强，为学生终身发展奠基。因此，对于基础学科课程群的实施，学校以深挖学科核心素养，链接学科知识，结构化课程内容为着手点进行课程建设。其一，以理论引领拓宽改革思路。学校通过营造学习氛围，激励教师研学"新课标"，并通过学习心得分享提升教师理论素养。其二，精耕学科课程教学。学校各学科组践行"大单元教学"，整合课程内容，活化教学方法，以精进教师教学和问题解决能力，保障课程的准确执行。其三，创建小课题研究系统，结构化课程内容，集中解决教学真实问题，大力提升教师的教学与研究能力，创造显著成果。

图 3　成都市少城小学课程体系

（2）以特色发展课程群鲜明个性。

以特色发展课程群鲜明学生个性，提升学生敦行能力。学校在课后服务 B 课段提供涵盖体育、艺术、科创等的 13 门选修课程，益智、培艺、促技、健体、创科。这些特色发展课程在设置上从低到高分为 3 个能力层级——兴趣、乐趣和志趣。经历三个层级的特色发展课程历练，在兴趣层级点亮兴趣的"火花"，继而在乐趣层级的活动体验中照亮乐趣的"心灯"。三个能力层级，让学生将一时的兴趣衍生成一种行为上的热爱和痴迷，激发出"我要学、我要学好"的内驱力。当在志趣层级的学习体验画上完美句号的同时，良性赋能教育生态也水到渠成。在每学年的特色发展课程学习过程中，学生还可以自主选择喜欢的学习项目继续深造，或者另辟蹊径进行阶梯式学习，以实现自身能力横向的拓展成长和纵向的梯度生长。

（3）以校本课程群内化品格。

以校本课程群内化品格，催生善思品质。在知识层面，注重实践性学习和多学科交融，旨在丰富学生的认知体验，拓宽学生的知识视野。在能力培养上，力求全面提升学生的自主性及认知能力，帮助学生积累规划、表达、管理、创新和信息处理技巧，培养其综合素养。在情感教育上，旨在激发学生的探索欲、学习热情、上进心和责任感，强化品质与效率意识，推动学生的个性化和全面发展。依据学生发展需求和学校教师资源，学校的校本课程既包括科创类，也有生命生态类。例如，AI 编程类特选订制课程，此类课程旨在培养学生的逻辑思维和编程能力，提供从图形化编程到计算机语言编程的特色教学，为学生多元化、特色化发展提供更多可能。又如，生命生态类项目式学习课程"燕归来"和"我和樱桃"，以驱动性问题引领，让学生逐级开展各子问题群的学习探究，进而了解和学习动植物以及它们的习性，认识到自己和其他生物之间的联系和共生关系。

（三）以多元评价健全课程实施

对于基础学科课程群，学校实施多元评价。除了常规的学业水平检测，学校还开发了核心素养发展报告手册，结合过程与结果评价，记录学生表现并转换为星章，全面反映学生核心素养；整合德育评价，以红领巾奖章评价为核心，量化评估学生信念与行为，完善综合评价体系。对于特色发展课程群，教师建立了学生学习档案，定期多元展示并表彰优秀学生成果。学校鼓励师生参加竞赛，将成绩作为教师评优依据，以激发师生积极性。课本课程群的评价强调多元化，结合过程与结果、定性与定量评价，对学生的评价以激励为主，注重学习态度和能力考察，同时关注教师、同学、家长多元主体的评价。

三、"成·全"课程体系建设成效

"成·全"课程体系建设以基础学科课程群为学生成长奠基，一方面促使学科课程进行内在的知识脉络梳理，构建系统、链接的知识体系，为学生的深度学习提供知识结构上的内在保障；另一方面，使学校基础学科课程体系更科学、更完备。对于基础学科课程进行综合化实施，构建特色发展课程和校本课程，是围绕知识进行生活情境和问题情境的创设，加强课程内容与学生经验、社会生活的联系，探索知识的生活化、情景化、主体化、项目化、游戏化，活化了课程内容，促进知识在学生脑中建构、心中生长。

（一）实现学生潜能开发

学校开设的特色发展课程和校本课程，为学校的教学活动注入了新的活力。从一年级新生进入学校的习惯养成课程到低段的多样化特色课程，再到中高段的思维发展创新课程和手脑并用实践课程。在每一阶段量身定制相应课程，为学生提供多种选择，也让学生在找准兴趣点后，进行进阶发展，扬长特色，综合育人，全力守护学生身心健康成长，帮助他们找到各自的闪光点。

（二）完善学校组织建设

为确保课程质量，学校采取了一系列措施：成立课程领导小组，全面负责课程相关事务；制定教师培训计划，提升教师课程意识和实施能力；提供充足的经费和器材支持，鼓励课题研究；实施学科督导制度，确保课程质量；建立激励机制，奖励优秀课程实施者。这些措施既完备了学校的课程组织建设，又为学校课程建设的进一步迭代提供了良好保障。

在国家政策和"新课标"的指导下，学校新课程建设成果丰硕，学生全面发展，教师队伍成长迅速，培养了一大批品学兼优的学生和德才兼备的教师。未来，成都市少城小学将继续完善课程体系，加强实践教学与创新教育，努力培养新时代创新人才，助力国家发展。

执笔人：成都市少城小学　王　婉　杨静茹　彭文彬

案例二

聚焦课程建设　赋能多元成长
——简阳市射洪坝解放学校课程建设案例

　　简阳市射洪坝解放学校（简称解放学校）是一所九年一贯制学校，坐落在美丽的鳌山脚下。解放学校的前身是一所村小，历任校领导与众多教师，艰苦创业，从最初的几百人发展到现今的 3000 人的规模，班子和教师团队吃苦耐劳的精神延续至今。学校在 2010 年原址重建后进入了发展的新阶段，大力发展礼仪教育，注重习惯培养，后又经历义务教育均衡发展、成都市新优质学校创建两个重要阶段，学校办学水平和办学质量又上台阶。目前，解放学校的教育教学质量在简阳市范围内位居前列，但办学特色一直不明显，不突出。如何让学校课程真正做到一体化，做到五育并举、全程育人？如何走出一条特色之路和品牌之路？学校聚焦"九年融贯"理应走向真正的融会贯通式办学，做出"九年一贯"的真特色。所以，基于学校未来发展的需要，解放学校提出"九年融贯，全程护航"的办学理念，以及"办一所有人文温度、融贯深度和影响广度的未来学校"的办学目标。

　　结合现代教育趋势、中国学生发展核心素养、五育并举等要求，解放学校致力于"培养志向高远、能力非凡的健康少年"，以课程为重要跑道助力学生腾飞，培养学生的家国情怀、人文底蕴、审美品位、科学思维等。秉承"因解放，而飞翔"的教育观、"人人有双翼，个个能飞翔"的学生观，学校坚持以国家课程为基础，从学生的实际发展出发，构建了"一体一核两翼"的"丰翼"课程体系（图1）。"丰翼"课程，寓意用课程让每一个学生的羽毛更加丰满，装备每一个学生的未来。"一体"指 1~9 年级一以贯之的课程体系，"一核"指以国家课程为核心，"两翼"指作为补充的地方课程和作为拓展的校本课程。"丰翼"课程体系囊括了"品格之翼""人文之翼""理性之翼""审美之翼""健康之翼"五个方面，通过德育、学科、艺术、科创、健康五个维度与国家课程进行融合，在开齐、开足国家课程的基础上，开好地方课程和校本课程，形成了学科融贯、德育融贯、艺术融贯、科创融贯、健康融贯五类课程，体现"国家课程校本化"，努力实现"五育融合"。

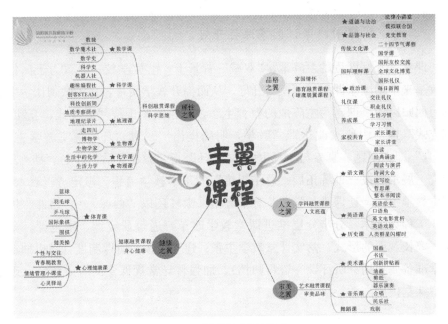

图 1　"丰翼"课程体系

一、国家课程的落实与深化，夯实学生文化基础

（一）长短课时安排，保证课程开齐课时开足

学校按照国家课程标准和四川省课程计划，开齐开足国家课程。2022 版《四川省义务教育课程计划表》明确提出：小学每课时按 40 分钟计算，初中每课时按 45 分钟计算。1~2 年级周课时 26 节，3~6 年级周课时 30 节，7~9 年级周课时 34 节。学校在保证周总时长不变的情况下，确定各科目课时总数，自主确定每节课的具体时长，并可根据实际统筹使用劳动、综合实践活动、班团队活动、地方课程和校本课程的课时。

对于一所中小学班级在一个校区、教室在同一栋楼的九年一贯制学校，如何安排每一节课的时间，才可以既保证课程开齐、时长开足，又能上下课铃声一致，还要考虑每天两个小时的课后服务时间？结合实际情况，经过多方征求意见，学校提出解决方案：一是在课时上执行长短课时，最短的一节课 20 分钟，最长的一节课 50 分钟；二是在学科内容的安排上，劳动、综合实践活动、班团队活动、地方课程等采用短课时，落实国防、法治、心理健康等专题教育。同时，通过制度建设和管理督查，促使艺术、体育、道法、科学等课程开齐开足。

（二）深耕课堂，保证国家课程开好

课堂是开好课程的主阵地。"双减"背景下，解放学校一直致力于深化课堂改革来推动国家课程的落实与开好，从而提升教学质量，真正做到让学生的学习回归以学校课堂为主阵地的教育生态。学校紧紧围绕"启发式、互动式、探究式"这个中心来改进课堂教学，明确提出"三真六环"课堂教学主张。"三真"即真问题、真参与、真生成，"六环"指"激趣导学—自主学习—合作探究—展示点拨—训练拓展—总结提炼"的基本教学流程。拟定"三真六环"课堂教学主张，让课堂教学改革有章可循。学校还以"两课"（合格课、优质课）工程为载体，分步分层推进课堂教学改革，通过研究课、示范课、竞赛课、家长观课的形式，落实课堂教学主张；建立起预约听课制度（随机抽签—教学准备—预约—听评课—资料归档），加强督导常规课堂的有效落实，逐步实现课堂优质高效。

二、校本课程的开发与建设，助力学生多元成长

2022版《四川省义务教育课程计划表》提出要强化课程育人导向，着力培养学生核心素养，优化课程内容结构，强化课程综合性和实践性，推动育人方式变革，关注学生个性化、多样化的学习和发展需求，增强课程适宜性。解放学校围绕家国情怀、人文底蕴、审美品位、科学思维、身心健康的学生发展素养，尊重差异发展，鼓励个性选择，以丰富课程满足学生全面发展的需要，努力构建课程育人新样态。

（一）学科融贯课程

学校依托诗词大会、演讲与口才、英语情景剧表演、红色研学等活动，将语文、英语、历史等学科融合，实现学科实践，培养学生的文化意识，增强学生的人文底蕴。

（二）德育融贯课程

学校以"三礼"（家庭礼仪、学校礼仪、社会礼仪）教育为根基，通过传统文化课程、品格养成课程、家校共育课程、礼仪课程等，将学生培养成为热爱学习、健康成长、敢于担当、勇于创新的解放少年。

"三礼"教育，是解放学校学生行为习惯养成教育与系好核心价值观这粒

扣子的重要抓手。解放学校的"三礼"教育，历练了孩子"品格之翼"，把准了孩子翱翔方向。学校的"乐·美"礼仪教育体系，包含了三大礼仪共 56 个养成训练点，以礼仪养成教育为主线，贯穿整个德育活动全过程，以养成教育训练月、"星级文明班"评比、"小手拉大手"等活动为载体，将礼仪养成教育融入教学和活动，培养文明、守纪，知法、明礼的小公民。学校自创自编的《行为规范"三字诀"》与学生的行为礼仪韵律操相结合，融入每天的大课间，学生边诵"三字诀"边做韵律操，将规范的行为内化于心、外显于行，形成了活泼、规范、阳光、上进的校园德育风景线，并有效辐射周边。

为全面贯彻党的二十大报告中关于"健全学校家庭社会育人机制，加强家教家风建设"的重要指示，同时遵守《中华人民共和国家庭教育促进法》的相关规定，学校积极发扬中华民族重视家庭教育的优良传统，始终坚持实施家校社协同育人模式，以促进家庭幸福、推动社会和谐、培养德智体美劳全面发展的社会主义建设者和接班人为目标，开展家校社为一体的"群鹰合力"融合课程，具体包括以下几个具体措施。

第一，家长学校——翼起同行。家长学校是学校与家长交往的桥梁，不仅可以向家长输送家庭教育经验，还能促进家校之间的情感交流。学校邀请专家开展家庭教育课堂，直击亲子沟通难题，探讨沟通技巧，引导家长做"智慧家长"。例如，开展了成都市教育科学研究院主办，学校承办的"蓉 e 家长，每周一答"家庭教育专题活动、亲子书信、家长沙龙、家校联系会等。

第二，家长开放日——育见成长。为更好发挥家校共育的力量，让家长深入了解学校的管理、教师教学和学生学习的整体情况，学校定期邀请家长进校园参加学校的各种活动，如精彩"食"光、家长进课堂、毕业寄语、家校团建等，积极为学校建言献策，优化育人环境。

第三，家长讲坛——护航飞翔。学校开展了"护航飞翔"家长讲坛，如律师妈妈普及法律小常识、厨师爸爸讲解营养与膳食、护士妈妈宣传应急处理办法等，一起感受别样的课堂，见证教育的色彩。

第四，社区联动——翼彩纷呈。学校整合社区资源，充分利用社区"糖厂"文化，开展"糖说习语""张氏土陶""非遗绳编"等特色活动，带领学生感知非遗文化的魅力；带领学生参观简阳市文化体育中心"东来印象"跳水馆、柔道馆，实地了解大学生运动会知识，了解跳水、柔道等运动项目，体会竞技体育精神。

（三）艺术融贯课程

为提升学生的审美品位，学校开设了创意剪纸、泥塑、川剧表演、舞蹈、器乐演奏等课程，搭建学生展示平台，让每个学生树立自信、绽放光芒。

（四）科创融贯课程

为培养学生的理性思维，学校开展数学节、跳蚤市场、科技创新周以及科学实验、国际数棋、航模等课程，让每个学生在"乐思启智"的奇妙之旅中感受科学的奇妙与奥秘。

其中，数学节课程是学校做得较有特色的一门课程，包含"慧"创数学、"绘"画数学、"会"玩数学、"汇"练数学四个板块，旨在激发学生学习数学、钻研数学的兴趣。

"慧"创数学，运用数字、运算符号等数学元素设计班徽；"绘"画数学，通过画小报，展示数学知识思维导图、优秀作业、优秀笔记、优秀错题集等，锻炼学生归纳整理的能力；"会"玩数学，将数学知识运用于游戏中，开展数字华容道、魔方还原、跳蚤市场、国际数棋等游戏，寓学于乐；"汇"练数学，通过"我是神算手""寻找推理王"两项赛事，提升学生的计算技能，培养学生的逻辑思维能力和创新意识。

（五）健康融贯课程

在"体育与健康"课之外，学校开设了跆拳道、健美操等兴趣课，以及球类竞赛、心理健康课程，提高学生身体素质，塑造其坚毅品格，促进学生身心健康发展。

以心理健康课程为例。针对愈发突出的学生心理健康问题，教育部办公厅颁布了《关于加强学生心理健康管理工作的通知》等一系列政策文件。学校重视开展"心育"工作，结合学校学生实际情况，在简阳市青少年心理健康服务中心的指导下，开发、实施"你本有翼，适性绽放"心理健康课程，系统推进心理健康教育工作向纵深发展，构建健康的校园文化环境，为学生全面发展打下坚实的基础。

该课程分为三个方面的内容：阳光学生驿站、幸福教师计划、智慧父母课堂。阳光学生驿站，包含生命安全与成长教育、性健康教育、心理咨询、心理委员培训、留守儿童心理关爱等内容，分年龄段，分群体，通过心理健康讲座、心理个辅、心理团辅、心理社团活动（绘画艺术表达、户外团建、心理绘本读书会、心理电影及心理剧观看）等形式深入开展学生心理健康工作。幸福教师计划，通过减压团辅、心理健康讲座、"心育"课教研等，帮助教师减压，树立正确对待工作和生活的意识和态度，增长教师"心育"知识，提升教师"心育"水平和能力。智慧父母课堂，邀请专家开设讲座，讲座内容与学生心理健康讲座内容高度相关，构建"学生—教师—家长"三维互动心理健康教育模式。

扎根而生，贴地而行，展翅高飞。学校已连续 19 年被简阳市教育局评为目标管理优秀级学校，教育教学质量在简阳市一直名列前茅，曾先后获得成都市阳光体育示范校、简阳市党建示范校等各级各类荣誉称号 60 多项，也将继续本着"用高品质的课程建设，推动学校高质量发展"的思路，努力将课程建设做深、做细，做出解放学校的课程特色、课程品牌。

岁月缱绻，葳蕤生香。教育是校事，更是国事，是今天，更是明天。志存高远的解放人将继续以办好"老百姓家门口的好学校"为目标，为党育人，为国育才，继续聚焦高品质课程建设，提升办学品位，优化办学品相，锻造办学品牌，实现学校内涵发展，为每个学生的成长持续赋能。

执笔人：简阳市射洪坝解放学校　赖　艳　陈　妮　卢　娅

案例三

让课程成为学生"飞天"的动力
——成都市石室联合成飞学校"九年一贯飞天课程"建设实践

一、飞天缘起 课程助力

（一）航空新城 新航道

2021年末，随着《政企共建推进青羊航空新城教育高质量发展战略合作协议》的签署，"教育+航空"强强联手，首个"K-15"全龄教育集群在青羊落地。2022年5月，成都市石室联合中学正式入驻航空新城。2022年9月，全新的九年一贯制"成都市石室联合成飞学校"作为"教育版歼20"正式启航。成都市石室联合成飞学校（简称成飞学校）是经青羊区教育局批准，由成都市石室联合中学整合原成飞小学和成飞中学初中部建设而成的九年一贯制学校。

（二）九年一贯 新学制

习近平总书记说："惟创新者进，惟创新者强，惟创新者胜。"[①] 当前，我国的基础教育正经历着从规模、数量"高增长"发展模式向更加注重内涵、更加注重质量的"高质量"发展转向。2021年教育部、国家发展改革委、财政部发布的《关于深入推进义务教育薄弱环节改善与能力提升工作的意见》中指出，鼓励各地建设九年一贯制学校。从时间上看，"九年"能更持续系统地关注从儿童到少年的成长经历；从影响力上看，"一贯"能为学生成长提供完整稳定的教育环境。

建校伊始，学校就大力加强课程建设，以课程建设推动学校发展。学校课程中的"飞天"二字，既体现了学校地域特色，又取意学校的校园文化主题——成人达己、逐梦高飞、航空报国，更诠释着学校办学使命——为每一位孩子赋予追梦的力量。

---

① 习近平：《论党的青年工作》，中央文献出版社，2022年版，第44页。

二、凌云壮志 课程启航

基于上述背景，学校积极探索构建符合航空新城高科技特色与高质量发展要求的"九年一贯制飞天课程（简称飞天课程）"体系。这个体系不是小学、初中的课程堆砌，而是基于对义务教育阶段九年课程的全面梳理整合，结合学生身心发展特点进行优化，确保学生在持续的学习过程中能够得到连贯且一体化的教育。

（一）架构有张力，构建特色鲜明的飞天课程体系

学校在架构飞天课程体系时，以特色鲜明的横向融合、纵向贯通，突显课程张力，按照课程标准，将小学和初中的学科知识以前后相连的逻辑关系进行一体化组织安排，使学习能够在九年的时间中循序渐进、由浅入深。

1. 横向融合，五育并举，各美其美。

飞天课程是将国家课程、地方课程进行整合和优化，形成"四课型五大类"（图1）。"四课型"，即落实国家及地方课程的基础型课程，延展学科的拓展型课程，整合校内外资源的实践型课程，创新拔尖人才的培养型课程。"五大类"，即品德与素养、语言与思维、创新与实践、运动与健康、艺术与审美。

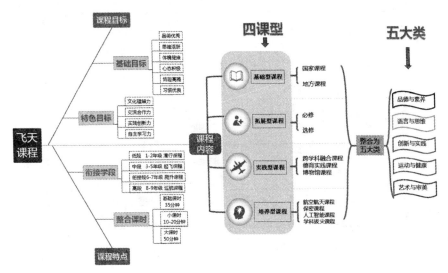

图1　飞天课程体系示意图

2. 纵向贯通，各有侧重，层层飞翔。

学校遵循学生身心发展规律，以歼 20 战机飞行过程为参考对四个学段课程进行目标设计：滑行课程（1~2 年级），幼小衔接，侧重习惯和兴趣培养；起飞课程（3~5 年级），育品铸基，侧重思维和能力培养；爬升课程（6~7 年级），小初衔接，侧重学习方法的优化和自主学习力的培养；翱翔课程（8~9 年级），修身自胜，侧重实践创新力、合作能力、文化理解力的培养。

（二）课堂有活力，形成高效的飞天课堂新样态

1. 长短结合，课程有力度。

学校注重国家课程的校本化实施，探索长短课，让长短课时成为固态，相互补充，相辅相成。同时，让课程落实到课表，保障课程的真正落地。以小学部二年级 2 班为例，基础型课程和拓展必修课进入班级课表（图 2，拓展必修课用下划线标注）。

	周一	周二	周三	周四	周五	
8:20-8:35	晨读	晨读	晨读	晨读	晨读	
上午1 8:40-9:15	习字	数学	音乐	语文	语文	
上午2 9:25-10:00	语文	语文	数学	体育	数学	
大课间 10:00-10:40	升旗仪式	大课间				
上午3 10:40-11:15	体育	英语	心理健康（安全）	英语	美术	
上午4 11:25-12:15	数学启蒙训练	棋类	语文主题阅读	大合唱	英语故事与视听	
午餐12:15-12:45，午休准备12:45-13:00，午间小课13:00-13:15，午休13:15-13:45						
下午1 13:50-14:25	科学	综合实践	道德与法治	数学	科学	飞天实践课
下午2 14:35-15:25	劳动	花样跳绳	航空简笔画	乒乓球	班队会	

图 2　2023—2024 学年石室联合成飞学校（小学部）二年级 2 班课表

目前，长短课主要有以下六种。第一，一日研学：走进社会，开展研学。打造航空特色教育，拓宽视野。第二，150 分钟"半日飞天实践活动课程"：用好社区资源共建飞天实践课程，特色鲜明，趣味更浓。第三，90 分钟拓展

选修课：课时拉长，选择更多样，动静结合，劳逸相彰。第四，50分钟拓展必修课：课时延长，生有根，展有长，课堂更精彩。第五，35分钟基础课时：瘦身5分钟，着力提升课堂效率。第六，15分钟短课时（早读、午间小课）：关注精气神，课虽短，成长无限。

以50分钟拓展必修课为例，各学科组紧扣课标剖析教材，依据学科核心素养制定出拓展必修课的教学内容和目标。例如，语文组在中高段的长课时，以"落实单元语文要素"为指向的阅读实践和单元习作训练为内容。以"点面结合写活动"的单元习作训练为例，教师将50分钟长课时分为"15+35"，前15分钟"活动即事情，回顾六要素"，后35分钟"写作实操，教师点拨巡视"。

2. 优化资源，创新有亮度。

结合学校的办学优势与传统课程特色，依托学校创新实验室、青少年保密教育基地和航空馆等科技场馆以及社区航空课程资源，深入开发航天航空相关的创新课程，凸显飞天科技创新课程特色，以丰富多彩的课程，满足不同学生的学习需求，助力学生全面发展。

（三）评价有推力，构建发展的飞天评价体系

评价是课程建设主推力之一，检验成果，激励建设者。科学、公正、全面的评价可发现问题，促进改进和完善。评价激发创新精神，推动探索新教学方法，提高课程质量。

1. 强化素养导向，注重对正确价值观、必备品格和关键能力的考查，开展综合素质评价。

学校为学生制作了"小飞侠成长足迹"记录册（图3）。这本记录册不仅关注学生的学业成绩，还重视品格素养等综合素养的发展，通过自评和同学评定，帮助学生认识自身能力，发挥优势。记录册还包含本学期成长记录、优点、改进方向、师长和父母寄语等内容，帮助学生全面总结，提升自己。

2. 评价方法创新，注重对学习过程的观察、记录与分析，倡导基于证据的评价。

学校关注学生真实发生的进步，积极探索增值评价，设计了"飞天课程学生成长护照"（图4）记录学生的成长和发展，五育并举，促进学生全面发展。

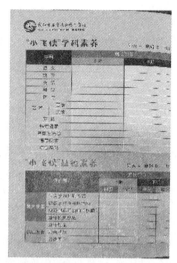

图3 "小飞侠成长足迹"记录册

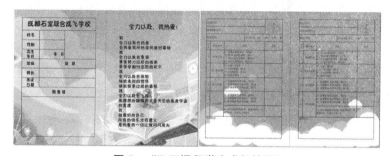

图5 "飞天课程学生成长护照"

（四）保障有效力，构建实效的课程保障体系

1. 制度护航。

一是落实常态教研制度，落实两周一次的教研组活动和备课组活动，定时定点定人定主题，主题内容体现新课程理念，确保成员互动和教研实效性。二是创新三跨教研制度，开展跨学科、跨学段、跨场域教研，推动课程高品质发展。三是推动课程研究制度，关注教师课程的执行力，聚焦提高教师课程研究力，开展学科学术研讨、课程评议研讨。四是质量监控制度，建立质量监控管理体系，树立全员质量监控意识，根据教学流程管理要求对课程实施随机和定期检查，发挥师生在监控过程中的主观能动作用。

2. 经费助力。

一是加大硬件投入，加大了对教学仪器设备、图书资料等硬件的资金投入，提高硬件在日常管理中的使用率及使用效益，满足课程的需要。二是开辟课程实施专项经费，对校本教材编制、社团活动及竞赛、专家指导引领、课程特色项目评比、课程改革创新实践教学展示、家长及社区资源利用等，都提供经费，确保学校课程建设持续开展。

三、成效初显　逐梦飞翔

（一）促进教师发展

学校对教师进行的课程建设培训卓有成效。从课程建设前后的问卷调查看，飞天课程建设之初，有近85%的教师对课程开发有强烈的畏难情绪，也有76%的教师对学校设置的长短课时表示非常担心；现在，有90%的教师对课程开发有信心且有方法，有92%对学校设置的长短课时表示明确赞同。从数据的变化能看出教师在学校的带动下，专业能力有了巨大的变化：开发课程的能力增强了，课堂教学的效率提升了，开展拓展课程的方式方法增多了。同时，学校也涌现出了一批市级及区级优秀青年教师、学科带头人、杰出青年教师。

（二）提升办学品质

课程作为学校的核心要素，不仅是学校生命力的体现，更是学校竞争力的关键。随着课程建设的持续深化，学校的办学品质有了显著提升。目前，学校的幼小衔接课程与小初衔接课程亦获得了同行的高度认可；衔接部实行级部管理，有效提升了学生的自主管理能力和学习效能；德育活动丰富多样，有体育节、艺术节、科技节、劳动节等，为学生提供了广阔的多元发展平台。此外，学校还荣获了"全国科学教育实验校""全国国防教育示范学校""全国航空特色学校""四川省思政教育基地校""'人文青羊 航空新城'建设先进集体"等多项荣誉称号。

（三）赢得家长和社会认可

飞天课程开设前后的问卷调查的结果显示，家长对学校管理的满意度由81%提升至98%，对学校课程开设的满意度从84%跃升至100%，对学校办学成效的认可度也从80%增长到99%。学校创办以来，不仅获得了航空新城企业的广泛赞誉，片区居民的满意度和获得感也在持续提升，学校的社会影响力不断增强。可以说，学校的发展不仅为国防工业的进步做出了积极贡献，也为青羊区的招商引资注入了新的活力。

飞天课程体系是将小学教育与初中教育有机结合，立足航空社区的地域特色进行校本化落实，通过优化教育资源配置，形成的系统连续、九年一贯的课程体系，在孩子九年成长过程中，以课程做保障，为成长护航，为孩子一飞冲天提供动力。学校在课程建设中也遇到了一些困难。一是课程领导力不足，课程建设落在操作层面较多，系统思考较少，还缺乏对学生发展需求的深入分析，以及对课程体系建设理论及其所承载的育人价值的深入挖掘。二是课程支持系统较弱，学校还需进一步调动教师创新课程设计的积极性，开展提升教师课程理解能力、课程开发能力以及课程监控评估能力的培训。

千年文翁，百年航空。在这片战鹰翱翔的蓝天下，传统与现代呼应，人文与科技融合，石室联合成飞学校这所崭新的九年一贯制学校，正振翅飞翔，为航空新城教育高质量发展做出积极贡献！

执笔人：成都市石室联合成飞学校　王小兰　张　慧　邱雪翔

案例四

找寻国家课程校本化发生的学校基因

——绵竹市紫岩小学历行探究项目式课程开发实践

2021 年起，绵竹市紫岩小学（简称紫岩小学）以 PBL 项目式学习的方式整校推进"小先生大视界"历行探究项目式课程的实践。近三年来，课程教师陪伴学生走进自然、社会、人文、科学等多个领域，实施 28 个课程，师生参与累计超 4000 人次，社会人士及家长参与超 1000 人次，每个学生的阅读量近百万字，以实际行动推动了教与学的变革。

一、历行探究项目式课程的缘起

紫岩小学创建于 1996 年，因南宋名相紫岩先生——张浚而得名。张浚"致知力行，互相发也"的治学观点是紫岩人的教育信仰，也是紫岩小学办学不变的基因。2021 年，暨南大学对紫岩小学学生认知与非认知能力发展进行追踪研究发现，紫岩小学学生"大五人格"指数呈现"三高两短"的状态——外倾性、稳定性、开放性得分很高，而尽责性与宜人性得分偏弱。学校急需破局的思路和方法，来激活自身固化多年的教育价值观与育人方式。此外，随着《关于深化教育教学改革全面提高义务教育质量的意见》的发布，以及"双减""双新"的到来，学校意识到，如果要继续高品质生长，必须直面教育的转型，在坚守中不断思变。于是，学校一方面以历学课堂的建构推动现代课堂教学改革；一方面结合《中国学生核心素养》目标和学校文化与紫岩儿童发展需求，确立"历行立德"德育目标，以 PBL 项目式学习方式开发紫岩历行探究项目式课程。学校将其定名"历行探究项目式课程"，一是对知行合一办学理念的彰显，二是对历学课堂的呼应，呈现出"历学+历行"双线结构，探索在历学中强基、在历行中育德的"1+X"课程体系。

二、历行探究项目式课程的路径

PBL 项目式学习这种新型学习方式，带来了教与学的深度改革，带来了师生"双本位"的角色互动，更带来了组织形态的变革。如何让其在紫岩小学落地生根，学校从四个方面推进迭代。

（一）从"0"到"1"，链接种子教师，让课程启航

2021年历行探究项目式课程启动，但摆在学校面前的现实条件是：教师的0认知、老龄化、畏难情绪……从不会到勉强会，从自学到机缘巧合与北师大项目相遇，紧跟PBL课程的设计要素，秉持"先做起来，能做多少是多少，能走多远走多远"的指导思想，教师放下了思想包袱，全身心投入。学校再以每一个"我"为原点，链接种子教师，以真实问题的解决，营造组织变革的场域，再从种子教师发展衍生到部门联动、学科配合等。

（二）从无到有，构建课程体系，为课程领航

当走过"不认同—认同—主动地跟进"的历程后，学校便需要构建课程体系，才能搭建桥梁，落地育人理念，抵达育人的彼岸。学校以《中国学生核心素养》为纲，结合"致力于孩子一生的发展"办学理念与《紫岩儿童发展需求报告》，确立了"认识自己""学会学习""担当创造""交往共处""追求美好"的紫小学生新五维素养目标，并从中华优秀传统文化中对应提取"仁、诚、乐、智、勇"五字引导学生"做最好的自己"。

学校继承弘扬南宋抗金名臣紫岩先生张浚的家国情怀，以"家国为心，世界入怀"为背景，以自我领导力培养为主线，为学生量身打造"小先生·大视界"历行探究项目式课程。同时，学校针对当下信息社会、AI时代，儿童普遍缺乏社会情感能力的共性，确定了"看见思维的力量，让每颗心绽放"的课程理念。课程实施原则是"儿童视野，生活出发；草木情怀，胸怀世界；诚意真实，思维链接；学科统整，家校社研"。课程分别从年段主题"我识大先生""我做小先生""我是小先生"三个层面贴近儿童生活设计并强调成长三维度：我与我们、我与社会和我与自然。春季学期课程立足"人文、科学、自然"，秋季学期课程立足"识人、学人、立人"。

（三）从点到面，确定课程实施机制，为课程护航

经过几番实践，"校长室""项目研发管理组长""项目主负责人""项目负责团队"等课程实施主体逐步形成，坚持"周一研讨日""阶段小结会""成果分享会"等形式推进，落实"一人设计—四人把脉—修订实施—团队跟进—协助复盘"的多部门联动、多学科协同的课程管理机制，总结出入项、探究、复

盘、展演四个板块七个阶段（前期阅读、集体大课、生活小课、分科教学、历行探究、集体展演、反思创生）帮助教师实施课程，还为师生提供"探究小工具"［如阅读记录单、探究任务表、分组记录单、生活小课学习单、实践调查单、成果汇报 PPT、探究小评价（KWL 表、TAG 评价）、探究小报告等］作为学习支架以供选择，目前还配合编写《学生学习手册》《教师实施指南》，确保跨学科课程能真正落地。

（四）从内到外，联动家校社馆，为课程续航

课程实施中学校发现，儿童的问题和解决问题的方式涉及生活的方方面面，甚至超出教师的专业领域，于是学校主张打破课堂壁垒，拓展教育场地。一是在课程实施中发挥家庭教育的作用，让家长带着任务开展亲子小课，知道自己要做什么，孩子在过程中会知道为什么，成就有效陪伴。二是邀请家长、社会人士中的专业人士，带着专业知识走进学校开展"爸爸妈妈顶呱呱课堂""生活小课"，为孩子们答疑解惑。三是发挥场馆作用，实现"沉浸式体验，情境式教学"。年画馆、博物馆、图书馆等都是教育场地。

三、历行探究项目式课程的成效

近三年的时间里，在"校长引领，种子教师先行先试，全体教师积极参与"的课程建设模式下，历行探究项目式课程初成体系，逐渐完善，并取得丰硕的成果。

（一）学生的综合素养得到全面提升

在推动以核心素养为导向的教育背景下，历行探究项目式课程作为实施素质教育的有效载体之一，重在培养学生探究、沟通、创新、协作等多种综合能力，是一种包含知识、行为和态度的学习实践。

"前期阅读"和"集体大课"作为课程的底层支持，增加学生阅读量，提高学生阅读能力和综合语言能力的同时，也使学生依据"阅读单"进行"信息检索－资料查找－阅读倾听－单独思考－提出问题－梳理与探索－分析和批判"的思维一步一步完善。"生活小课"与"分科教学"同步进行，将学科知识与真实的生活场景有效链接，既统整、巩固了基础知识，还激发了学生的学习兴趣和参与度。"历行探究"以小组为单位展开，使学生的合作能力、交流能力、团队精神得到有效培养；在反复探究形成解决方案的过程中，学生实践、验

证、改进，如此循环往复，创造性思维得到极大锻炼。"集体展演"从班级到校级，学生在互学与反思中不断成长，他们自信的表达、自豪的模样诠释了课程的意义和价值。在上万份的"课程全过程评价量表"反馈中，98%的学生认为在课程中自己的"有效沟通""解决问题""担当创造"的能力得到有效的提高。

（二）教师的教育观念发生根本改变

历行探究项目式课程目前还没有统一的教学大纲和教材。教师必须根据学校、学生以及教师自身情况独立开发课程，制定适合学生发展的教学目标。这就要求教师把自己的角色定位从教授者转变为学生学习的支持者、引导者、组织者和评价者。同时，教师也必须组成教学团队，相同学科甚至不同学科的教师要相互协作。

"'美育楼畅想'功能室设计"是数学教师依据"多边形面积"这一课程延伸出来的一个历行探究项目式课程。该课程旨在让学生强化空间观念、能运用数学知识解决相应的实际问题，让教师提前进行大单元整合教学。这看似一个数学任务，却需要艺术教师通过一系列的活动渗透一些设计理念和布局的美育知识，更需要语文教师为设计方案的分享与交流提供口语交际的基本技巧来保障整个课程的顺利开展。最后，整个年级组 21 位教师全员参与其中，引导学生开展自主合作和探究性学习，并融合多学科知识，展开头脑风暴。在课程中实现了学科之间的渗透融合，教师之间的取长补短，师生之间的共学共长。

（三）为家长提供全新的教育视角

历行探究项目式课程也为家长提供了一个全新的视角。课程通过设置低成本的真实场景让孩子解决真实的问题。在五年级的"我的未来我做主"这一课程中，400 多名家长在孩子职业规划的路上充当了引导者、记录者和陪伴者。他们不仅走进课堂，以自身的工作历程为孩子分享成功的秘诀，更是带着孩子走近自己的工作岗位进行职业体验。这不仅让孩子对未来的规划更加清晰，也让家长更加理性地对待孩子未来的职业选择，在教育孩子时用新的视角寻找新的出口和方向，有效缓解了家长对教育未知因素的焦虑。

（四）学校形成了良好育人生态圈

近三年，学校利用所在地区教育资源，以年级组为单位，让学生走出校门，进行实地实践探究，用一种全新的学习方式，带动了家校社馆多方联动，自下而上地改变着学校的教育生态。2022 年 2 月，学校历行探究项目式课程的发起人徐利校长在北京师范大学教育学部组织召开的"第三届教师核心素养国际研讨会暨项目式学习全国论坛"中做专题讲座《校长，不妨 PBL 项目式学习的骑手》，引起极大反响；2024 年 1 月李菲副校长带领 3 位教师在北京师范大学项目式学习全国优秀实践案例展播中进行了专场分享，深获好评。学校"大熊猫探秘"课程案例也被"中国自然教育"报道。目前，紫岩小学教育集团的兄弟学校也纷纷加入项目式学习探索行列。集团学校共享资源、互惠互利、共同成长的育人生态更加和谐。

　　在"历学"中强基，在"历行"中育德。历行探究项目式课程自身的育人功效及跨学科特征，为学生的核心素养的形成提供了有效的途径。紫岩小学师生将在项目式课程的实施路径上更深入地探究，形成可借鉴的范式，育"家国入心、世界入怀的新时代少年"。

　　　　　　　　　　执笔人：绵竹市紫岩小学　徐　利　李　菲　朱　春

案例五

注重劳动习惯养成 构建育人课程体系

——通江县涪阳镇中心小学劳动教育课程探究

劳动教育是培养青少年树立正确的劳动观念、掌握劳动技能、珍惜劳动成果、养成良好的劳动习惯的教育，是新时代德智体美劳全面发展育人体系的重要组成部分，是学校"为党育人、为国育才"的职责使命，直接决定社会主义建设者和接班人的劳动精神面貌、劳动价值取向和劳动技能素养。通江县涪阳镇中心小学（简称涪阳小学）基于"注重劳动习惯养成，构建育人课程体系"，围绕优化课程设置、整合教育资源、强化过程管理、构建评价体系等系列举措，取得了显著成效，具体体现为"劳动知识专业化、劳动模式个性化、劳动教育融合化、劳动成效服务化"四种育人课程体系。

一、劳动教育课程设计背景

涪阳小学始建于 1953 年，布局合理，功能齐全，环境优美，现有学生 1435 人、教职工 91 人。学校根据国家课程标准和校本课程实施要求，立足学生实际，新建实践园地 6000 余平方米，其中校外蔬菜园地约 3300 平方米，共 30 小块，已种植 18 种蔬菜；校内水果园地约 2800 平方米，已栽种蜜柚、黄桃、樱桃、李子等 12 种良种水果。

二、劳动教育课程经验做法

（一）创新课程理念

1. 核心理念。学校坚持以"实践性、体验性、创新性"为劳动教育的核心理念。通过实践活动，让学生在亲身体验中感受劳动的乐趣，培养良好的劳动习惯；通过实践操作，让学生在动手中掌握劳动技能，提高创新能力；通过实践反思，让学生在思考中领悟劳动精神，形成正确的价值观念。

2. 农村特色。结合农村现状实际，学校将劳动教育与农村文化、生活紧密相连。在课程内容设计上，充分体现农村特色，如农作物种植、果树修剪管护等。同时，注重将劳动教育与乡土文化、环境保护等相结合，培养学生的乡土情怀和环保意识。

（二）压实课程目标（图1）

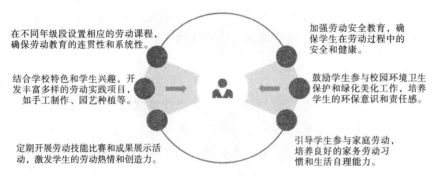

在不同年级段设置相应的劳动课程，确保劳动教育的连贯性和系统性。

加强劳动安全教育，确保学生在劳动过程中的安全和健康。

结合学校特色和学生兴趣，开发丰富多样的劳动实践项目，如手工制作、园艺种植等。

鼓励学生参与校园环境卫生保护和绿化美化工作，培养学生的环保意识和责任感。

定期开展劳动技能比赛和成果展示活动，激发学生的劳动热情和创造力。

引导学生参与家庭劳动，培养良好的家务劳动习惯和生活自理能力。

图1　劳动教育课程目标

（三）激活课程功效

1. 教育功能。通过劳动课程，使学生了解劳动的艰辛，培养学生尊重劳动、热爱劳动，树立正确的价值观。

2. 实践功能。劳动课程提供了丰富的实践机会，让学生在实践中学习和掌握技能，提高动手能力和解决问题的能力。

3. 创新功能。鼓励学生在劳动中发挥想象力，创造新的劳动成果，培养创新意识和创新能力。

4. 健康功能。劳动提高了学生的身体素质，促进了学生健康成长，同时也有助于学生缓解学习压力，提升心理健康水平。

（四）构建课程内容

1. 日常生活劳动。①教授生活自理技能。教授学生如何整理个人物品、清洗衣物、打扫卫生等，培养学生的自我管理能力。②培养独立生活能力。鼓励学生独立完成力所能及的家务劳动，如烹饪、购物等，增强学生的生活自理能力。③倡导良好生活习惯。引导学生养成规律作息、健康饮食、勤俭节约等良好生活习惯。

2. 农业生产劳动。①参与农业生产活动。组织学生参与农作物种植、田间管理、收获等农业生产环节，体验劳动的艰辛与乐趣。②了解农业生产知识和技能。教授学生基本的农业生产知识和技能，如农作物生长规律、土壤肥料知识等。③培养环保意识。引导学生在农业生产中注重环保，如合理使用农药化肥、保护土地资源等。

3. 果蔬修剪管护。①教授学生果树修剪压枝的原理和方法，让学生了解果树生长的基本规律。②掌握施肥养护知识。指导学生掌握果树施肥的时间、种类和方法，以及病虫害防治等养护知识。③实践浇灌除草技能。组织学生参与果树的浇灌和除草工作，培养学生的实践操作能力。

（五）推进课程建设

1. 劳动知识专业化。遵照课标设置劳动教育课程，培养兼职劳动教师，聘请农耕传承技师，优化配置劳动课程教室和劳动工具室，筹建农耕器具展示室和劳动成果展示室，让学生系统化了解、初步掌握劳动知识。

2. 劳动模式个性化。学校劳动教育在实现全员参与的同时，注重学生个性阶段培养的更迭。低段学生重在观察认知，了解蔬菜名称及外观特征，感知节气；中低段学生重在协助参与，体验蔬菜种植流程及管护过程，感悟劳动的艰辛；高段学生重在实践劳作，培养栽植技术及劳动技能，感受收获的喜悦。学校还结合学生年段特征分层分类设置了劳动任务及目标达成量化评价。

3. 劳动教育融合化。密切联系生活实际，促进劳动教育四个融合，即日常生活劳动与班务常规劳动相融合、劳动理论教育与学科知识教学相融合、传统种植技术与现代农业技能相融合、劳动成效分享与餐厨技艺展示相融合。

4. 劳动成效服务化。充分利用学生获得的劳动知识技能，定期组织高段学生到社区、街道、敬老院等开展"厉行节约、反对浪费""我是环保小卫士""尊老爱幼"等公益劳动与志愿服务；自主构建班级水果超市和蔬菜集市，将收获的果蔬与同伴和食堂分享，让劳动成果服务师生生活。

（六）优化课程评价

1. 评价体系。学校设计了科学合理的劳动教育课程评价体系。评价体系包括过程性评价和总结性评价两个方面。过程性评价主要关注学生在学习过程中的表现和进步情况，包括实践操作、团队协作、创新思维等；总结性评价则主要评价学生的学习成果和收获，包括劳动技能掌握情况、劳动态度和价值观等。

2. 评价方法。在评价方法上，学校采用多样化的评价方式，包括学生自评、学生互评、教师评价等。通过自评和互评，使学生更加明确自己的学习情况和进步方向；通过教师评价，使学生能够及时发现和解决学生在学习和实践中存在的问题和不足。

3. 信息反馈。学校注重将评价结果反馈给学生和家长，并根据反馈结果及时调整课程内容和教学方法。同时，学校还将评价结果作为评价教师教学效果的重要依据之一，促进教师不断提高劳动教育的质量和水平。

（七）创建课程特色

1. 融入地域文化。学校深入挖掘当地文化资源，将传统工艺、农业习俗等地方特色融入劳动课程。例如，组织学生学习制作当地的传统手工艺品，不仅锻炼了学生的动手能力，还增强了学生对地方文化的认同感和自豪感。

2. 应用学科知识。学校尝试将劳动课程与其他学科课程进行跨学科整合，让学生在劳动中体验不同学科知识的应用。例如，在种植活动中融入数学知识，让学生计算种植密度、生长周期、产量效益等；在手工制作中融入艺术知识，引导学生欣赏美、创造美。

3. 引入科技元素。学校积极引入现代科技元素，提升劳动课程的科技含量。例如，利用物联网技术建立智能农场，让学生在实践中学习农业物联网的应用。

4. 鼓励创新实践。学校鼓励学生在劳动中进行创新实践，为他们提供展示成果的平台。例如，举办创意手工大赛、农业科技创新展等活动，激发学生的创新思维和实践能力。

（八）防控教育风险

在劳动教育课程中，学校始终把学生的安全放在首位。为了确保学生在实践活动中的安全，学校制订了详细的安全教育计划和风险管理措施。首先，学校在课程开始前对学生进行必要的安全教育，让他们了解各种劳动工具的正确使用方法和安全注意事项。其次，学校在实践活动中配备了专业的安全指导教师和必要的急救设备，确保在发生意外情况时能够及时有效地处理。最后，学校还定期对劳动场地和设备进行检查和维护，确保它们的安全性和可靠性。通过这些措施的实施，学校最大限度地减少了学生在劳动教育课程中的安全风险。

（九）整合社会资源

1. 社区资源的利用。学校与周边社区建立了紧密的合作关系，充分利用社区资源为劳动课程提供丰富的内容和形式。社区内的农田、果园、手工艺作坊等都成为学生的实践基地。同时，学校还邀请社区内的专家、能手来学校开讲座或指导，使学生更直观地了解各种劳动技能和知识。

2. 家庭作业的延伸。为了将劳动教育延伸到学生的日常生活中，学校设计了与劳动课程相关的家庭作业。这些作业既可以是种植、养殖等实践性任务，也可以是制作手工艺品、整理家务等家务劳动。通过家庭作业，学生可以在家庭中继续实践所学的劳动技能，培养良好的劳动习惯。

3. 家长配合的力度。学校非常重视家庭对学生劳动教育的支持，通过家长会、家访等方式，向家长宣传劳动教育的重要性，鼓励家长在家中为孩子提供劳动的机会和氛围。同时，学校还建立了家长志愿者团队，邀请家长参与学校的劳动课程设计和实施，共同促进学生的劳动教育。

三、劳动教育课程成效

(一) 学生劳动习惯得以形成

通过劳动教育的深入开展，学生们的劳动习惯得以形成。他们逐渐变得热爱劳动、尊重劳动，在日常生活中，也更加注重个人卫生和公共卫生，能够主动承担家务劳动和社会公益劳动。

(二) 学生实践能力得到提升

劳动教育不仅让学生学会了基本的劳动技能，还提升了他们的实践能力和创新精神。在劳动实践中，学生们不断尝试新方法、新思路，解决了许多实际问题。他们的动手能力和团队协作能力得到了充分锻炼和提高。

(三) 育人课程体系得到完善

劳动教育的深入开展促进了学校育人课程体系的完善。通过构建劳动教育课程体系，开展丰富多彩的劳动实践活动，学校形成了独具特色的育人模式。这种模式不仅关注学生的知识学习和能力培养，还注重学生的情感体验和道德养成，为学生的全面发展奠定了坚实基础。

(四) 社会认可度得到提高

随着劳动教育成果的显现和社会对劳动教育的日益重视，学校的劳动教育得到了社会各界的广泛认可和好评。同时，学校的劳动教育经验也得到了上级教育部门和兄弟学校的关注和借鉴。

　　总之，农村小学劳动教育课程体系的构建是一个持续发展的过程，需要学校在实践中不断探索和创新。通过加强课程资源开发与利用、促进课程与其他学科的融合、长远规划发展以及关注课程中的安全教育与风险防控等工作，为学生提供一个更加全面、丰富和有意义的劳动教育体验，促进他们的全面发展和综合素质提升，为农村的教育事业做出积极贡献。

　　　　　　　　　　执笔人：通江县涪阳镇中心小学　李朝政　林海霞

案例六

六年成就一生 卓越从"慧雅"开始
——西昌市第二小学"慧雅"课程体系建设实践

一、课程体系建构的背景

西昌市第二小学（简称二小）建校起，便紧紧围绕"深化教育改革，培养卓越人才"这一目标，全面实施素质教育。学校以"六年成就一生，卓越从今天开始"为办学理念，大力推进"慧雅"课程体系建设，用开拓创新、与时俱进的时代精神，致力于"每一位学生发展"（图1）。二小"慧雅"课堂强调以培养学生创新精神和实践能力为目标，坚持国家课程深度开发、地方课程内涵发展、校本课程特色发展相结合，创建符合新课改理念的课程体系，以"慧"为目的，用"雅"作路径，全面深化教育改革，扎实推进"五育并举"，让学校教育"活"起来，确保学生整体素质和综合能力全面提升。在这里，每一个学生的优点都能被发现，每一个孩子的特长和天赋都能得到充分展现，每一个学生遇到问题都能得到帮助和鼓励。

二、课程体系的基本构成

1. 基础性课程。学校认真落实国家课程标准内容，严格按要求设立课程。在课堂实践中，指向基于学科又超越学科的知识积累与能力提升，积极落实核心素养在课程中的育人原则，达成课程整体育人作用，极力做到国家课程校本化。例如，将语文和品德、美术、音乐等进行有效的主题性融合。

2. 拓展性课程。这是每一个学生都要体验的提高性课程。学校把它作为校本必修课程，有详细的教学计划，写入课表，如国学、主题阅读、晨会、阳光大课间等。

3. 选择性课程。这是每个学生根据自己的兴趣爱好选择的课程，如课本剧表演、解说、播音、鸟类观测、发明、舞蹈、合唱、月琴、足球、篮球等。

4. 综合性课程。这是基础性课程、拓展性课程、选择性课程融合表现的形式，体现全员化和常态化，倡导各位教师把学生日常学习的成果融合在一起，以多种形式展示出来，培养每个学生的自信与气质，同时也是学校多元评价方式之一。

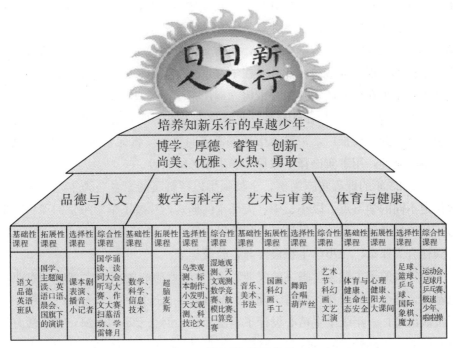

图1　"慧雅"课程体系

三、课程体系实施案例

"慧雅"课程体系建立以来，学校先后开展了"三段四步教学改革""小学课堂教学的实施策略研究""'双减'背景下的全面学习"等课题的研究。学校教育不再是统一、单调的模式，各种课程应运而生，课堂教学的阵地不再局限于教室，扩展到了操场、户外、家园等。学校各部门、各年级、各班开展的各项课程——入新课程、微队课程、感恩课程、家校课程、传统文化课程——犹如百花齐放，装点着教育这片芬芳的花园……越来越多的教师成为课程的开发者和实践者，这些课程也引领着学生一步步走向卓越的未来。经过几年不断的实践与创新，课程体系注入了新鲜的血液，以更加蓬勃的成长姿态演绎着"课程"这个永恒的话题，逐步形成了以文化、生活、自然、家校、微队等为主线的特色课程，成为学校教育改革一道靓丽的风景。下面将以"慧雅"体系课程实施为例加以说明。

学校在项目式学习的基础上提出"全面学习"的概念，意在让学生通过多学科学习、跨学科学习、全学科学习的方式在实践中感受新的"学习"。课程实施过程中，将整个学习过程分为"引入课题－知识储备－设计制作－成品修正－展示分享"几个部分，并对每个环节进行详细分工。由于课程学习涉及多学科知识，因此需要进行学科分工，使语文、数学、科学、信息、体育和美术等多学科都实现共同参与。此外，在学习过程中采用学生小组合作的形式，目的在于让学生在项目的实践过程中树立责任担当，形成合作意识。

2020年至今，二小结合时事、地域特色等每学期开展一次"全面学习"，由班级试点到全校推广，带领学生从课堂走向自然，将课堂的外延不断拓展，内涵不断延伸，用事实诠释了课程为学生服务的宗旨。

以2023年的课程实施为例，全校师生以"腾飞的家乡"为主题，每个年级设定不同的学习点，以小、中、大课堂的形式，开展了精彩纷呈的项目式学习。从项目确立，到项目设计，再到项目探究，从班级小课堂到学校中课堂，再到社会大课堂，二小学生积极参与，收获颇丰。

一年级的子主题为"腾飞的农业"。学生带着满心的期盼来到林果农业示范基地，感受小树发芽、抽苗、开花、结果的生长过程，体验种植的乐趣。在汇报演出时，一年级学生精心设计了丰富多彩、创意十足的表演，充满活力的诗歌朗诵，天真烂漫的《悯农》吟唱，时尚可爱的水果、蔬菜服装秀，无一不展示一年级学生对家乡正在腾飞的农业的祝福！

二年级的子主题是"家乡的鸟"。学生在老师的带领下，排着整齐的队伍来到邛海湿地公园西昌市第二小学鸟类观测站，走进鸟的天堂。观鸟、识鸟、爱鸟、护鸟，了解鸟类知识，渗透环保意识，增长见识。这一方式让学生懂得了鸟是自然的精灵，是人类永远的朋友，把爱鸟、护鸟的意识内化于心，外化于行。成果展示过程中，学生以一部生动活泼的情景剧开始汇报，用稚嫩的童音诉说着那一只只小鸟带给他们的心灵震撼，不由得让观众热泪盈眶。

三年级的子主题为"飞向太空"。学生前往西昌卫星发射基地参观、学习：第一站为"嫦娥工程专家讲座"，第二站为"嫦娥工程展厅现场教学"，第三站为"水火箭制作与发射"，第四站为"飞向月球全景平台"。通过和卫星发射基地近距离接触，树立了学生的民族自豪感，点燃了他们学科学、爱科学的梦想。他们带着全面学习的收获，以一首激情澎湃的朗诵为开场，展现了从古至今人们对太空的向往。多学科主题融合，在三年级项目式学习中体现得淋漓尽致。学生用翩翩舞姿、火箭作品展示、航天服秀、诗歌朗诵等形式，向航天工作者致敬，展示了新时代少先队员的"航天梦"。

四年级的子主题为"探索飞檐的秘密"。教师先在课堂上带领学生初步认识了"榫卯"，再探寻"榫卯"背后的智慧和文化，最后实地参观"榫卯"建筑——光福寺观音阁，将课本知识与实际操作相结合，让学生深入了解中华传统文化"榫卯"。各班级开展了认识"榫卯"建筑，了解"榫卯"结构，玩"榫卯"玩具，画"榫卯"等活动。通过一系列活动，教材"活"了，学习也"活"了。在学习成果展示中，舞蹈、手工、美术、书法作品依次亮相，学生用形式多样的汇报，抒发了自己对古老建筑的品味、对文化智慧的感悟。

五年级的子主题为"腾飞的工业"。其间，学生在各学科老师的带领下，紧紧围绕"工业的发展历程""工业园区的合理设计""走进攀钢钒钛工业基地"等主要内容展开活动，通过看一看、查一查、走一走的方式学习书本以外的知识。在现场，学生或欢呼雀跃，或低头沉思，或满怀感慨，人人参与其中，分享收获，细数成长。

通过全面学习这种有效的学习方式，在这个专属的创意时空里，大家充分合作、协同挑战、激活思维、发掘潜能。学生把学习中积累的知识、技能与思考方式，化为解决实际问题的本领，从而在自己感兴趣的学科领域获得巨大的提升。学校也借此提升教学品质，打造出课程特色，培育出个性化教学特色。

西昌二小的卓越课程体系立足于学生发展，定会让一棵棵幼苗在未来的天地茁壮成长。

执笔人：西昌市第二小学　龙廷海　门莉梅　李薇娟

案例七

给予儿童多彩的生命底色

——成都市金科路小学校"全景式课程"建设的探索与实践

一、"全景式课程"建设背景

《义务教育课程方案》提出要聚焦中国学生核心素养，培养学生适应未来发展的正确价值观、必备品格和关键能力，要求小学教育紧紧围绕立德树人、五育并举的根本任务，着眼于学生的全面发展、终身发展，聚焦学生身心健康、意志品质和综合能力的全面提升。近年来，成都市金科路小学校（简称金科路小学）在推进高质量发展进程中，发现学校课程建设仍存在亟待慎重思考和解决的问题。

（一）课程本身待优化：打造精品课程体系

尽管学校已开发多样课程，但缺乏系统思考和顶层设计，课程间关系、课程目标与育人目标的关联尚不清晰。我们需从全局视角出发，打造与办学理念和育人目标紧密关联的精品课程体系。

（二）教师能力需提升：强化师资培训与发展

教师在课程资源开发中起着关键作用，但当前学校教师在课程开发、核心素养提升等方面仍有不足。学校需加强师资培训，提升教师能力，确保课程实施效果，并深化教师对"课程群"相关新理念的内化与应用。

（三）学生知识体系待构建：促进系统学习与整合

课程结构的系统性对学生学习至关重要，它能确保知识连贯性和深度，为构建完整知识体系奠定基础。然而，当前课程设置缺乏系统性，导致学生知识零散，影响学习效率与兴趣。因此，我们需要促进系统学习与整合，帮助学生构建完整知识体系。

二、"全景式课程"建设经验

基于上述背景，学校认为好的课程应该给学生更宽阔的视野、更全面的体验、更全域的探究，应该让学生"立足校园看世界"，为未来创造更多的可能。基于学校的办学理念——"打好人生底色"，立足于学校教育哲学——"底色教育"，金科路小学确立了课程理念——"给予儿童多彩的生命底色"，并将学校"底色教育"下的特色课程命名为"全景式课程"。

（一）制定清晰的"全景式课程"目标

金科路小学的整体育人目标为培养"脚下有路、心中有爱、眼里有光的新时代好少年"（简称"三有少年"）。"脚下有路"指身心健康、乐学善思、实践创新；"心中有爱"指热爱祖国、接纳包容、友善担当；"眼里有光"指审美创造、文化自信、合作共享。

结合整体育人目标，学校形成了各学段的课程目标，以低学段为例（表1）。

表 1　低学段课程目标

整体育人目标	整体育人目标关键词	课程分解目标
心中有爱	热爱祖国接纳包容友善担当	• 爱祖国，爱中国共产党，积极加入中国少年先锋队； • 待人友善，诚实守信，爱父母，尊敬师长，团结同学； • 初步了解生活中常见的自然及社会知识； • 珍爱生命，悦纳自己； • 初步形成良好的个人品质
脚下有路	身心健康乐学善思实践创新	• 对简单的趣味游戏、体育运动有兴趣，能够积极主动地参与； • 适应学校生活，乐于与老师、同学交往； • 初步形成一定的纪律意识及良好的学习习惯； • 对学习有兴趣，能达到低学段文化课程标准规定的要求； • 善于观察生活，有强烈的好奇心，能从生活中发现简单的问题并尝试思考解决，会用简单的语言表达自己的思维过程

续表

整体育人目标	整体育人目标关键词	课程分解目标
眼里有光	审美创造 文化自信 合作共享	• 乐于参与尚美课程，对音乐、美术等艺术类学科有兴趣； • 能用乐器演奏简单的曲目，能创作简单的美术作品，以表达积极向上的思想、情感； • 有良好的精神面貌，认可学校文化，初步形成独特个性； • 初步形成合作意识，乐于将自己的见闻分享给其他人

（二）构建系统的"全景式课程"框架

学校以"全景式课程"为抓手，紧紧围绕学校整体育人目标，构建了学校课程框架与体系。

1. 学校课程逻辑。

学校基于"底色教育"的教育哲学以及学校的整体育人目标，设置了"全景式课程"体系，包括"慧语课程、启智课程、尚美课程、润德课程、悦健课程、乐创课程"六大类课程（图1）。

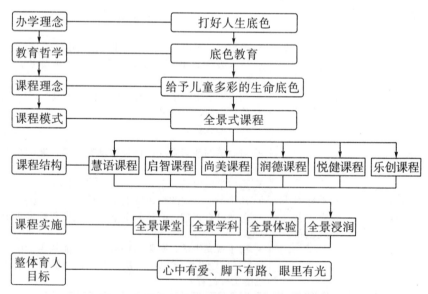

图1 金科路小学"全景式课程"逻辑示意图

2. 学校课程结构。

依据学校办学理念、整体育人目标以及课程目标分解，形成"全景式课程"结构图（图2）。

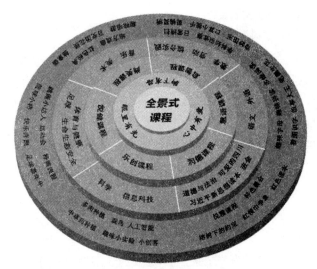

图2　"全景式课程"结构图

（三）完善"全景式课程"实施与评价

学校从建构"全景课堂"、建设"全景学科"、设计"全景体验"、创设"全景浸润"等方面入手，为学生的成长提供更全面、更丰富的学习渠道，形成符合学校特色的课程实施体系。

1. 建构"全景课堂"，提升课堂教学品质。

"全景课堂"以课堂为中心，强调课堂的管理与实施，重点关注目标的合理性、内容的丰富性、教法的多样化、结果的达成度，全面落实立德树人根本任务，以培养学生核心素养为目标。具体包含以下五个方面：

（1）立德（有道）。"全景课堂"中教师关注全体学生的全面发展，引导学生树立正确的价值观，实现立德树人的育人目标。

（2）丰富（有景）。"全景课堂"是教学内容丰富的课堂，让学生有全景的视野，更全面的体验，更全域的探究，全景兼容学生的现在与未来。

（3）聚焦（有的）。"全景课堂"内容全且聚焦，紧扣新课标，与学生的实际紧密相连，让教育实践有的放矢。

（4）多样（有法）。"全景课堂"教育手段多样，提倡教师围绕问题进行情境化设置、生活化链接，在多样的手段下，让课堂活起来、落下去。

（5）发展（有益）。"全景课堂"的教学结果指向学生的长远发展，培育学生成为德智体美劳全面发展的新时代社会主义建设者和接班人。

学校还从价值取向、教学内容、教学目标、教学方法、教学效果五个维度制定"全景课堂"评价量表。

2. 建设"全景学科"，夯实基础课程体系。

构建"1+X"学科课程群，充分挖掘学科特色，提升学生核心素养，打造学校的"全景学科"。"1"是指基础学科课程，"X"是指拓展延伸、自主研发的丰富课程，组合形成具有学科特色的"1+X"学科课程群。

（1）"全景学科"的建设路径。

"全景学科"建设是学校课程建设的重要组成部分。学校建立了由课程哲学、课程目标、课程设置、课程实施、课程评价、课程管理构成的学科六维模型，推动"全景学科"建设。

（2）"全景学科"的评价要求。

学校从课程哲学、课程目标、课程设置、课程实施、课程评价、课程管理六个维度在全校范围内评选"全景学科"。评价量表的制定体现了评价主体的多元化，包括教师、学校、学生三个评价主体。最后，学校根据分值给学科课程评级：95分以上为优秀课程；80-95分为良好课程；70-79分为合格课程；70分以下为待合格课程。

3. 设计"全景体验"，发展学校特色课程。

"全景体验"的重点为在体验中激活学生的多感官通道，带给学生全新的生命感知，激发学生个体的内生动力，从而促进其德智体美劳全面发展。体现"全景体验"的课程体系旨在依托学校特色教育品牌，构建"家—校—社"互联互通互动的大教育网，拓展教育内容、延伸教育场地、扩大教育规模、丰富教育资源、更新教育参与者，最终指向学生生命成长的立体化、个性化、丰满化、全面化。此类课程主要包括以下两种。

（1）劳动课程。

学校在《劳动教育课程标准2022》的指引下，紧紧围绕生产劳动、服务性劳动、日常生活劳动三大板块进行课程设计，依托已开发的《遇见蜀锦》《行走的蜀锦》《家务劳动课程》《小白旅行记》四本劳动教育校本教材，形成了以蜀锦特色课程、主题活动课程、家校共育课程为主的劳动教育课程体系。

（2）悦雅课程。

悦雅课程从雅言、雅行两个维度入手，让学生知礼、懂礼、行礼、守礼。课程坚持以"为每个孩子的终身发展奠基"为指导思想，体现"立德为本，美善相谐"的理念，即以立德为根本，以美载德、寓美于德，追求美善相谐的教育境界，为学生的幸福人生奠定良好的基石。

4. 创设"全景浸润"，激活环境隐性课程。

校园环境是学校的"隐性课程"，具有特殊的潜在的教育功能。校园环境在全校师生用心的经营中慢慢立体而丰富。怡情、赋能、实践、融合的校园，能寓教育于潜移默化之中，有浸润人心的功能，能产生"润物细无声"的微妙效应，承载着学校文化的精神内核和理追求，培育澄澈纯净、多元动感的学校生命场。学校以人文、科学、信息、艺术、环保为主要元素，形成主题文化，激活环境"隐性课程"，努力打造"人文的书香校园""灵动的特色校园""现代的智慧校园""尚美的书画校园""绿色的环保校园"。全面实施"全景浸润"课程，使学校环境文化生态系统健康而美丽。

三、"全景式课程"建设成效

（一）课程革新：全景式课程建设深化知识体系

全景式课程建设通过整合和优化课程内容，构建了系统、连贯的知识体系，使学校课程体系更科学、完善。同时，全景式课程的实施还促进了学校教学资源的优化和整合，提高了教学质量和效率，还为学校课程的改革和发展注入了新的活力。

（二）教师成长：团队协作促进教学能力飞跃

通过培育领导力、促进团队协作，提高了团队执行效率和凝聚力。建立有效的管理机制和明确的目标导向激励了团队成员共同成长，并推动全景式课程建设取得更好的效果。良好的师生关系和教师团队协作氛围共同推动课程建设的不断完善，确保课程目标的达成。

（三）学生发展：全景式培养实现个人潜能最大化

全景式课程建设中，通过建立清晰的课程架构和学习路径，使学习内容更加系统有序，引导学生全面发展。合理的课程逻辑帮助学生建立了知识体系，激发他们的学习兴趣和深度思考，实现全方位的能力提升。

高品质的课程建构和高质量的课程实施，是学校内涵发展、品牌形成的重要工程。围绕"底色教育"的教育哲学而进行整合和重构的"全景式课程"的全面架构，是金科路小学开启新一轮学校教育改革而迈出的重要的一步，促进了学校的内涵发展、高质量发展。学校将继续在课程建设促校高质量发展的道路中不断探索、实践。

执笔人：成都市金科路小学校　黄　娟　宋　文　林韵思

案例八

以梦想为引导，课后赋能成长新篇章
——"双减"背景下民族地区农村小学课后服务课程实施探索与研究

2021 年 7 月，为深入贯彻党的十九大和十九届五中全会精神，切实提升学校育人水平，持续规范校外培训（包括线上培训和线下培训），有效减轻义务教育阶段学生过重作业负担和校外培训负担，中共中央办公厅、国务院办公厅印发《关于进一步减轻义务教育阶段学生作业负担和校外培训负担的意见》，在工作目标中明确提出要提升学校课后服务水平，满足学生多样化需求，细化出保证课后服务时间、提高课后服务质量、拓展课后服务渠道、做强做优免费线上学习服务等一系列指导意见。

随着"双减"政策的实施，学生的课业负担得到一定程度的减轻，校外培训机构的经营行为也得到了有效的规范。然而，学生的学习需求并未因此减少，反而对课后服务课程的质量和多样性提出了更高的要求。课后服务作为学校教育的延伸和补充，对于提高学生的综合素质、促进教育公平具有重要意义。

"双减"背景下民族地区农村小学课后服务课程实施的探索与研究的背景主要在于以下几个方面：

首先，随着教育改革的不断深入，减轻学生课业负担已成为社会关注的焦点。民族地区农村小学教育作为整个教育体系的重要组成部分，其课后服务课程实施的问题逐渐突显。由于农村地区的环境和资源限制，如何有效利用现有条件开展丰富多彩的课后服务课程，成为亟待解决的问题。

其次，课后服务课程对于提升民族地区农村小学生的综合素养具有重要意义。通过实施课后服务课程，可以帮助学生发展兴趣爱好、提升实践能力、培养创新精神，从而促进学生全面发展。同时，这也有助于弥补农村学生在资源获取方面的不足，缩小城乡教育差距。

再者，探索和研究民族地区农村小学课后服务课程的实施策略，也是应对"双减"政策、提升教育质量的必然要求。在减轻学生课业负担的同时，如何保证学生学业的全面提升，为民族地区农村小学生提供更多的学习机会和发展空间，需要教育者进行深入思考和实践。

民族地区农村小学教育资源相对缺乏、教育水平较低、师资力量薄弱。民族地区农村小学的学生由于地理、经济、文化等多重因素的制约，接受教育的机会和质量都受到了一定程度的影响。虽然在义务教育均衡发展政策的作用下，城乡之间在硬件建设等各个方面的差距缩短了，但是农村地区小学教师的业务水平较低、教学方法单一、缺乏对学生个性化需求的关注等因素，仍使学生学习兴趣不高，特别是到了初中，厌学导致的学生辍学屡见不鲜。基于此，民族地区农村小学的工作重点应包括以下两个方面：一是通过研究和实践，提升学校课后服务课程的质量和效果，促进学生全面发展，激发学生的学习兴趣；二是通过总结经验和得失，为其他出现类似情况的地区提供借鉴和参考，推动教育公平和教育质量提升。

一、当前课后服务存在的问题

大多数学校的课后服务开展是由学校行政管理部门统一安排，采取学生自愿参加原则。学生对课后服务的需求呈现多样化。一方面，学生希望能够在课后得到更多的辅导和帮助，以巩固和拓展课堂知识；另一方面，学生也渴望参与丰富多彩的活动，丰富自己的校园生活，满足自己的个性发展需求，提升自己的创新能力、实践能力，"五育融合"，全面提升综合素养。此外，民族地区农村小学的学生对本土文化有着浓厚的兴趣，希望在课后服务中能够融入更多的本土文化元素。然而，当前部分学校课后服务课程存在的问题较多。

（一）内容单一、缺乏创新

目前，许多小学的课后服务内容过于单一，缺乏创新和针对性。大部分课后服务仅停留在作业辅导和简单的文体活动上，没有充分考虑学生的兴趣和特长，也未能与课堂教学形成有效衔接。这样的课后服务很难激发学生的学习兴趣和积极性，也难以满足学生个性化、多元化的发展需求，也影响了课后服务的整体质量。

（二）教师资源不足

课后服务的实施需要一支专业、稳定的教师队伍。然而，当前很多学校面临着教师资源不足的问题，导致课后服务的开展受到限制。一些学校不得不依赖兼职教师或聘请的校外专家来补充师资，这在一定程度上影响了课后服务的效果。

（三）协同育人不足

课后服务是学校、家庭和社会协同育人的重要环节。然而，目前很多学校的课后服务缺乏与家庭和社会的有效衔接和合作，导致教育资源的浪费和育人效果的降低。

（四）评价体系不完善

课后服务的评价体系尚不完善，缺乏科学、客观的评价标准和方法。这使得课后服务的效果难以量化，也难以对服务进行持续改进。

二、优化策略

（一）课后服务课程设置

1. 学科辅导与拓展。针对学生在课堂学习中存在的问题，提供个性化的辅导；同时，开展学科拓展活动，激发学生的学习兴趣和探究欲望。例如，民族地区农村小学的学生喜欢篮球、乒乓球、田径等体育活动，学校可以根据学生实际需求，成立篮球、乒乓球、田径等兴趣小组，从中选取苗子，组建校队，传授技能技巧，让学生既增强了体魄又发挥了特长。

2. 民族文化体验。少数民族能歌善舞，学校可以成立民族舞蹈队（如达体舞队、甲搓舞队、打跳舞队）、合唱队、器乐队等兴趣小组，让学生体验民族文化的魅力，传承民族的优秀传统文化。

3. 综合实践活动。开展社会实践活动，培养学生的实践能力和创新精神。开展摄影、手工制作等活动。

（二）课程内容设计

盐源县金河镇小学结合民族地区农村小学的实际情况，设计了多样化的课后服务内容。具体包括以下三大类。

1. 学业辅导。

针对学生的学科薄弱点，提供个性化的辅导和答疑，帮助学生更好地掌握知识，提高学习效率，培养学习兴趣，取得优异的成绩。

第一，知识点梳理。知识点梳理是学业辅导的基础环节。在这一阶段，学业辅导教师会根据学生的课程进度和实际需求，对所学知识点进行全面梳理和归纳。通过清晰明了的框架和脉络，帮助学生建立完整的知识体系，为后续学习打下坚实的基础。

第二，疑难解答指导。在学习的过程中，学生难免会遇到各种疑难问题。学业辅导教师会耐心倾听学生的问题，并提供有针对性的解答和指导，通过详细的解释和示例，帮助学生深入理解问题本质，掌握解决问题的方法和技巧。

第三，学习方法传授。有效的学习方法是提高学习效率的关键。学业辅导教师会根据学生的个人特点和学科特点，传授适合他们的学习方法。这包括如何合理安排学习时间、如何进行有效记忆、如何进行归纳总结等。掌握了这些方法，学生便可以更高效地获取知识，提高学习效果。

第四，考试技巧培训。考试是检验学生学习成果的重要手段。学业辅导教师会针对各种考试形式和内容，为学生提供考试技巧的培训。这包括答题顺序的安排、时间管理的技巧、答题规范的要求等。掌握了这些技巧，学生便可以在考试中更加从容应对，取得更好的成绩。

第五，学科兴趣培养。兴趣是学习的最大动力。学业辅导教师会注重培养学生的学科兴趣，通过生动有趣的案例和实践活动，引导学生发现学科的魅力和应用价值。同时，教师还会鼓励学生积极参与学科竞赛和社团活动，通过实践锻炼提升自己的学科素养和综合能力。

第六，学习计划制订。学习计划是学习的指南。学业辅导教师会指导学生制订合理的学习计划，包括长期计划和短期计划，通过明确的学习目标和时间安排，帮助学生有序地推进学习进程，避免拖延和浪费时间。

2. 兴趣培养。

学校还成立了绘画、音乐、民族舞蹈、诵读、书法、摄影、汉字棋、月琴、口弦、民族刺绣等兴趣小组，让学生根据自己的兴趣和特长选择参加，培养学生的综合素质和创新能力。

兴趣培养是一个极具个性化的过程，涉及自我探索、尝试新事物、坚持与深耕等多个方面。学校要帮助学生有效地培养自己的兴趣、自我发现与探索、深入思考；策划并组织相关活动或项目，让学生更深入地了解自己的兴趣点；与此同时带领学生设定目标与计划，将目标分解为小步骤，每天或每周完成一部分任务，逐步向目标迈进。

3. 体育锻炼。

学校组织了篮球、田径、乒乓球等体育活动，增强学生的体质和团队协作能力。在课后服务加入体育锻炼是提高学生身体素质、培养团队合作精神、增强意志品质的重要途径。通过系统的锻炼安排，让学生在轻松愉快的氛围中感受运动的乐趣，同时提升个人综合素养。

（三）案例分享

学生积极参与是课后服务成功的关键，学校鼓励学生积极参与各项活动，发挥他们的主体作用。同时，学校建立了课后服务的效果评估机制，通过问卷调查、访谈等方式收集学生和家长的反馈意见，对课后服务的效果进行定期评估和总结。这不仅有助于学校及教师及时发现问题及时整改，还能改变学生的行为、性格、态度、命运，从而让学生身心健康发展。下面是一些学生的案例分享。

额其××，男，彝族，13岁，父母离异，长期外出务工，无人监管，在家由祖辈隔代抚养。家里还有两个妹妹。该生因为溺爱在小学时便学会了抽烟、喝酒，性格蛮横、任性，不愿上学，可以一整天躺在床上玩手机不出门，谁去劝说都无济于事，若惹怒他，他甚至会动手打人。造成他心理问题的主要原因是父母离异、祖辈溺爱导致的教育和谐性的缺失。通过多次家访和全方位的了解后，学校发现该生非常喜欢在手机里看篮球，便组织专职篮球老师和其谈心，交流篮球运动员、比赛的规则等有关篮球的知识。功夫不负有心人，该生终于走出自己的家，参加课后服务篮球项目，接触篮球运动。球场使其心理压力得到释放。首先，教练让他在球场上反复练习投篮、运球、突破等动作，努力提高他的技术水平。这不仅让他在篮球运动上取得了进步，也培养了他的意志力和自律能力。其次，让他融入团队，知道篮球是一项团队运动，必须要具备良好的团队合作精神，单打独斗不会取得胜利；让他与队友共同制定战术、配合开展进攻和防守，为了团队的胜利而努力奋斗。这种团队合作精神让他学会了如何在集体中发挥自己的作用，并学会了如何与他人沟通和协作。此外，球场也让他具有积极向上的心态，让他在面对挫折和困难时不会轻易放弃，而是坚持不懈地努力。从每一次失败中汲取经验，不断调整自己的战术和心态，以更好地应对未来的挑战，这种积极的心态不仅让他在篮球场上更加出色，也让他在生活中更加乐观和自信，最终成为阳光少年。

彭××，男，汉族，11岁。该生不爱学习，上课睡觉，从不完成作业，性格孤僻，鲜少与人交往。自从在老师鼓励下参加汉字棋兴趣小组后，该生对汉字棋产生了极大的兴趣，开始利用课余时间大量地翻阅各种关于汉字棋的书籍和资料，认真学习和研究每个棋子的走法。他不断尝试，不断摸索，逐渐掌握了汉字棋的精髓，同时还自己动手用纸制作了简易的汉字棋棋子，找同学和老师"较量"。在自己的不懈努力下，他在汉字棋兴趣小组里成了常胜将军。经过一段时间的努力学习，他终于迎来了展现自己实力的机会。他参加了凉山彝族自治州组织的汉字棋比赛，凭借扎实的棋艺和出色的表现，一路过关斩将，最终获得了优异的成绩。这个荣誉不仅是对他努力的肯定，也让他更加坚定了继续学习汉字棋的决心。同学们纷纷向他请教汉字棋的技巧和策略，他也乐于分享自己的经验和心得。从那以后，该生性格开始变得开朗，每天按时完成作业，成绩明显进步，尊敬父母，开始做家务。

杨×，女，彝族，10岁，是一个孤儿，由亲戚抚养长大。尽管身世坎坷，但是她兴趣爱好广泛，特别喜欢阅读和绘画。课余时间，她总是沉浸在书海，通过阅读汲取知识，开阔眼界。同时，她也擅长绘画，用画笔记录生活中的点滴美好。这些兴趣爱好不仅丰富了她的课余生活，也培养了她的艺术素养和审美能力。她参加了学校的美术兴趣课。在绘画上的天赋，使她对构图和色彩有独到的见解。在一次学校组织的摄影比赛中，她用自己特有的构图视角捕捉生活中那些被忽略的却充满诗意的瞬间，拍摄了作品《我的校园》。该作品也同时参加了凉山彝族自治州组织的小学组摄影比赛，获得了第一名。她获得的荣誉不仅是对她努力的肯定，同时也影响着身边加入课后兴趣小组的同学。

三、家校共育促成长

在当下教育环境，课后服务已成为连接学校教育与家庭教育的重要桥梁。有效融合课后服务与家庭教育，不仅能促进学生的全面发展，还能增强家校之间的合作与信任。建立有效的沟通机制是实现课后服务与家庭教育融合的基础。盐源县金河镇小学通过定期召开家长会，成立家委会，及时向家长传达课后服务的目标、内容，以及学生在课后服务中的表现。同时，家长也会主动向学校反馈孩子在家庭中的学习情况和成长变化，以便学校更好地调整课后服务的内容和方式。学校还通过举办家校互动活动，进一步促进课后服务与家庭教育的融合。例如，组织了亲子运动会、文艺汇演等，让家长和学生共同参与，在增进亲子关系的同时，也让家长更直观地了解课后服务的成果。此外，学校还邀请家长参与课后服务的策划和组织，提高家长的参与感和责任感。学校通过开展家庭教育讲座、提供家庭教育资料等方式，对家长进行家庭教育指导。这有助于家长掌握科学的教育方法，更好地配合学校的课后服务，共同促进孩子的成长。同时，学校还针对不同家庭的背景和需求，提供个性化的家庭教育指导服务，充分考虑学生的个性化需求，结合家庭教育的特点，制定个性化的课后服务方案。例如，对于学习能力较强的学生，安排更高层次的学习挑战；对于有特殊兴趣或才艺的学生，提供相应的资源和平台。通过与家庭教育的融合，更好地满足学生的个性化发展需求。

课后服务不仅是学术知识的延伸，更是德育和习惯培养的重要场所。学校加强与家长的合作，共同制定德育目标和习惯培养计划，通过课后服务中的实践活动、志愿服务等方式，培养学生的社会责任感和良好行为习惯。同时，家长也在家庭生活中引导孩子践行这些德育理念和习惯要求。学校通过课后服务了解学生在家庭中的生活状态和情感需求，为家长提供必要的支持和帮助。家长也积极参与课后服务，增进对学校工作的理解。课后服务成为学校与家庭之间学习资源共享的桥梁。学校开放图书馆、实验室等学习资源，供学生在课后使用，同时也鼓励家长分享家庭中的学习资源，如书籍、文具等，以丰富课后服务的内容和形式。这种资源共享有助于提升学生的学习效果，也能增强家校之间的合作关系。

四、优化建议

（一）丰富服务内容

学校应根据学生的年龄、兴趣和特长，设计多样化的课后服务项目，如科技创新、艺术培养、体育运动等，以满足学生的不同需求。同时，课后服务还应与课堂教学紧密结合，形成互补效应，促进学生的全面发展。

（二）加强师资培训

学校应该加强课后服务教师队伍的建设，通过专业培训、引进优秀教师等方式，提升教师队伍的整体素质和专业水平。同时，建立完善的教师评价和激励机制，激发教师的工作热情和创新能力。

（三）完善设施建设

学校应该加大对课后服务设施的投入力度，改善设施条件，提高服务质量。学校可以通过新建或改造现有设施、争取政府和社会资金支持等方式，不断完善设施。

（五）强化三方合作

学校应该积极与家庭和社会进行合作，共同推进课后服务的开展。学校可以通过家长会、家长志愿活动等方式，加强与家庭的沟通和联系；同时，积极与社区、文化机构等合作，利用社会资源丰富课后服务的内容和形式。

（五）建立评价体系

学校应该建立完善的课后服务评价体系，对课后服务的效果进行定期评估和反馈。学校可以制定科学的评价标准和方法，收集学生和家长的意见和建议，对服务进行持续改进和优化。

总之，"双减"背景下民族地区农村小学课后服务的探索与研究是一项具有重要意义的工作。通过不断优化课后服务的内容和形式，学校有望为民族地区农村小学的孩子创造更加优质的教育环境，提供更加优质、高效的课后服务，促进他们全面发展和健康成长。同时，这也将有助于推动民族地区农村小学教育的整体进步和发展。未来，金河镇小学还将继续深化研究和实践，为民族地区农村小学教育的繁荣发展贡献更多的力量。

执笔人：盐源县金河镇小学　徐文军　冯　静　袁　萍

第十八章

高品质基础教育学校的课堂教学改革

第一节　理论分析

变，已经成为共识！然而，如何变，如何蜕变，是每一个教育人必须回答的问题。这些问题不简单。它不仅关系学生个体的学习成果，关系学校的发展，也直接影响国家的未来和民族的进步。因此，对于教育改革的深入理解、探索、总结，具有非凡的意义。

高品质基础教育学校的课堂教学改革，自然就成了当今教育改革领域最受关注的话题。

从历史的角度来看，教学改革一直是教育发展的重要推动力。每一次重大的教育变革，都伴随教学改革的实施。每一次的变革，这些具有社会影响力的高品质基础教育学校总是冲在最前面。

当前，国内外的教学改革政策都是以学生的主动学习、教师的角色引领为导向，强调教育的个性化和多元化来展开的。

高品质基础教育学校该如何推进新一轮教育改革？如何进行有效的课堂教学改革？现阶段有哪些可以借鉴的方式方法？又有哪些需要注意的问题？这些就是本章将研究的问题。

一、"掀起你的盖头来"——认识高品质基础教育学校课堂教学改革

高品质基础教育学校以其追求卓越的教学目标、高质量的教师团队、学生优良的学习效果成为社会关注的焦点，在教育体系中占据了举足轻重的地位。为了适应时代的发展，培养出符合时代要求的学生，探索更高效的课堂教学模式、技术成了高品质基础教育学校的必然追求。

改革与探索在课堂教学中如何落实呢？

在改革实践中有四大抓手——教师专业素养的提升、教学方法的创新、对学生个性化需求的准确把握、全面且科学的评价体系的建立，这些也是高品质

教学的有效手段。课堂改革不是一蹴而就的，而是一个在教育实践中不断丰富、完善的过程，更是一种教育的理想。因此，我们必须具备勇敢、乐观、开放、严谨的态度。

（一）教师的专业素养是高品质教学的重要基础

在追求高品质课堂的今天，教师的角色尤为重要。作为教育的主体，他们不仅需要传授知识，更要引导学生独立思考，培育学生的综合素质。因此，教师的专业素养成为教育质量的重要保障。一个优秀的教师，不仅要有扎实的学科知识，还需要具备良好的教育教学能力，包括课程设计、教学方法的选择和应用等。

然而，随着社会的发展和科技的进步，教师面临的挑战也在增加。为了应对这些挑战，持续的专业发展变得必不可少。通过参加各种教育培训、研讨会等活动，教师可以不断更新自己的知识和技能，提升教学质量。同时，反思也是教师专业发展的重要环节。通过对教学实践的深入反思，教师可以发现并改正自己的不足，进一步提升自身的教育水平。总的来说，教师素质与专业发展对于实现高品质课堂至关重要。只有具备了专业素养的教师，才能更好地进行教育教学活动，满足学生的学习需求，培养出更优秀的学生。而持续的专业发展，则是保证教师素质不断提升、适应社会发展需求的重要途径。

（二）学生的积极参与和互动是高品质教学的重要保障

在教学过程中，学生的积极参与和互动对提高课堂教学品质起着至关重要的作用。当学生能够主动参与课堂讨论和活动时，不仅能够提升他们的学习兴趣，还能激发他们的思维活力，从而更深入地理解知识点，形成长久的记忆。为了增强课堂的互动性，教师可以尝试运用多种教学方法，比如小组讨论、角色扮演、情景模拟等，通过这些富有创意的教学方法，让学生在轻松愉快的氛围中，自然而热切地学习。同时，教师也可以利用现代科技手段，如多媒体演示、在线问答等，来增加学生与教学内容之间的互动，以及学生之间、师生之间的互动，使课堂更加生动有趣。

（三）课程内容的创新设计与科学技术的深度融合是高品质教学的重要方法

在当今的教育环境中，课程内容的设计和创新尤为重要。精心设计的课程不仅能够激发学生主动学习的兴趣，还能有效提升他们的学习效果。当教师运用生动、贴近实际的例子，以及丰富的多媒体素材来呈现知识点时，学生的注意力和积极性便会得到大幅提升。同时，提升创新性，如引入最新的研究成果、结合社会热点事件等，使教学内容保持新鲜度和高度相关性，这无疑为学生提供了更为广阔的视角与思考空间。因此，课程内容的设计不应仅仅停留在传统教材的框架内，而应不断探索和融入新颖的元素，以适应不断变化的学习需求和时代发展。随着科技的不断发展，现代科学技术在提高课堂质量中发挥着越来越重要的作用。数字工具和网络资源的利用，为教学提供了丰富多样的途径，使得教学内容更加生动有趣，也更加贴近学生的生活实际。现代科技的应用，使得教学方式发生了深刻的变化，为提高课堂质量提供了有力的支持。

（四）建立全面且科学的评价体系是高品质教学的有效手段

评价机制在教育过程中扮演着至关重要的角色。一个全面的评价系统不仅能够有效监测学生的学习进度，还能够为教师提供宝贵的反馈，指导未来的教学方向。通过对学生学习过程的全面评价，教师能够及时发现学生的不足之处，进而调整教学方法，以更好地满足学生的学习需求。同时，这种评价也能够激发学生的自我反思，帮助他们认识到自己的优点和不足，从而更有针对性地进行学习。因此，一个全面、有效的评价机制对于提高教学质量和促进学生发展具有重要意义。一个全面的评价系统对于教育过程中的监测与指导具有重要作用。它能够帮助教师更好地了解学生的学习状况，为未来的教学提供方向，同时也能够激发学生的自我反思，促使他们更加努力地学习。因此，应该重视评价机制的建立与完善，以促进教育的全面发展。

要实现高品质教育的目标，既需要教师以创新、热情和专业精神来引领课堂教学，也需要学生的积极参与和互动，形成一种积极、健康的学习氛围。总的来说，为了达到这个目标，教师可以采取一些具体的行动：首先，明确教育目标，确保其与学生的需求和兴趣相匹配；其次，设计富有挑战性和趣味性的课程内容，激发学生的学习动力；再次，采用多元化的教学方法，满足学生的个体差异；最后，建立有效的评价机制，及时反馈学生的学习情况，以便调整教学策略。

二、"借我一双慧眼"——关于课堂教学及改革的研究

当前，"高品质学校的课堂教学"是热门议题，国内外的学者都在不断探索和研究，提出了各种教学理论和模型，为教育实践提供了科学依据。为了深

入理解这一主题，下面将对相关文献进行详细的列举与分析。

（一）发现学习理论

美国心理学家杰罗姆·布鲁纳（Jerome Bruner）提出了发现学习理论。这一理论是心理学中的一个重要理论，主张个体通过自身的实践和探索来获取知识和技能，认为个体不是被动地接受知识，而是主动地寻找、发现、理解和应用知识。在教育领域，这一理论强调发挥学生的主动性和自主性，鼓励学生通过自我探索和实践来学习。

1. 发现学习理论的要点。

第一，学习是一个主动过程。发现学习理论主张，学习是个体主动进行的过程，而不是被动接收的过程。在这个过程中，个体需要通过观察、实验、推理等方式，对信息进行处理和转化，以获取新的知识和技能。

第二，学习是一个发现过程。发现学习理论强调，知识的获取是通过发现问题和解决问题的过程来实现的。在这个过程中，个体需要运用自己的认知能力，对问题进行分析和解决，以获取隐藏在问题背后的知识。

第三，学习是一个构建过程。发现学习理论提出，学习是个体在自身的认知结构中，通过吸收新信息，调整和改造旧信息，从而建立新的认知结构的过程。这个过程是动态的，需要不断地进行信息的输入、处理和输出。

在教育实践中，教师可以根据这一理论，设计出富有挑战性和探索性的教学活动，引导学生通过自我探索和实践来学习。比如，教师可以设置一些开放性的问题，引导学生思考和探讨；也可以设计一些实践活动，让学生通过动手操作来理解理论知识。

2. 发现学习理论的优缺点。

发现学习理论的优点主要有以下几个：第一，培养学生的主动学习能力。发现学习理论强调学习的主动性，认为这能够激发学生的学习兴趣和动力，培养他们的自主学习能力。第二，培养学生的思维能力。发现问题和解决问题的过程，可以锻炼学生的思维能力，提高他们的问题解决能力。第三，培养学生的实践能力。通过实践活动，可以提高学生的实践操作能力，使他们能够将理论知识应用于实际生活。

发现学习理论也有其局限性，主要有以下几个：第一，需要大量的时间和精力。发现学习是一个长期的过程，需要大量的时间和精力投入。第二，对教师的要求较高。教师要具有丰富的教学经验和高超的教学技巧，才能有效地引导学生进行发现学习。

总的来说，发现学习理论提供了一个全新的学习视角。它强调学习的主动性、发现性和构建性，有助于培养学生的学习能力和思维能力。同时，教师也应看到它的局限性，需要在教学中灵活运用，以达到最佳的教学效果。

（二）教育目标分类学

美国教育学者本杰明·布鲁姆（Benjamin Bloom）则提出了教育目标分类学，将教育目标分为认知、情感和动作三个领域，强调了全面培养学生的重要性。

教育目标分类学是一种系统性地分析和组织教育目标的方法，旨在为教育工作者提供一个清晰的指导框架。在这个框架中，教育目标涉及认知领域、情感领域和动作技能领域。

1. 认知领域。

认知领域的教育目标主要关注知识和思维能力的提升。这个领域的目标可以分为以下几个层次：①知识：学生能够记忆和回忆基本概念、原理和事实。②理解：学生能够解释概念、原理和事实之间的联系。③应用：学生能够运用所学知识解决问题。④分析：学生能够识别概念、原理和事实之间的关系，并进行分析。⑤综合：学生能够将不同领域的知识整合在一起，形成新的观点或解决方案。⑥评价：学生能够对所学知识进行批判性思考和判断。

在教学策略上，教师可以采用讲授、讨论、案例分析等方法，帮助学生理解和掌握知识。在评价方法上，可以通过问答、测试、作业等形式检验学生的学习成果。

2. 情感领域。

情感领域的教育目标主要关注学生的价值观、态度和兴趣的培养。这个领域的目标可以分为以下几个层次：①接受：学生愿意接触和了解新的观念、现象和事物。②反应：学生对新的观念、现象和事物产生积极的情感反应。③价值：学生认为新的观念、现象和事物具有价值。④组织：学生能够将新的价值观融入自己的价值体系中。⑤特质化：学生形成了稳定的价值观、态度和兴趣。

在教学策略上，教师可以通过讲故事、展示榜样、开展团队合作等方式培养学生正向的情感。在评价方法上，可以通过观察、访谈、自我评价等形式了解学生的情感发展。

3. 动作技能领域。

动作技能领域的教育目标主要关注学生的操作技能和习惯养成。这个领域的目标可以分为以下几个层次：①模仿：学生能够模仿他人的动作技能。②练习：学生通过反复练习掌握动作技能。③适应：学生能够根据不同的情境调整动作技能。④完善：学生能够熟练地运用动作技能解决问题。

在教学策略上，教师可以通过示范、指导、实践等方式教授动作技能。在评价方法上，可以通过实际操作、技能测试等形式评价学生的技能水平。

教育目标分类学提供了一个清晰的指导框架，有助于教师更好地理解和应用教育目标。通过对认知领域、情感领域和动作技能领域的探讨，教师可以找到合适的教学策略和评价方法，从而提高教学质量和学生的学习效果。

（三）项目式学习

项目式学习（Project－Based Learning）已被越来越多的学校采纳，它通过真实情境的问题解决过程，激发学生的学习兴趣，提升学生的自主学习能力。项目式学习强调"学以致用"，学生不再是被动接受知识的"容器"，而是能通过参与真实、有意义的项目活动，主动构建知识结构。项目式学习能够激发学生的学习兴趣和内在动机，因为这一方式能让他们看到所学知识在现实世界中的应用价值，也有助于培养团队协作和沟通能力。学生往往需要分组合作，共同完成项目任务。在这一过程中，他们学习如何分配工作，协调意见，处理冲突，这些都是未来职场中不可或缺的重要技能。

尽管项目式学习具有显著优势，但在实际教育应用中却面临着诸多挑战。首先，教师的专业发展是一个关键因素。实施项目式学习要求教师不仅仅是知识的传递者，还要成为指导者和促进者，这对教师的专业知识和教学技巧提出了更高的要求。因此，学校和教育机构需要投入资源进行教师培训和专业支持。其次，项目式学习对教学资源的投入也有较高的要求。合适的项目需要精心策划和设计，涉及的材料、设备甚至外部专家的支持都可能增加教育成本。这对于经费有限的学校来说是一个不小的挑战。再次，评估学生在项目式学习中的表现同样充满挑战。传统的考试和评分方法难以全面反映学生在项目中的实际操作能力和创新能力。因此，开发新的评价标准和方法以公正、有效地评估学生的成果成为必要。这不仅涉及评价工具的设计，也包括对教师评价能力的提升。

项目式学习以其独特的优势，正在推动教育模式向更注重实践和能力培养的方向转变。然而，要在现有的教育体系中广泛推广项目式学习，还需要应对包括教师专业发展、资源配置、评价体系改革、学生自主性培养及社会认可等一系列挑战。面对这些挑战，教育工作者需要勇于创新，积极探索适合自己学校和文化背景的项目式学习实践路径，为学生提供一个全面发展的学习环境。

（四）其他相关研究成果

在国内，相关研究方兴未艾、硕果累累。

李政涛在《活在课堂里》为我们描述了"理想课堂"的标杆，提出了六字箴言：①实。课堂既要内容扎实，还得充实，学生学得丰实，不要太多花架子，做到平实，更得真实。②长。课堂带给人以生长感、台阶感、推进感、纵深感、突破感，教师带着学生看似在刨坑、在攀岩，实则是在拔节中向上生长。③清。教学思路需要清晰，学生清晰，价值清晰，目标清晰，内容清晰，方法清晰。④细。关注细节，切忌形式化、表演化、模式化、平庸化、低效化。⑤深。课堂要让深度学习和真实学习发生，要深到思维上，深到情感里，深到审美上。⑥融。让课堂融起来，包括跨学科融合、跨时空融合和五育融合。[①]

朱永新在6年前为我们描绘了"未来的学校会变成啥样"，现在这些细节正在一一实现：①以"学"为中心，未来的学习中心会从以教师的"教"为中心，转向真正以学生的"学"为中心。②"定制"学习内容，未来学习的内容将进一步定制化。③"混合"与"合作"，混合学习与合作学习将成为未来主要的学习方式。④"颠覆"评价，未来的考试评价将走向描述、诊断、咨询。[②]

李铁安在其《高品质课堂的塑造》一书中，也为我们介绍了什么样的课堂是高品质课堂：①就理论的立足点来说，高品质课堂应该是充分彰显教育本体功能的课堂，是自觉遵循教学内在规律的课堂，是力图体现学习本质内涵的课堂。②就历史的参照点来说，高品质课堂应该是充分汲取以往我国中小学课堂教学实践的经验并力图解决时下课堂教学中存在的突出问题的课堂，是彰显育人价值、深化课程本质、回归学生主体、强化教师主导、活化学习方式、淡化模式流程的课堂。③就实践的出发点来说，高品质课堂应该是以优质课堂为追求，充分落实"立德树人"根本任务和"促进学生健康成长"的课堂，是切实促进学生人人发展、全面发展、自主发展、个性发展和终身发展的课堂，这也

---

①　李政涛：《活在课堂里》，华东师范大学出版社，2023年版。

②　朱永新：《未来的学校会变成啥样》，《当代教育家》，2018年第8期。

是高品质课堂的核心价值追求。④就实践的落脚点来说，高品质课堂应该是立足对学生生命的尊重与关怀的高度，弘扬"爱"的崇高立意，即彰显"有人"的核心主题，坚持能力为重的鲜明主线，追求学生健康成长的终极目标的课堂。这就要求教师必须倾注至真至爱的教育情怀，充分发挥对学生成长的榜样和鼓舞作用，以及对学生学习的启迪和主导作用，即深入挖掘课程的文化价值，让学生在享受优质的文化资源过程中，在经历完满的学习过程中，焕发主体的积极情感，展开深刻的思维活动，培育自身高尚的道德品质、健康的身心品质，构建全面的知识结构和良好的能力结构，真正实现生命的健康成长。这是高品质课堂实践的根本要求。①

吴中民在《构建高效课堂的理念与方法》一书中则详细阐述了高品质课堂的核心要素，包括学生参与度、教学内容的相关性与实用性，以及教师的指导策略。书中通过大量的案例分析和教学实践，展现了如何营造一个充满活力且促进学习的环境。②

李学锋、殷玉萍在《小学教育的理论与实践创新》这本著作中，从教育哲学的角度出发，探讨了如何在教学中融入创新思维和方法，强调了培养学生批判性思维和解决问题能力的重要性，并给出了具体的教学策略和模式，以适应不断变化的社会需求。③

在探讨高品质课堂时，还应该关注师生互动的质量和教学效果。由活跃在美国教育界的资深人士玛扎诺、皮克林、波洛克共同编写的《有效课堂：提高学生成绩的实用策略》，通过对大量一线教师日常教学实践的调查研究和统计分析，归纳和总结了九种能够有效提高学生学习效果的教学策略，现实可行，卓有创意。这九种策略包括：鉴别相似性和相异性；总结和笔记；倡导努力和给予认可；家庭作业和练习；非语言特征；合作学习；建立目标和提供反馈；产生假设和检验假设；线索、问题和先行组织者。④

在《有效的师生互动：提高学生学习成效的策略》一书中，作者们分享了多种激发学生积极参与的技巧和策略，并解释了这些互动如何促进深度学习和持久记忆的形成。

评估与反馈是任何教学活动中不可或缺的部分。《学习目标、形成性评估

① 李铁安：《高品质课堂的塑造》，世界知识出版社，2018年版。
② 吴中民：《构建高效课堂的理念与方法》，吉林大学出版社，2013年版。
③ 李学锋，殷玉萍：《小学教育的理论与实践创新》，冶金工业出版社，2019年版。
④ 〔美〕玛扎诺，〔美〕皮克林，〔美〕波洛克：《有效课堂：提高学生成绩的实用策略》，张新立译，中国轻工业出版社，2003年版。

与高效课堂》是由玛扎诺研究实验室推出的"课堂策略"丛书之一，包括"学习目标的设计与教学""形成性评估和基于标准的评分"和"积极参与的课堂策略"三个部分，为从事课堂教学的教师提供可依据的提高课堂教学的策略和方法。"学习目标的设计与教学"将有关目标设定的有力研究转换为课堂具体应用。"积极参与的课堂策略"对仔细计划并采用具体策略以形成高水平的课堂参与做了深入的探讨。①

通过对这些文献的深入研究，我们可以看到高品质课堂教学不仅仅是传授知识那么简单，还涉及课程设计、教学方法、技术应用、师生互动、评估反馈等多个方面。一个高品质的课堂应当能够激发学生的好奇心和探索欲，培养他们的批判性思维，同时提供一个具有支持性和包容性的学习环境。

高品质的学校课堂教学是一个多维度的概念，它要求教师不断地学习最新的教育理念，掌握先进的教学技术，并与学生建立起积极的互动关系。通过对上述文献资源的细致研究和实际应用，教育工作者可以更有效地促进学生的学习和发展，进而提升整个教育系统的品质。

三、"月亮的脸偷偷地在改变"——教育学者的实践与思考

教育学者从不同的理论角度出发，摸索前行，遵循规律，提出了各种教学模型和方法，为教师的教学实践提供了丰富的选择。下面笔者将列举部分学校的改革探索案例。

（一）激发教师是关键

"一个人遇到好老师是人生的幸运，一个学校拥有好老师是学校的光荣，一个民族源源不断涌现出一批又一批好老师则是民族的希望。"习近平总书记曾说："教师在课堂上展现的情怀最能打动人，甚至会影响学生一生。"

作为教学的主导者，教师是改革成败的关键。如何激发教师成了我们首先面对的问题。

成都市石室联合中学以"师培立校、教研强校、科研兴校"的原则，强化学术建设，成立学术委员会，建立学术积分制，设立校级名师工作室，打造名优教师集群；实施"飞鹰工程"，分层分类培养教师，助力教师职业可持续发

---

① 〔美〕罗伯特·J. 玛扎诺，〔美〕黛布拉·J. 皮克林，〔美〕塔米·赫夫尔鲍尔：《学习目标、形成性评估与高效课堂》，邵钦瑜等译，中国书籍出版社，2012年版。

展；搭建各类发展平台，营造尊师氛围，提升教师职业幸福感；成立老中青互动学习小组，帮助教师认识学校文化、更新教育观念、掌握先进的教学方法和技术，为学校的发展和高品质课堂的建设提供有生力量。同时该校还将微课教学比赛作为推动信息化教学改革、提升教师信息化教学能力的重要抓手；在青年教师培训中，邀请专家、优秀教师分享经验；每学期组织新进教师参与微课比赛，相互切磋教学技艺，取长补短，培育出了一大批优秀的青年教师。

都江堰外国语实验学校则制定了《教师梯队建设方案》，通过"青蓝工程"、师徒结对、名优教师示范课、新入职教师汇报课、"请进来走出去"等多种方式加强教师队伍建设，培养了一支业务精湛、师德优良、乐于奉献的教师团队。

仪陇县新政初级中学校修订完善《课改激励方案》《学科教学资源建设实施方案》《课后服务实施方案》《教学质量监测评价方案》等方案，激励教师参与，助推教师成长。

（二）激活课堂是目标

课堂是教育教学的主阵地，也是改革的最前沿。课堂教学效率的高低直接决定了改革的成败。如何让课堂"活"起来、学生"活"起来，各个学校抱着科学严谨的态度，经过反复论证、精心实践，初步探索出了一些有效的模式。

仪陇县新政初级中学校总结提炼设计出"五学"课堂模式。它是贯穿整个日常学习全过程的系列教学方法在课堂教学中的优化组合，体现"五个一"：构建一个组织——合作学习小组；明确一个任务——学会至会学；编写一个任务单——学习路线图；设计一个流程——自学、互学、展学、评学、延学；给予一种方法——先学后教、以学定教。有效地提高了学习效率，取得了不错的教学效果。

都江堰外国语实验学校立足自身实际设计出"好课堂"模式："以学为中心"，让学生真正动起来，实现教师由"讲"到"听"、由"观"向"导"转变，实现学生由"听"向"思""论""展"转变，以问题和任务驱动让学生在课前、课中和课后都能动起来，课前自主预习质疑——发现问题，课中讨论展示答疑——探究解决问题，课后练习总结反思——运用实践。

成都市石室联合中学则利用信息技术把课堂推到云端，搭建了"云端校园"。目前素养拓展板块已有内容 7 个，已经展示学生作品 100 多件，累计浏览量超过 10 万余次。基于网络平台的作品展示，使学生得到了激励，尤其是学业成绩较差的学生，找到了展现自己的舞台，得到了肯定，同时也丰富了数字教育资源的内容。

雅安市田家炳中学为了克服教师不善于运用学习规律和教学设计原理的缺陷，促进教师转变教育教学理念，改变教师的备课、上课和评课行为，提高课堂教学效率，设计了流程清晰、极具操作性的"课堂教学范式"，有效地推动了教师教学行为的升级。

每个学校的课堂都不约而同地尝试学习小组模式、项目式学习模式。事实证明，有明确的学习目标、有不同层次学生的互助、有分层的学习任务、有教师及时的评价与指导，课堂就更容易"活"起来。

（三）丰富课程是底气

个性化和多元化是教育改革的基本要求。在实践中各个学校结合实际，深入发掘教育教学资源，聚焦当地学生学习需要开发了一系列极具特色的校本课程，丰富了学生的学习生活，激发了学生的兴趣，开拓了学生的眼界。

九寨沟县七一南坪中学为促进各民族师生交往交流交融，依托地方特色民俗文化，开发了手工剪纸、琵琶弹唱、藏舞等课程，将九寨沟县的民族文化多渠道、广角度地展示出来，让学生进一步领略本地民族文化的博大精深，让学生在实践活动中继承和创新民族传统文化，全面提升"立德树人"成效。

成都市石室联合中学的课程"博雅课程""英才课程""劳动课程""传统文化课程""跨学科实践课程"，则为学生提供了知识的盛宴，点燃了求知的火焰。

仪陇县新政初级中学校组建了近 70 个特色社团，一方面，与素质拓展计划结合，指导学生参加社团活动，在活动中找到自信；另一方面，与课程教学相结合，延伸学生学习领域，成为课堂学习重要补充。

（四）完善的评价是保障

课堂教学改革要顺利进行，就必须设计与之匹配的评价体系。这也是改革过程中极具挑战的部分。要课堂教学效果可测可评，还要能通过评价发现问题、激发学生的学习兴趣和动力，这样完善的教学评价体系，不是一朝一夕能建构的。但是在实践中大家依然找到了一些切实有效的策略。

仪陇县新政初级中学校研发了全过程、三维度的评价模式，在学生完成学习任务后，对学习过程、学习结果、学习态度等进行评价。三个维度分别是学生自评、学生互评、教师评价。

成都市石室联合中学则以价值体现、建构生成两个核心点为依托，搭建起多级评价体系。

雅安市田家炳中学设计了"嵌入式评价"。它分为课前诊断性评价、课中即时性评价、课后延时性评价。教师在不同的教学阶段合理应用嵌入式评价，不仅能让学生体验学习的快乐和愉悦，体验学习带来的荣誉感和成就感，还能调动学生的学习热情，激发学生的学习兴趣。

通过一段时间的研究与探索，当前各学校的课堂都在悄悄地发生变化，教室里的掌声和笑声更多了，师生之间和生生之间的互动也更好了，成绩也进一步提升，学校办学品质更突出，社会影响力提升了！但教无定法，学无止境，课堂教学改革之路任重而道远，教育者们将不忘初心、砥砺前行，将改革进行到底，去建设更完善、更高效、更人文的课堂教学模式！

第二节　实践探索

案例一

落实"双新"要求　探索"五学"课堂
——南充市仪陇县新政初级中学校课改工作探索与实践

随着新课程方案与新课程标准的颁布，课堂教学改革成为教育高质量发展的必然趋势。仪陇县新政初级中学校（简称新政初中）在仪陇县教科体局主导下，借智重庆专家团队启动"基于核心素养的质量提升项目"，对标"双新"要求，积极参与"自学、互学、展学、评学、延学"的"五学"课堂模式研究，走上以课程改革引领教育高质量发展之路。

一、提出背景

深化教育改革是国家战略的需要。我国正处在改革发展的关键阶段，经济发展方式加快转变，凸显了提高国民素质、培养创新人才的重要性和紧迫性。

开办优质教育是全民的呼声。当前，教育还存在观念落后、方法陈旧、办学活力不足等问题。推进课堂改革是教育发展的必然之举。

仪陇是朱德同志和张思德同志的家乡，仪陇县委、县政府高度重视教育。新政初中是仪陇县城唯一单设初中，有 72 个教学班、245 位教职工、4045 名学生，办学质量对全县初中教育有着举足轻重的影响。

二、"五学"课堂模式

新政初中实行的"五学"课堂模式是系列教学方法在课堂教学中的优化组合，体现为"五个一"：构建一个组织——合作学习小组；明确一个任务——学会至会学；编写一个任务单——学习路线图；设计一个流程——自学、互学、展学、评学、延学；给予一种方法——先学后教、以学定教。

（一）自学（"将时间归还学生"的自学行动）

1. 流程：提出自学要求—明确学习内容—指导自学方法—确立自学时间—给出自学问题。

2. 教师工作重点：组织教学，了解学情，调控进度。

（二）互学（"三人行，必有我师焉"的互学行动）

1. 概念：以合作学习小组为单位，组长组织成员对照学习任务开展有效合作、探究、结对帮扶，解决问题，获取知识技能。

2. 方式：①明确任务分工；②指导有序交流；③形成汇报成果。

3. 内容：重点难点，解题思路，易错点和易混淆点。

4. 问题设计目的：一是让学生掌握解题方法，二是让学生探究问题背后的原理。

5. 教师工作重点：抓好课堂组织，掌握讨论方向，激励学生参与，观察记录情况，调控进度。

（三）展学（"让学习看得见"的展学行动）

1. 概念：通过小组间的展示、交流、讨论、补充、质疑、辩论，以及教师的串联、点拨或追问等，使个人经验与全班经验联结，最大限度暴露并解决自学和互学后存在的疑难问题，达成学习目标。

2. 内容：展示自学或互学环节获得的成果和探究的过程。

3. 方式：①小组部分成员"小展"；②全体成员"大展"；③学困生展示，中等生纠错，优等生讲评。需注意，展示是提升，不是各小组对任务单问题答案的重复性讲解。

4. 流程：小组展评—其他组评（或师评）—形成核心知识点—教师补展。

5. 层次：①读—背—用自己的话说—演；②写（说）答案—说答案由来—说思维过程。

6. 教师工作重点：引导交流分享，补充说明，评价质疑；了解学情，确定下一步教学计划。

（四）评学（"以学论教"的评学活动）

1. 概念：学生完成学习任务后，对学习过程、学习结果、学习态度等进行评价。

2. 方式：①学生自评；②学生互评；③教师评价。

3. 内容：①评价学习结果；②评价学习过程；③评价个人能力和学习态度。

4. 评学于自学后、互学中、展学时、延学后分别开展，贯穿整个课堂。

（五）延学（"让学习再深入"的延学行动）

延学是指教师引导学生在课后开展自主学习，巩固课堂知识，拓展学生知识与提升学生能力的学习活动。

课中知识点的拓展练习和课后的拓展作业都属于延学的范畴。

三、工作举措

（一）构建"五级五线"管理模式

新政初中构建了"书记—校长—副校长—中层干部—教师"的五级管理模式，建立了"五线并举、闭环管理"的工作路径。"五线"具体指：①政教处—年级主任—班主任—学生，指向学生德育教育；②教科室—教研组组长—任课教师—学生，指向学生合作探究；③教务处—年级主任—任课教师—学生，指向学生习惯养成；④总务处—年级主任—班主任—学生，指向学生细节调控；⑤办公室—各科室—教职工—学生，指向学生全面发展。

（二）改革学校管理四大行动

1. 改革学生课外活动。

组建近 70 个特色社团，一方面，与素质拓展计划结合，指导学生参加社团活动，在活动中找到自信；另一方面，与课程教学相结合，延伸学生学习领域，成为课堂学习重要补充。

2. 改革学生自习方式。

每晚设立一节"无声自习"，引导学生做到"三零四不"：零抬头、零收发、零分贝，不生闲思、不讲闲话、不看闲书、不做闲事。

3. 改革学校管理制度。

修订完善《课改激励方案》《学科教学资源建设实施方案》《课后服务实施方案》《教学质量监测评价方案》等方案，激励教师参与，促进教师成长。

4. 改革教师备课形式。

一是变"怎么教"为"怎么学"。站在学生"学"的角度,变"教学目标"为"学习目标",变"教学方法"为"学习方法",变"教学过程"为"学习流程",变"教案"为"导学案",解决"学什么""怎样学""学到什么程度"的问题。二是变"单兵作战"为"团队作战",备课流程变为:主备人"个备"—备课组"群议"—主备人修改—二次"个备"—授课—反思与完善。三是变个人资源为集体资源。组织学科骨干力量利用假期建设学科资源库,内容涵盖教学设计、课件、作业、单元测试、期末复习等,并在后期不断优化升级。

(三)并轨常规教研与课堂改革

1. "三聚焦"。

一是聚焦学习方式转型,从教学改革走向学程改造。二是聚焦作业设计,让作业控量提质成为常态。三是聚焦培优补差,让学习主战场发生在课堂。

2. "四步走"。

第一步:立帖。学校为教师们立大帖——生本课堂,为教师购买《龚雄飞与学本教学》《备课专业化:学教评一致性教学设计的理念与操作》《驾驭式自主课堂》等书,组织教师在教研组或学校分享阅读心得。在四川省 2023 年"好书推荐 200 秒"微视频征集评选活动中,学校教师获 2 个一等奖、2 个二等奖、1 个三等奖。

第二步:临帖。沿着"五学"模式"临帖",组织教师前往重庆学习,接受专家指导,将"五学"结构制成模板。

第三步:用帖。量变引发质变,教师们以生本为前提,以"五学"为结构,获 3 个区级特等奖、7 个县级一二等奖、4 个市竞教奖、1 个省级一等奖。

第四步:破帖。部分优秀老师在教学中对模式进行适当调整,深化出变式,最终"破帖",形成自己风格。

3. "五抓实"。

一是抓基本建设落实,为课改铺路。落实人员培训,完善软硬件设施。

二是抓小组建设落实,为课改解锁。课改关键在于小组合作学习,学习方式改变使教师走出了个人推动全班学生学习进程的困境,依托"课改先锋"对小组建设意义、人员设置、组长选拔、职责职能、结对帮扶、小组文化、评价考核等进行培训和指导,对课改班优秀小组进行表彰奖励。

三是抓共同体任务落实,为课改搭桥。配合深改办做好专家组与县教科体局调研、座谈、听课、观摩、展示、集体备课、课博会等系列活动，推进课改不断深入发展。

四是抓学校教研落实，促课改落地。引导教师以课例为样本，以程序为依托，以学生主动性和学习效果为标准，聚焦课堂，以研代训，从问题出发进行行动研究，把教研主阵地前移到课堂。

五是抓课题研究落实，为课改添彩。用小课题带动教师发展大课题，选择教学中的小问题定期研究。用大课题带动学校发展总课题，与学校尚美教育相结合，围绕尚美管理、尚美课堂、尚美教师、尚美学生下功夫。

四、初步成效

（一）教室功能转变

原来的教室布置方式被改变，以合作学习小组指导学生积极自主学习，体现"兵教兵、兵带兵、兵强兵"的优势，让学生乐于交流、乐于展现，增强学生自信心。

（二）教师角色转变

民主、平等、互动、和谐的师生关系正逐步形成。教师在课堂上能摆正心态，尊重学生的自主性和独创性，鼓励学生质疑、发问、探究，全力为学生创造自主学习空间。

（三）教学方式转变

教师联系学生生活和社会实际，创设教学情境，营造宽松、活跃的课堂气氛，让学生分组合作，大胆交流、研讨、提问，在参与、体验和实践中学习。师生互动，共同研讨，拓展延伸，发挥了学生的积极性、主动性和创造性。

（四）作业形式转变

学生作业大多能联系实际和教学内容，具有开放性。学生在完成作业期间，能协调合作，动手操作、实验、观察，收集信息，搜集资料，在解决问题中获取知识、巩固知识，培养发散思维，提高探究能力。

（五）学生表现转变

学生个性得到张扬，学习热情被唤起，实现学生由"配角"向"主角"的转变。学生合作学习和自学习惯初步养成,思维活跃、交流有序、合作得法,学习能力有所提高。学生敢说、会说、能说,展示大胆而自信。课改以来,学校学生包揽了全县所有体育竞赛和区县市级学生演讲比赛的冠军。

路虽远行则将至,事虽难做则必成。在课改的路上,新政初中将继续秉持信念,笃定方向,以熹微灯火点燃滚烫星河,寻觅教育的真谛,实现育人的梦想!

执笔人:仪陇县新政初级中学校　陈燕舞　龚禧然　唐莉铭

案例二

传承优秀文化 厚植家国情怀
——九寨沟县七一南坪中学增强民族文化认同教育案例

九寨沟县位于四川省北部高原，阿坝藏族羌族自治州东北部，以有 9 个藏族村寨而得名，少数民族传统文化繁荣，教育资源丰富。为提高青少年学生的道德素养、人文修养和审美情趣，传承九寨沟优秀传统文化，引领九寨学子厚植家国情怀，铸牢中华民族共同体意识，近年来，九寨沟县七一南坪中学以习近平新时代中国特色社会主义思想为指导，坚持立德树人，基于九寨文化特色，在第二课堂教学中开设了手工剪纸、琵琶弹唱、藏舞等特色项目，努力给予每个学生最合适的教育，让每个学生都有人生出彩的机会，扎实推进五育并举，促进学生全面发展。

一、价值追求

第一，深化价值引领，不断增强五个认同。"民族传统文化进校园"旨在通过"寓教于乐"的方式，开展形式多样的活动，加深学生对民族文化的认识和了解，提升学生对民族文化的认同，增强学生发扬和传承优秀民族文化的责任感与使命感，铸牢中华民族共同体意识，坚定对伟大祖国、中华民族、中华文化、中国共产党、中国特色社会主义的高度认同。

第二，展示传统风俗，满足多样文化需求。通过手工剪纸、琵琶弹唱、藏舞等为将九寨沟县的民族文化多渠道、广角度地展示出来，让学生进一步领略本地民族文化的博大精深，在实践活动中继承和创新民族传统文化。

第三，融合思政元素，提升立德树人成效。在丰富校园文化生活的基础上，营造多元和谐的校园文化氛围，促进各民族学生之间的相互了解，不断推进民族团结进步教育，拓展和丰富学校素质教育的内容，以达到弘扬优秀传统文化，增强学生热爱家乡、建设家乡的情感，提升民族自尊心和自信心，增强民族文化认同感的目标。

二、实施路径

学校把地方优秀传统文化传承作为学校教育教学的重要内容，依托九寨沟县丰厚的民族文化底蕴，确立了"文化润心"的校园文化建设思路，以传统文化传承为载体，以课程建设为抓手，全面提升"立德树人"成效。

第一，加强课堂教学建设，重视传统文化阵地建设。充分发挥第二课堂教学作用，积极推进优秀传统文化进校园、进课堂工作，促进校本课程与地方民族优秀传统文化教育的紧密结合；切实发挥文化育人作用，在第二课堂教学过程中，深入挖掘传统文化内涵，增强学生对民族文化的认同感。例如，在伧舞（国家级非物质文化遗产之一）教学中，通过对伧舞的历史渊源、舞蹈动作、面具道具、传承价值等的讲解，让学生对伧舞有一个全面的认识，提升课程在学科中的核心价值和育人功能。通过师生互动、讲解示范、启发分享、多媒体演示等教学手段，将价值塑造、知识传授与能力培养三者融合，调动学生积极性与参与度，营造出良好的教学氛围，激发学生对于课堂教学内容的发掘、思考与体悟，成为具有人文精神、家国情怀和使命担当的九寨青年。

第二，加强文化载体建设，拓展传统文化教育途径。利用才艺展示、毕业典礼、校园艺术节等活动，加强对九寨沟优秀传统文化的展示，形成学习、传承优秀传统文化的良好氛围。例如，琵琶弹唱，作为九寨沟县家喻户晓的民族音乐，以《采花》《盼红军》《织手巾》《小绣荷包》等九寨沟民歌为素材在学校的文艺活动中展示，不仅让学生感受到九寨沟风土人情，感受到民族音乐的历史变迁及新时代的新气象，还展现了民族音乐的多样性，展现了民歌的艺术魅力及民族的力量，在学生心灵中植入了红色思想和中华民族优秀传统文化的种子。

第三，加强校园文化建设，重视传统文化氛围营造。学校着力把中华优秀传统文化精髓注入教育理念凝练、精神培育、文化建设中去，融合到学校"一训三风"建设中去，彰显学校办学特色，增强学校的文化底蕴。例如，在学校手工剪纸教学中，结合中华优秀传统文化、厚植红色底蕴、挖掘思政元素，融合社会主义核心价值观，打造特色校园文化。通过手工剪纸教学和学生作品上墙展示（手工剪纸"社会主义核心价值观""校训""五十六个民族""不忘初心，永跟党走"）的方式，让每一面墙壁、每一个角落都有着生动而丰富的文化底蕴，让每一位学生在健康和谐的环境中感受美的氛围，接受美的熏陶，引导美的行为，得到美的升华，传播优秀的民族文化，赓续红色基因，铸牢中华民族共同体意识。

三、主要成效

第一，初心育人，弘扬了优秀传统文化。通过学习优秀传统文化，提高了学生艺术鉴赏水平、人文素养、审美情趣和道德修养，传承了民族传统精华，增强了民族自尊心和自豪感，激发了学生对九寨沟县和祖国优秀文化的热爱。

第二，润心育人，提升了学生综合素质。通过多层次多形式的民族文化活动，使学生在活动和实践中切身感受少数民族的文化魅力，了解少数民族的风俗习惯及风土人情，将民族文化与时代精神相结合，促进了学生的全面发展和整体素质的提高。

第三，匠心育人，丰富了学校教育内涵。在中华传统文化不断发扬的今天，在世界多元文化不断融合的今天，让更多的地方优秀文化艺术走进校园，营造了浓厚的民族文化氛围，推动了学校未成年人思想道德建设、德育工作和艺术教育工作的发展，使学生的精神面貌得到更大的改变，良好的校风、学风、班风得到进一步加强，有利于实现培养具有"世界情怀、民族灵魂"的中华少年的美好愿景。

四、活动经验

第一，发挥区域优势，合理利用资源。结合学校特色，充分发挥九寨沟县少数民族文化丰富的资源优势，在学校党委的领导下，学校各部门通力配合，投入充足的人力、财力和资源，确保了民族文化教育活动的顺利开展。

第二，完善活动策划，打造亮点品牌。学校始终致力于使民族文化教育活动体系化、亮点化、品牌化。通过向全校师生征集深受大家喜爱并极具民族特色的传统文化，精心设计规划优秀文化教育内容、充分实践，为学生搭建起展示的平台，不仅激发了学生的学习兴趣，还凸显了学校育人特色，促进了学生的全面发展。

第三，创新培养方式，提升育人成效。民族传统文化系列教育活动通过"体验式教学"，将思政教育、素质教育、爱国主义教育、家国情怀教育、民族文化教育相结合，开辟了民族文化和民族精神传承、弘扬的新方式，有效提升了学生民族文化素质和综合素质。

下一步，九寨沟县七一南坪中学将继续秉持文化传承与创新发展的理念，不断完善高品质学校建设，将民族优秀传统文化全方位融入学校美育全过程；关注学生的个性化需求，积极推进教育教学改革，为学生提供更加多元化、个性化的学习和发展路径，引领学生传承中华优秀传统文化，铸牢中华民族共同体意识，不断开创学校民族团结进步工作新局面。

执笔人：九寨沟县七一南坪中学　廖　聃　李　军

案例三

雅安市田家炳中学推行科学取向教学论指导下课堂教学改革实践
——以新授课为例

2018 年 9 月 10 日，习近平总书记在全国教育大会上发表了重要讲话，提出了"九个坚持""六个下功夫"的新理念、新思想、新观点，要求广大教师和教育工作者围绕"培养什么人、怎样培养人、为谁培养人"这一根本问题，全面贯彻党的教育方针，坚持立德树人，遵循教育规律，推进教育改革，创新教学方法，培养德智体美劳全面发展的社会主义建设者和接班人。[①] 党的二十大报告则指出："办好人民满意的教育。全面贯彻党的教育方针，落实立德树人根本任务，培养德智体美劳全面发展的社会主义建设者和接班人。加快建设高质量教育体系，发展素质教育，促进教育公平。"[②]

课堂教学改革是追求教育高质量发展的必由之路。雅安市田家炳中学积极推行科学取向教学论指导下高效课堂建设的课堂教学改革实践，将课堂教学分为新授课、复习课、习题讲评课三大课型，以小组建设、集体备课、课堂教学为三大具体工程推进教学实践改革。三年来，教师教学理念转变明显，年轻教师专业能力进步显著，学校教学成绩逐年提升。

一、课堂教学改革的意义

学校推进科学取向教学论指导下的高效课堂建设，是为了克服教师不善于运用学习规律和教学设计原理的不足，促进教师转变教育教学理念，改变教师的备课、上课和评课行为，提高课堂教学效率。

---

① 中国政府网：《习近平出席全国教育大会并发表重要讲话》，https://www.gov.cn/xinwen/2018-09/10/content_5320835.htm?tdsourcetag=s_pcqq_aiomsg。

② 习近平：《高举中国特色社会主义伟大旗帜　为全面建设社会主义现代化国家而团结奋斗——在中国共产党第二十次全国代表大会上的报告》，人民出版社，2022 年版，第 34 页。

二、新授课课堂教学范式

（一）课前励志诵读

1. 目的：引起注意、自我激励、提振精气神。

2. 要求：诵读学校编印的《励志诵读》读本。全班站立，手臂前伸，读本与双眼平齐，精神饱满，声音洪亮。领读员站在讲台前领读。由班主任确定每节课、每天、每周的诵读内容并做相关要求和培训。

（二）示标："要到哪里去"

1. 出示教学目标，安排学习任务。

（1）目的：让学生明确本节课的学习任务，重点、难点和课标要求。

（2）要求：教学目标要准确、恰当；学习任务要明确，可操作性强，便于引导学生自主学习。

2. 创设情景，有策略引入。

（1）目的：引起学生注意，激发学习兴趣。

（2）要求：新授课的引入要有策略，集知识性、趣味性、灵活性于一体，要有利于激发学生的学习兴趣，激活学生的思维。

3. 总结点评预习学案完成情况。

（1）目的：掌握学生学情并坚持以学定教。明确"现在在哪里"。

（2）要求：预习学案至少提前一天下发给学生，上课前教师要进行批阅，及时掌握学生的预习情况及存在的疑惑。

4. 前置补偿。

（1）目的：解决学生因知识缺漏导致的普遍性问题。

（2）要求：有必要时进行前置补偿，为本节课的学习做好铺垫。合理控制时间，不影响新课教学。

（三）学标："怎样到那里"

1. 自学初探，初步感知。

（1）目的：让学生有自学的时间、思考的空间，培养学生的自学能力。

（2）要求：通过自主学习，学生初步掌握本节课的基本知识、内容及课本上的例题。

2. 共学互助，精细加工。

（1）目的：通过生生互学、师生共学，充分调动学生进行知识构建和能力提高。

（2）要求：在学生自学的基础上组织学习小组讨论、交流自学情况，通过在小组内的讨论式互助学习矫正和进一步完善探究学习的内容，尽最大可能解决自主学习中出现的疑惑。

一节课探究点的设置不宜过多，要突出重点和难点，部分较难的知识可适当提供提示和帮助，遵循由易到难、由浅到深的探究学习规律。贯彻"三探究"和"三不探究"原则。"三探究"是指探究重点，探究难点，探究易错点、易混点、易漏点；"三不探究"是指学生已经学会了的不探究，学生通过自主学习能够学会的不探究，深入学习也不会的不探究。

通过学习小组及教师提问、点评等形式反馈学生学习达标情况，及时了解学生还没有解决的问题及存在的错误认知，然后给学生提供必要的提示和引导，让学生再做深层次的探究讨论。最后，教师要对本节重点和难点进行讲解，加深学生的理解掌握，促进学生对知识的同化和迁移。

3. 展示点评，总结升华。

（1）目的：了解学生掌握情况，及时进行嵌入式评价，并解决存在的共性问题。

（2）要求：展示的内容可以分为"四点"及"四类"。"四点"包括重点、难点、易错点、联想点。"四类"包括规律、方法、小窍门、跟踪练习。

根据探究问题的难易程度，让不同层次的学生展示。学生自愿展示和教师指名展示相结合，小组展示和个人展示相结合，学生点评和教师点评讲解相结合。

教师通过典型例题的分析，引导学生总结知识应用的规律方法。大部分学生能自己解决的问题不讨论，小组合作学习就能掌握的知识点教师不重复讲解，教师讲解的问题应是重点、难点、关键点、易混易错点，提炼方法和规律。

（四）达标："到没到那里"

1. 目的：检测本节课教学目标的达成情况，加深学生的理解掌握。

2. 要求：根据本节课学习的重点内容和分析解决问题的基本方法设置适当相应的习题或检测题，进行当堂检测。

（五）作业

1. 目的：复习巩固，迁移应用。

2. 要求：课堂学习结束时，下发训练案。训练案针对本节课学习内容进行训练和拓展。

针对班情和学情布置适当的基础知识训练、综合拓展训练、能力提升训练，以锻炼学生思维，提升学生举一反三、综合运用知识解决问题的能力。

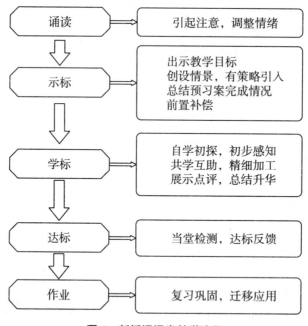

图 1　新授课课堂教学流程

三、新授课教学注意事项

1. 坚持以学定教、以考定教。

始终坚持以学定教、以考定教，紧紧围绕教学目标来实施新授课教学。认真做好二次备课，对比较难的学习内容，教师要设计好知识和能力要求层次，按照由易到难的顺序分解学习目标及安排作业。

2. 科学合理分配时间。

对于比较简单的学习内容，应让学生独立完成，减少教师的讲解时间，增加学生的相应练习。教师要控制自己的言语欲，杜绝"满堂灌"，教师一节课的讲授时间尽量控制在 20－25 分钟。

3. 坚持课内外一体化。

课前预习完成预习案，课后自主完成训练案。课前、课中、课后是一个统一整体。紧紧围绕本节课的教学目标，做好课前、课中、课后的监控，保证课标的有效及至高效达成。

预习案、训练案做到"有发必收、有收必批、有批必评、有评必纠"。

教师通过批阅训练学案了解学情，明确学生学习的难点和知识盲点，及时纠正备课设计存在的问题，学生的基础知识得到进一步的巩固、拓展，同时学生也更有机会享受学习成功的快乐。

4. 学习小组的高效运作。

班主任及任课教师要培训学习小组，让小组长和小组成员知道怎样讨论、如何总结、如何发言、怎样展示、纪律要求等。

班主任和任课教师要做好小组评价，这是学习小组的外部动力。公正、客观的评价，有利于增强学习小组的团队意识，带动竞争，竞争又促进评价。小组评价主要是即时性评价、激励性评价、发展性评价，要让学习小组高效运作，才能保证教学目标高效达成。

5. 合理应用嵌入式评价。

嵌入式评价分为课前诊断性评价、课中即时性评价、课后延时性评价。任课教师在课堂教学中合理应用嵌入式评价，能让学生体验学习的快乐，体验学习带来的荣誉感和成就感，能调动学生的学习热情，激发学生的学习兴趣。

四、教学改革实施以来取得成绩

学校近年来，在招生计划和生源结构没有发生变化的情况下，本科上线人数逐年提高。教师专业能力大幅提升，年轻教师参加省、市、区各级赛课，获奖人数显著增加。作为川西县域高中，2023 年底，学校通过了四川省教育厅"四川省二级示范性普通高中"现场评估验收。

执笔人：雅安市田家炳中学　高　健　张明俊　李　燕

案例四

基于课改的"好课堂"建设探索与实践

习近平总书记曾说："一个人遇到好老师是人生的幸运，一个学校拥有好老师是学校的光荣，一个民族源源不断涌现出一批又一批好老师则是民族的希望。"[①] "好老师"的标准首先是拥有"好课堂"。

一、"好课堂"建设的背景

2019年6月，国务院办公厅发布了《关于新时代推进普通高中育人方式改革的指导意见》；2022年6月，四川省教育厅印发了《四川省普通高中新课程新教材实施意见》。两则意见都明确要求"深化课堂教学改革"。

2023年3月15日，都江堰市教育局在全市教育系统开展了"都江堰好课堂"建设专项活动，明确要求各校要进一步增强课堂建设能力，助力"优教都江堰"教育目标的实现。

2023年3月22日，在学校党委的领导组织下，学校制定了《都江堰外国语实验学校"好课堂"建设专项活动实施方案》，全校教师聚焦课堂建设，潜心研究教育教学理论，优化课堂教学策略，改进课堂教学方法，提高课堂教学效益，形成了浓厚的教学研究氛围。

二、"好课堂"建设的方向

联合国教科文组织国际教育委员会发布的《一起重新构想我们的未来：为教育打造新的社会契约》指出，未来将给学生带来新的问题和机会，教育需要培养学习者认识问题和解决问题的能力，基于问题和项目的课堂教学法比传统的授课方式更具参与性和合作性，基于探究和行动研究的课堂教学法，可以让

[①] 习近平：《做党和人民满意的好老师：同北京师范大学师生代表座谈时的讲话》，人民出版社，2014年版，第4页。

学生同时获取、应用和生成知识。[①]

教育部制定的《普通高中课程方案》明确，要深入理解普通高中课程改革要求，准确把握课程标准和教材，围绕核心素养开展教学与评价；关注学生学习过程，创设与生活关联的、任务导向的真实情境，促进学生自主、合作、探究地学习，注重对学生学习过程的评价，推进信息技术在教学中的合理应用，提高课程实施水平。

"好课堂"应包含"问题导向""任务驱动""真实情境""落实核心素养培育""与信息技术深度融合""自主、合作、探究的学习方式"等要素。

"好课堂"建设要"以学为中心"，让学生真正动起来，实现教师由"讲"向"听""观""导"转变，实现学生由"听"向"思""论""展"转变，以问题和任务驱动学生在课前、课中和课后都动起来，课前自主预习质疑——发现问题，课中讨论展示答疑——探究解决问题，课后练习总结反思——运用实践。

"好课堂"建设的目标是：学校能够帮助学生应对不确定的未来，帮助学生洞察世界从而发现问题，独立思考进一步分析问题，团结合作学会探究问题，勇于创新实践去解决问题；学校能够落实立德树人的根本任务，培养德智体美劳全面发展的社会主义建设者和接班人。

三、"好课堂"建设的路径

学校"好课堂"建设以课题研究为引领，以教师队伍建设为抓手，以教研组、备课组活动为主阵地，以"都江堰好课堂"市级赛课为突破口。

（一）加强课题研究，引领"好课堂"

学校先后成功申报了与课堂建设相关的国家级课题的子课题"聚焦新课改'真问题'落实核心素养的培养""群文阅读教学中微写作序列训练研究"，四川省级课题"普通高中依托'科创园'开展劳动教育实践研究""深度视域下高中思想政治单元整体教学策略的研究"，成都市级课题"提高中学作业设计质量实践的研究"，另有都江堰市级课题 6 个、校级课题 12 个。通过课题研究，引领课堂建设，全校教师课题研究参与率达到 60％。通过课题研究与实

---

① 联合国教科文组织国际教育委员会：《一起重新构想我们的未来：为教育打造新的社会契约》，教育科学出版社，2022 年版。

践，学校逐步形成了"两有三精四自主"的课堂教学模式和"1+3"的作业模式。

"两有三精四自主"的课堂教学模式是在五育融合的基础上，通过教师的"精讲、精练、精评"以及学生的"自主预习、自主研讨、自主评价、自主反思"来实现课堂教与学的"有质"和"有趣"（图1）。"有质"即落实核心素养的培育，"有趣"即激发学生学习兴趣。

图1 "两有三精四自主"课堂教学模式

"1+3"作业模式即"学科定时定量的基础性作业"和"阅读作业""艺术作业""探究实践作业"（图2）。

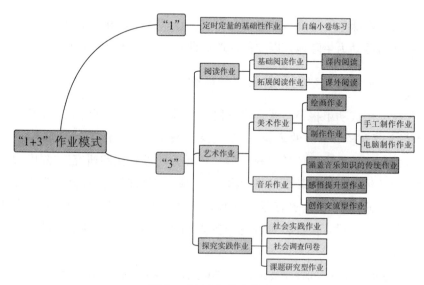

图2 "1+3"作业模式

（二）加强教师队伍建设，助力"好课堂"

习近平总书记曾说："教师在课堂上展现的情怀最能打动人，甚至会影响学生一生。"[①]"好课堂"建设离不开"好老师"的培养，学校制定了《教师梯队建设方案》，通过"青蓝工程"、师徒结对、名优教师示范课、新入职教师汇报课、"请进来走出去"等多种方式加强教师队伍建设。学校培养了一支业务精湛、师德优良、乐于奉献的教师团队，获得各级各类与教师职业直接相关的荣誉或称号的共计142人次，拥有特级教师4人、国家级名优骨干教师2人，四川省名优骨干教师15人，成都市学科带头人4人、名优骨干教师36人，都江堰市学科带头人24人，还有一大批都江堰市学科中心组成员，拥有都江堰市名师工作室4个，四川省名师工作站1个，成都市级名师工作站1个，四川省名师工作室成员2人、成都市级名师工作室成员4人，都江堰市级名师工作室成员28人。名优骨干教师在"好课堂"建设中发挥了很好的示范引领作用。学校教师队伍的发展在"好课堂"建设中起到了至关重要的作用。

（三）以教研组、备课组活动为主阵地，推进"好课堂"

学校高度重视教研组、备课组建设，制定了《都江堰外国语实验学校教研工作流程》，明确了"听－评－研－议－备"五环教研工作要求，将听课、评课、主题教研、组内事务商议、集体备课有机结合，严格落实五环教研工作要求（图3）。在对新课标、新教材研究，新样态课堂探索以及学校课堂模式推动上，教研组和备课组活动成为攻坚克难的主阵地，发挥着决定性的作用。

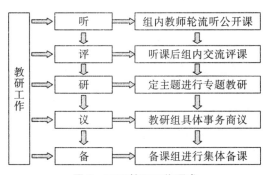

图3　五环教研工作要求

---

①　习近平：《思政课是落实立德树人根本任务的关键课程》，人民出版社，2020年版，第13页。

（四）以市级赛课为突破口，提升"好课堂"

市级赛课是"都江堰好课堂"建设重要的活动之一，学校高度重视，不仅将其作为检验各教研组、各学科教师"好课堂"建设成果的重要依据，也将其作为推动建设实践的重要突破口。各教研组经过严格的校内初赛，推选出最优秀的教师参加区片赛，在区片赛中各教研组深入研究、认真打磨，最终初中有九个学科进入市级决赛，高中所有学科进入市级决赛。在决赛中各教研组认真研读评分细则，从课题立意到课堂细节都反复推敲。市级赛课让各教研组再次进行了一次实战培训，与兄弟学校优秀教师的同台竞技、交流互动也进一步提升了全校教师对"好课堂"的认识与理解。

通过"都江堰好课堂"建设专项活动，学校课堂发生了较大变化，教室里的掌声和笑声更多了，师生之间和生生之间的互动也更好了。学校在"都江堰好课堂"市级赛课中取得了不错的成绩，学校办学品质也得到了提升！但教无定法，学无止境，课堂教学改革之路任重而道远，都江堰外国语实验学校将继续勇毅前行，不懈奋斗。用心、用情去建设属于每一位教师的"好课堂"！

执笔人：都江堰外国语实验学校　李拥政　杨　勇　杨　明

案例五

一站式成长支持，助力师生个性发展
——成都市石室联合中学"云端校园"建设实践

一、"云端校园"建设背景

党的二十大报告明确提出"推进教育数字化"，数字教育已成为数字中国建设的重要组成部分。教育部在 2022 年全国教育工作会议上提出启动实施"国家教育数字化战略行动"，以前所未有的力度全面推进教育数字化转型。为响应国家教育数字化战略行动的部署，成都市石室联合中学（简称石室联中）持续推进数字教育基础环境建设，推动"大规模的标准化教育"转向"大规模的个性化学习"，相关实践探索取得了阶段性成果。

石室联中秉承"差异教育，扬长发展"的办学理念，关注学生成长。学校全面推进课后服务，涵盖博雅课程、晚自习托管，学生课业负担减轻，兴趣爱好得到了培养。为进一步落实"减负提质"要求，还需提升课后服务水平，丰富课后服务内容，满足学生的多样化发展需求。同时，随着集团办学规模扩大，青年教师占比高、缺乏教学实践经验，引导他们尽快胜任工作岗位、专业快速地发展也是当务之急。数字资源易于传播和学习，在学生个性化学习和教师专业化发展方面具有明显优势。基于此，学校搭建教学实践云平台，积累展示高质量的学习资源，变革传统的教学方式，促进师生发展。

二、"云端校园"建设过程

"云端校园"的搭建，开拓了学校的边界，教师、学生、数字资源有机融合，共同发展（图 1）。它为师生的学习、交流、展示提供空间保障；通过师生共建，丰富资源的数量和类型，做好资源保障，满足学生自主学习和个性化学习需求，减轻学生学业负担；为教师优化教学设计、丰富教学内容、开展线上线下混合式教学等提供支持服务。

图1 "云端校园"建设示意图

学校从平台规划、资源开发、内容管理、教学方式、评价方式等维度进行设计（图2），践行数字教育。经过长期探索，相关研究与实践取得了一些成果。

图2 石室联中数字教育设计图

（一）平台整体规划

"云端校园"的定位既是师生共同学习的教室，也是展示自我的舞台。在形式上，通过定制微信小程序，上传学习资源，便于师生使用，构建了"人人能学、时时可学、处处皆学"的体系；在功能上，支持微视频、图片、学案等数字资源的浏览，也能通过留言、点赞、献花等方式实现师生的交流和互动，师生通过微信进入小程序，可按照知识点、播放量、热门资源等进行检索，结合自己的需要选择学习内容；在内容上，链接多方资源，提供多元场景，既有学习素材，又有成长记录。这一平台开发了符合学校师生需求的学习资源，设计了五大板块，为师生提供了学习、交流、展示的空间和机会。

1. 学业辅导。目前在语、数、英、物、化五门学科中开展视频录制，录制内容涵盖了知识点讲解、解题方法和技巧总结、实验演示、文化背景介绍等，均提供了视频讲解和反馈练习，拓宽了课后服务的渠道，旨在缓解学生的学业压力。

2. 素养拓展。依托各学科教研组开展的学科实践活动，班内选拔，班间竞争，选出优秀的作品（文本、照片、视频）展示，既激励了获奖学生，又有效利用了学习中生成的资源，供其他学生学习借鉴。

3. 风采展示。为优秀社团提供账号，独立运营，可以发布活动内容、更新信息等。给学生提供展示自己的舞台，不唯分数论，多维度培养学生。

4. 成长指导。设立了心语信箱，畅通了学生和心理教师的沟通渠道，使心理教师能尽力疏导学生心理问题。学校在关注当下学生学业的同时，也着眼于学生的未来发展，开设了学业压力排解、职业规划相关板块。

5. 教育智慧。名优教师分享教育日常和教学过程中遇到的问题和解决途径，通过展现小现象、小故事，引领其他教师重新审视教育教学过程中容易忽略的细节，促进对教育目的、教育价值的反思。教师利用碎片时间学习，也是对线下教师培训的有益补充。

平台中的数字资源都是学校师生参与制作的，针对性强，趣味性浓，使用效果好。

（二）部门分工协作

学校成立了"云端校园"建设中心，明确项目组成员和相关职责（图3）。组织起包括主管校长及各相关处室负责人在内的建设项目领导小组，除校领导小组外，信息中心全体人员及每个处室、学科分别有1-2人参与项目实施过程中的测试及反馈，沟通平台在应用运行中发现的问题，并共同寻找解决问题的方法，保证项目实施过程每项细节的严格落实。

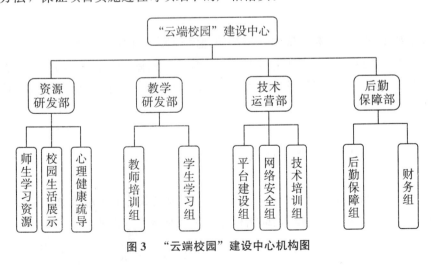

图3　"云端校园"建设中心机构图

（三）制作规范流程

资源研发部确定课件的模板、微课呈现的形式。技术运营部提供录制的软件并做使用方法培训，向每个备课组发放技术要求的文档。各学科备课组组长确定内容、授课教师、审核教师。审核教师对微课从技术、内容两个层面进行审核，技术上确保视频画面和声音的清晰度，内容上保证导向的正确性、讲解的科学性、画面的美观性，确认无误后再上传到平台。

（四）资源多元获取

学校在实践中探索形成了"共创、共享、共生"的资源建设机制，保障微课内容输出的可持续性，除了让本校教师参与微课录制外，还让参与的每一位学习者都成为资源的开发者和贡献者，通过收集学生优秀作业、作品，发布英雄帖等方式汇聚每个人独有的智慧，形成多样态的优质教育资源共享库。就具体资源来说，除了文字、视频、图片等常态化的固化数字资源，更有价值的是学生们在对话交流中产生的思想火花。

（五）师生多维激励

建立了围绕"积分—等级—荣誉头衔"的激励机制，当师生积分达到一定要求，便给予一定的荣誉和奖励，与此同时，教师荣誉与学术积分挂钩、和评优评先挂钩，能长久性地维持学生参与的热情、教师制作微课的激情，保证整个资源库建设的高质量发展。

（六）开展教学实践

依托丰富的数字教育资源，传统的课堂授课获得有效的线上补充，变革、教师的教学方式，推动了线上线下混合式教学，创新了学生的学习方式。教师可以利用微课资源，指导学生个体自主学习；学生群体可以开展基于网络协作的项目探究。

三、"云端校园"建设成效

"云端校园"建设以来，学校数字教育工作也取得了一定成效。平台内容适切性好，宣传到位，各项访问指标均处于较高水平（图4）。

图4 "云端校园"的各项访问指标

（一）以微课平台为窗口，展示学生的闪光点

目前，素养拓展板块已有7个内容主题，展示学生作品100多件，累计浏览量超过10万余次，投票总数达到5.1万。学生作品于网络平台展示（图5），使其得到了激励，尤其是班上学业成绩较差的学生，找到了展现自己的舞台，得到了肯定，同时这也丰富了数字教育资源的内容。

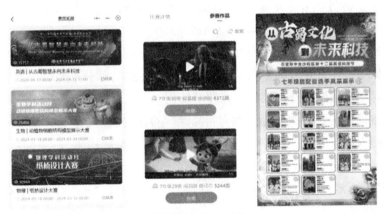

图5 素养拓展板块界面

（二）以微课资源为支撑，保障学生个性化学习

平台在逐步完善中。截至2024年6月，学校共录制了500多条的微课资源，配套针对练习近2000道，学科课程资源与学科内涵得到拓展（图6）。平台免费对外开放，为在校学生、社会公众提供全天候服务。微课总播放次数达到4.3万，内容适切性好，师生满意，使用效果佳。

图6 学业辅导界面

（三）以微课建设为抓手，促进青年教师专业发展

为了促进教师专业发展，学校构建了基于微课的多元培养模式。

1. 以"微"促教，同伴携手共成长。

学校将微课教学比赛作为推动信息化教学改革、提升教师信息化教学能力的重要抓手，在青年教师培训中，邀请专家、优秀教师分享经验，每学期组织新进教师参与微课比赛，相互切磋教学技艺，取长补短，培育出了一大批优秀的青年教师。在2022年"基础教育精品课"的评选活动中，学校唐黎、朱湘静两位教师入选部级精品课名单，学校获市级奖励人数为13人。

2. 以"微"代培，名师引领促成长。

学校师资力量强，目前有12个名师工作室，还有大量市、区级骨干教师。学校充分利用名师资源拍"微课"，大力推行微课培训、构建微课资源库、组织微课学习共同体等措施，助力教师专业能力的培养。教师智慧板块围绕班级管理、教学心得等展开征集，目前有微课23节。模仿学习是人类学习程序性知识的最基本的途径，教学技艺的形成和成熟也离不开模仿学习。学校推进基于"微课"的校本研修新模式形成，有助于青年教师的高效学习和快速成长。

（四）以微课使用为手段，丰富教与学的方式

微课在教学中的优势不仅仅是知识形象直观的再现，更应该是新知识的意义构建。针对"把学习交给学生"，利用微课构建学生自主学习方式，使微课真正成为学生的认知工具，帮助学生提升自主学习能力，让学生学会学习、学会动手、学会发现、学会创造，学校做了一些有益的探索。例如，在物理学科中展开实践，总结出了物理的翻转课堂教学法模型（图7）。经过半年实践，学生在学习上变得主动，爱思考，课堂逐渐变成一个交流和展示的平台。同时，为了让教师"会用，能用，用得好"，学校以课题为引领。目前，学校的在研课题有 13 项，其中关于数字资源应用的课题 5 项，均已经取得阶段性成果。

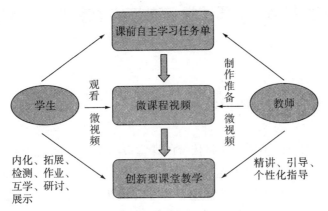

图 7　物理翻转课堂教学法模型

　　教育公平是社会公平的重要基础。努力让每个孩子都能享有公平而有质量的教育，是国家的战略安排，也是每个家长最朴实的呼声，而数字教育的一大特点就是普惠性。学校秉承"差异教育，扬长发展"的办学理念，以"为每一位孩子赋予追梦的力量"为办学使命，关注学生成长。学校将继续积极探索数字教育"新环境、新体系、新平台、新模式、新评价"体系建设，以数字化赋能学生个性化、多元化的学习与成长。

执笔人：成都市石室联合中学　颜友奇　王　军　李献勇

案例六

着力打造高品质课堂 高效落实国家课程校本化

一、课堂教学改革的背景

随着教育改革的不断深化，传统的课堂教学模式已难以满足新时代对人才培养的需求。在知识迅速更迭、科技日新月异的当下，如何提升课堂教学品质，培育具备创新精神与实践能力的学生，成为教育领域的重要课题。2021年，中共中央办公厅、国务院办公厅印发了《关于进一步减轻义务教育阶段学生作业负担和校外培训负担的意见》，要求减轻学生学业负担，提质减负，提高课堂效率。因此，进行课堂教学改革，探索更加高效、生动、个性化的教学模式，成为高品质学校追求的重要目标。

成都市石室联合中学（简称石室联中）是一所底蕴深厚的学府，拥有众多教育精英和改革先锋。多年来，学校一直致力于教育教学改革的研究和课堂模式的变革。课堂教学改革经历了从"诗意课堂"到"小组'5+30+5'合作模式课堂"，再到"生本课堂"的历程，积累了丰富的改革经验和成果。

基于对当前教育现状的深刻认识和对未来发展的前瞻规划，石室联中决定再次启动课堂教学改革，旨在提升课堂效率，打破传统教学中学生被动接受知识的局限，强调学生的主体性和参与度。学校秉持"以学生为中心"的教育理念，致力于让学生在探究、合作、实践中茁壮成长，以适应新时代对人才的新要求，实现学生的全面发展。2021年，学校提出了基于生本理念，追求高效课堂教学模式的变革。

二、课堂教学改革的实施途径

学校对高效课堂的顶层设计分三步走：提炼解读关键词、课型梳理及成熟课型推广、课堂实施的反思与评价。

（一）整体构架，分步落实

1. 高效课堂之学科理解。

2021 年 7 月 8 日，14 个教研组齐聚成都市石室中学文庙校区，共商学校教育教学变革大事。在该次研讨会上，教师们结合各学科组的育人目标和育人特点，围绕"什么是高效课堂""为什么建设高效课堂""怎样构建高效课堂"三大问题进行深入的思考和探究，并形成了学科关键词，例如，语文学科组提出了关键词"张弛有度、浮沉于心"，以"明课型、断舍离、授以渔"为学科表达。各组以研促学，以研促改，在研讨和交流中碰撞出建设"高效课堂"的思维火花，探索出减负提质的联中路径。各教研组用了近一年的时间，围绕高效课堂开展持续讨论，在日常课堂教学中加以研究，并结合七年级"家长课堂开放周"、八年级常规研究课、九年级"毕业班高效课堂研讨月"开展高效课堂实践研究，用生动真实的课堂对学科关键词作出阐释，并在日常课堂中不断强化。

2. 高效课堂之学科表达。

2022 年高效课堂建设迈进新阶段。各学科教师在教研组的统筹安排下，以备课组为单位，开始梳理本学科涵盖的所有课型，以及不同课型下的高效课堂实施环节与实现课堂高效的途径，即从认识走向模式，探索高效课堂要素，打造高效课堂样态，逐渐形成学科操作表达。例如，数学学科梳理出了三大课型的高效课堂实施环节，"一类概念课"五环节，"几何定理课"四环节，"微专题复习课"五环节。英语学科的高效阅读课、主题式复习课也从课前、课中、课后提炼出了高效的实施环节。高效阅读课的实施环节为"创设情景，激活已知——铺垫背景，明确问题——培养策略，获取知识——建立关联，形成结构——拓展训练，加深理解——转化能力，认识世界"。学校通过组织观摩课、研讨会等形式，对课型进行反复研磨，形成成熟课型案例，并逐一推广。同时，学校还鼓励教师根据自身的教学特点和学生的实际情况，对成熟课型进行创新和改造，形成具有个人特色的教学模式。

3. 高效课堂之学科评价。

为了保障课堂教学改革的顺利进行，推进课堂教学高效属性可测可评，即从操作走向评价，针对不同课型，各教研组通过定期的听课、评课、磨课和教学研讨，建立了完善的教学评价体系。通过这一完善的教学评价体系，各组不仅能够准确评估课堂教学的高效属性，还能够及时发现和解决实际问题，推动课堂教学改革不断向前发展。这种以评价促改革、以改革提质量的良性循环，为提升学校整体教学质量、培养学生核心素养奠定了坚实的基础。

（二）开发师培课程，搭建高品质师资队伍

教师是课堂教学变革、打造高品质课堂的关键力量。学校一直奉行师培立校、教研强校、科研兴校的原则，在"党管人才"的准则下，推进人才强校战略，持续推进"管理型人才储备"计划培训，系统培养各类管理型人才；强化学术建设，成立学术委员会，建立学术积分制，设立校级名师工作室，打造名优教师集群；实施"飞鹰工程"，分层分类培养教师，助力教师职业可持续发展；搭建各类发展平台，助力教师职业发展，营造尊师氛围，提升教师职业幸福感；成立老中青互动学习小组，帮助教师认识联中文化、更新教育观念、掌握教学方法和技术，为学校的发展和推进高品质课堂的建设提供有生力量。

（三）构建学科课程群，拓展国家课程外延

为了更好地实施课堂教学改革，落实新课标下的国家课程，学校还致力于构建学科课程群，打造素养课程体系，助推素养育人，开发活动课程体系，为知识转化为实践能力护航。这一举措打破了传统的学科壁垒，以学生的全面发展为核心，整合和优化各类课程资源。学校根据不同学科的特点和内在联系，将相关学科进行整合，形成跨学科、跨年级的课程群（图1）。这样的课程群设计，不仅有助于学生形成完整的知识体系，还能够培养学生的跨学科思维和综合能力，让学习贯通生活实际，让学生具备解决实际问题的核心能力。

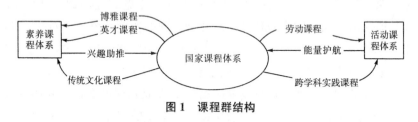

图1　课程群结构

三、课堂教学改革取得的成效

近几年，石室联中的课堂教学改革取得了显著成效。学生的学习积极性得到了激发，课堂互动更加频繁，学生的综合能力和素质得到了全面提升。教师的教学水平得到了显著提高，教学质量得到了有效提升，教育教学及科研硕果累累。

学校通过开展项目式学习、培养创新人才等途径，构建以学生为主体的教学模式，变革教育方式，优化作业设计，构建校本化的评价方式，落实双减政策，提高教学质量，培养综合性的人才。在近 3 年的成都中考教育质量评价中，平均分、重点率、优生率均为青羊区第一，在全市领先。每年学校学生参加各级赛事获奖 200 余人次，这些成绩的取得离不开学校的教育教学改革。

教师队伍建设成效显著，培养了 20 多名学校管理干部，10 多位教研组长和级部主任。每年教师集体获奖 20 余项，个人获奖近 300 项。截至 2023 年 12 月，学校有 4 名教师的课例入选教育部基础教育精品课、10 余名教师的课例在四川省精品课评选中获奖、24 名教师的课例在成都市精品课评选中获奖；课题共立项 40 余项，其中国家级课题立项 1 项，省级课题立项 4 项；成功申报四川省名师名校长工作室 2 个，建立区级名师工作室 15 个，集团名师工作室 8 个，共培养各级各类骨干教师 40 余人；为辐射青羊教育，支援集团化办学，共选派 30 余名教师到校指导办学，为集团校、联盟校的发展做出了卓越的贡献。

展望未来，学校将坚定不移地深化课堂教学改革，致力于探寻更为高效、鲜活且个性化的教学模式，进一步完善课程评价体系，助力教学评一致性的高效达成，从而有效提升课堂教学效率。学校还将加强对作业设计的研究，精准优化作业布置，真正为学生减负，让他们在轻松愉快的氛围中学习成长。同时，学校将不断丰富学科活动，积极践行跨学科实践，为学生提供更加多元化、个性化的教育服务，以全面促进学生的综合发展，为培养更多具备创新精神和实践能力的优秀人才贡献力量。在改革的浪潮中，石室联中追求变，但不变的是追求，追求的不是快，而是快乐，不是多，而是多元。石室联中将以谦卑的态度，不忘初心，砥砺前行，共同书写教育事业的崭新篇章。

执笔人：成都石室联合中学　文　华　赵定波　廖露沙

第七章

高品质基础教育学校的教育评价改进

第一节　理论分析

教育评价是依据一定的教育目标，运用科学的方法和手段，对教育活动和教育效果进行价值判断的过程。在教育评价中，我们需要关注评价的主体、客体、方法、标准等多个方面。其中，评价的主体主要包括教育者、学生、家长等利益相关者；评价的客体则涉及教育活动、课程设置、教学方法等多个方面；评价的方法包括量化评价、质性评价等多种方法；评价的标准则依据不同的教育目标和教育理念而有所不同。高品质基础教育学校教育评价体系的构建与完善，对于推动教育质量的提升、培养优秀人才具有重要意义。本章旨在通过对高品质学校的教育评价改进进行理论分析，提供实践案例，探讨其内在逻辑与实践价值，以期为教育实践者提供有益的参考。

一、"定好性"：界定评价内涵，分析评价特征

（一）内涵界定

高品质学校教育评价，是指在新的时代背景下，以促进学生全面发展为核心，以科学、公正、公平为原则，对学校教育教学工作进行全面、系统、深入的评价。其内涵包括对学生综合素质的评价、对教师教学质量的评价、对学校管理水平的评价等多个方面。高品质学校教育评价的特征在于科学性、全面性、针对性和发展性，旨在为学校教育教学改革提供有力的支持。其核心在于以学生为中心，关注学生的全面发展，注重评价的诊断与激励功能，推动学校内涵式发展。

（二）特征分析

1. 科学性。

高品质学校教育评价注重评价的科学性。要遵循教育规律，依据教育学、心理学等相关理论，运用科学的评价方法和手段，对学校教育教学质量进行客观、准确的评估。

2. 全面性。

高品质学校教育评价强调评价的全面性。不仅要关注学生的知识掌握情况，还要注重学生的能力发展、态度及价值观的培养，并对学校的教育教学管理、师资力量、课程资源等方面进行综合评价。

3. 针对性。

高品质学校教育评价注重评价的针对性。要针对学校教育教学中的具体问题提出具体的改进建议，帮助学校明确发展方向、优化教育资源配置、提高教育教学质量。

4. 发展性。

高品质学校教育评价强调评价的发展性。要以评价促进学校的发展，以发展推动评价的创新。通过不断的评价反馈和改进，推动学校教育教学质量的持续提升，实现学校教育的可持续发展。

二、"定准向"：树立理论基础，概述实践价值

（一）完善理论体系，加强合作交流

1. 发展与完善。

国外教育评价理论经历了多年的研究与实践，已经形成较为完善的理论体系。例如，泰勒提出了以教育目标为核心的教育评价原理，即教育评价的泰勒原理，为教育评价理论的发展奠定了基础。此外，布鲁姆等教育家对教育目标进行评价的问题进行了深入研究，为教育评价理论的发展提供了重要支持。

2. 创新与探索。

国外教育评价实践方面也取得了显著成果。例如，一些国家开始尝试将教育评价与学生心理健康、参与度、适应力等方面相结合，从而更全面地评估学生的发展状况。同时，一些教育机构也开始探索新的评价方式，如项目式评价、表现性评价等，以便更好地满足学生的个性化发展需求。

3. 合作与交流。

随着全球化的推进，国外教育评价理论研究者的国际交流与合作也进一步加强。例如，一些国际组织开始关注全球范围内的教育评价发展趋势，并借此推动各国之间的合作与交流。这种国际合作与交流有助于各国共同探索教育评价理论的发展方向和实践路径。

（二）明确改革方向，展望发展趋势

教育作为国家发展的基石，其改革与评价尤为重要。近年来，我国政府高度重视教育评价，通过出台一系列政策文件，为教育评价的创新与发展提供了强有力的指导和支持。

2020年中共中央、国务院印发的《深化新时代教育评价改革总体方案》是中国教育改革的重要里程碑。该方案明确指出，要深化教育评价改革，构建符合时代要求的教育评价体系。这不仅体现了政府对教育评价改革的重视，也为各级教育机构和教育工作者指明了方向。在政策的推动下，各级教育部门积极行动，探索符合当地实际的教育评价新模式，推动了教育评价的科学化、规范化发展。

《中国教育现代化2035》也是由中共中央、国务院印发的纲领性文件，旨在指导我国未来教育的发展方向和目标。首先，该文件强调了教育评价的重要性。在"战略任务"部分，明确提出了要完善教育评价体系，并指出要建立科学、多元、可操作的教育评价体系，全面反映学生发展、教师素质、学校办学质量、教育公平等方面的要求。这表明，教育评价被视为推动教育现代化、提高教育质量的重要手段。其次，该文件对教育评价改革的方向和目标进行了明确。在"实施路径"部分，提出了要深化教育评价改革，并具体指出了要改进结果评价，强化过程评价，探索增值评价，健全综合评价。这些改革方向旨在使教育评价更加全面、科学、公正，更好地服务于教育现代化的目标。最后，该文件还提出了保障措施，以确保教育评价改革的顺利实施。例如，要加强教育评价机构和队伍建设，提高评价人员的专业素养和评价能力；要加强教育评价的监督和管理，确保评价的公正性和有效性；要加强评价结果的应用，促进教育质量的提升等。

在深入研究高品质学校的教育评价政策文件时，我们不难发现，这些文件共同指向了一个核心目标——实现学生的全面发展。

首先，高品质学校的教育评价改进强调以学生为中心的评价理念。这意味着评价不再仅仅是对学生知识掌握程度的考核，而是更加注重学生的综合素质、创新能力、实践能力等方面的评价。这种评价理念的转变，有助于激发学生的学习兴趣和积极性，培养学生自主学习的能力和终身学习的习惯。

其次，高品质学校的教育评价改进注重多元评价方法的运用。除了传统的笔试、面试等方法外，还引入了观察、调查、作品展示等多种评价方法。这些方法能够更全面地反映学生的学习成果和综合素质，同时也能够为学生提供更多元化的展示平台。

此外，高品质学校的教育评价改进还强调评价的反馈和优化功能。评价不仅仅是为了评定学生的表现，更是为了提供有针对性的反馈和指导，帮助学生改进学习方法，提高学习效果。同时，评价也是教师优化教学方法和提升教育质量的重要依据。

（三）阐明实践价值，促进教育发展

1. 激发学校办学活力

改进教育评价可以激发学校的办学活力，推动学校主动适应新时代的教育发展需求。这包括鼓励学校根据自身的办学特色和目标，制定符合自身发展的评价体系，从而推动学校整体办学水平的提高。

2. 促进学校内涵发展

改进教育评价有助于学校从注重外在形式向注重内涵发展转变。教育评价关注学校的办学理念、发展规划、领导管理、课程实施、师资配备、学生发展、办学条件等方面，可以引导学校树立科学的质量观和人才观，实现全面育人、全程育人、全员育人的目标。

3. 改进教育教学质量

教育评价的改进可以促使学校关注教育教学的质量，关注学生的全面发展和个性化需求。制定科学、合理的评价体系可以引导教师改进教学方法，提高教学效果，从而提升学生的综合素质和学业成绩。

4. 提升教师专业素养

改进教育评价还可以促进教师专业素养的提升。通过对教师的教育教学业绩进行奖励性评价，鼓励教师之间形成互助合作、共同发展的氛围，从而推动教师队伍专业素质的提升。

5. 促进学生全面发展

教育评价的改进对高品质学校学生的全面发展具有深远影响。一是增强学生自信。优化教育评价体系，确保评价客观公正，能使学生更清晰地认识自己的优点和不足，进而增强自信。其次，评价过程中的反馈与指导，可以帮助学

生调整学习策略，提高学习效率。二是改善学习态度。新的教育评价让学生更了解自己的学习状况，从中发现不足，激发更积极的学习态度。同时，它强调学习过程的重要性，帮助学生形成良好的学习习惯。三是培养沟通协作能力。改进的评价体系鼓励学生与教师、同学交流互动，提升他们的人际沟通能力。学生在此过程中能学会表达观点、倾听他人、协作解决问题。四是激发创新精神。新的评价体系注重学生综合素质发展，鼓励学生参与实践活动和课外拓展，培养他们的创新意识和实践能力。通过参与创新项目，学生能够锻炼创新思维，为未来的学习和工作打下坚实基础。

6. 营造良好的教育生态

教育评价的改进有助于营造良好的教育生态，促进学校、家庭、社会之间的协同育人。通过加强家校合作、社区参与等方式，可以形成全社会共同关注教育、支持教育的良好氛围，为高品质学校的建设提供有力保障。

三、"走好路"：创新教育过程，优化评价体系

（一）评价体系的建立要点

高品质学校的教育评价体系建立是一个复杂而重要的任务。它要求我们在传统评价模式的基础上，更加注重学生的全面发展，以及教育过程的创新和优化。

第一，要明确教育评价的目的。教育评价不仅仅是为了检验学生的学习成果，更是为了引导学生的学习和发展，激发他们的潜力和创新精神。因此，需要建立一套多元化的评价体系，涉及学生的知识掌握、思维能力、情感态度、实践能力等多个方面。这样的评价体系才能更全面地反映学生的综合素质，为他们的未来发展打下坚实的基础。同时，要加强评价和教学的融合。评价和教学是相互促进、相互依存的两个过程，我们需要将评价融入日常教学，让评价成为教学的一部分，同时也要让教学成为评价的一部分。只有这样，才能真正实现以评促教、以评促学的目标。

第二，要注重教育评价的过程。教育不仅仅是知识的传授，更是学生自我认知、自我发展、自我实现的过程。因此，应该在教育过程中加强对学生的观察和指导，及时发现他们的优点和不足，给予相应的反馈和帮助。同时，也需要对教学方法和策略进行不断的反思和调整，以适应不同学生的需求和特点。

第三，要加强教育评价的信息化和科学化。利用现代技术手段，建立教育

评价数据库，对学生的学习和发展进行长期跟踪和记录。通过数据分析和挖掘，发现教育评价中存在的问题和瓶颈，为改进教育评价提供有力的支持和依据。

第四，要扩大教育评价的范围。需要以一种积极、开放、包容的态度开展评价工作，让教师、学生、家长等主体都参与到评价过程中来，共同推动教育质量的提升。

首先，对于教师来说，他们需要接受新的评价理念，从单纯的知识传授者转变为学生学习和发展的引导者。这意味着教师需要不断提升自身的专业素养，掌握新的教学技术和方法，同时也要积极参与到教育评价的设计和实施中来，通过反馈和反思，不断改进自己的教学实践。

其次，对于学生来说，他们需要理解并接纳新的评价方式。新的评价体系将更加注重学生的全面发展，包括批判性思维、创新思维、团队协作能力、社会责任感等多个方面。学生通过自评、互评等方式，能反思自己的学习过程和成果，发现自己的优点和不足，从而制订更有效的学习策略。

最后，家长是学生学习和发展的重要伙伴，他们的参与可以提供更全面的学生信息，帮助学校更好地了解学生的发展需求，制定更合理的教育策略。

（二）评价体系的优化要点

在推动高品质学校的教育评价优化过程中，我们需关注以下几个方面，以确保评价体系的科学性和有效性。

一是强化评价标准的明确性和可操作性。制定具体、清晰的评价标准，确保评价过程中的各项指标都能够被准确理解和执行。同时，这些标准应该与学生的实际发展紧密相关，能够真实反映学生的能力和潜力。

二是加强评价过程的公正性和透明度。公正的评价是建立信任的关键，而透明度的提升则有助于增强评价的公信力。需要建立公开透明的评价流程，确保每个评价客体都有平等的机会展现成果。同时，评价结果应该及时、准确地反馈给学生和教师，以便他们能够根据反馈进行相应的调整和改进。

三是注重评价结果的应用和转化。评价不仅仅是为了得到一个分数或等级，更是为了通过评价结果指导学生的学习和发展。因此，需要将评价结果与学生的个人发展计划、教师的教学改进计划等紧密结合，确保评价结果能够真正转化为推动学生发展和提升教育质量的动力。

四是建立持续的评价优化机制。教育评价是一个持续的过程，需要不断地进行反思和调整。需要定期对评价体系进行评估和修订，发现教育过程中存在的问题和瓶颈，然后制订改进计划，实施改进措施，再进行评价，形成一个持续的、循环的评价优化过程。确保其始终与时俱进，适应学生的需求和社会的变化。同时，还需要鼓励师生、家长和社会各界人士积极参与到评价优化的过程中来，共同推动教育评价体系的不断完善和发展。

四、"谋好篇"：正视挑战与机遇，规划未来发展

本章旨在从理论层面、实践探索两个维度，对高品质学校的教育评价进行深入而全面的剖析。通过详细阐述教育评价的基本理论、高品质学校在教育评价方面的特点与实践、当前面临的挑战以及未来的展望，我们可以更清晰地看到高品质学校在教育评价改进方面所取得的显著成果，同时也能发现其中存在的不足与需要改进的方面。

其中，最为突出的是过于注重量化指标的现象。在教育评价中，量化指标虽然具有客观、可比较的优点，但过分强调量化指标却可能导致对学生全面发展的忽视。例如，一些学校为了追求升学率，过分强调学生的考试成绩，而忽视了对学生兴趣爱好、特长潜能的培养。此外，当前的教育评价体系还存在一些其他问题，如评价标准的不统一、评价过程的不透明等。这些问题的存在不仅影响了教育评价的科学性和有效性，也制约了教育质量的提升和教育事业的可持续发展。针对如何平衡不同利益相关者之间的利益诉求、如何确保评价数据的真实性和有效性、如何提高评价结果的指导性和可操作性等一系列问题，我们需要进一步深入研究和实践，探索更加科学、有效的教育评价方法和手段。

展望未来，高品质学校的教育评价改进将继续发挥重要作用。随着教育改革的深入和技术的进步，教育评价将更加注重学生对全面发展、个性差异和创新能力等方面的评价。同时，教育评价也将更加注重与科学技术的紧密结合，推动教育教学的持续改进和发展。比如，深度学习与人工智能在教育评价中的应用；例如，通过深度学习模型，来准确地分析学生的学习行为、成绩和进步，从而为教育者提供更精确的教学建议；用人工智能来帮助教育者识别学生的学习困难并提供个性化的干预措施。未来的教育评价还将更加注重社会责任和公平性。教育评价不仅要评估学生的学习成果，还要考虑到教育资源的分配、教育机会的公平以及教育质量的提升。

第二节　实践探索

立足校情优评价　精准施策重成效

四川省双流永安中学（简称永安中学）创建于 1958 年，是一所历史文化底蕴深厚的学校。学校占地约 667 平方米，设施设备先进齐全，功能完善，践行办现代平民教育学校的办学理念，以培养有情趣、明事理、能发展、有大爱的现代公民为育人目标，让学校教师成为有理想信念、有道德情操、有扎实学识、有仁爱之心、"五项能力"强、胜任力和发展力兼具的"大先生"，引导学生成为有人文底蕴、有科学精神、有责任担当的社会主义建设者和接班人。

教育评价事关教育发展方向，有什么样的评价指挥棒，就有什么样的办学导向。近年来，永安中学围绕中共中央、国务院印发的《深化新时代教育评价改革总体方案》，加强学校过程性评价，积极探索增值性评价，促进师生增值，推动学校教育质量的全面提升。

一、立足学校情况，合理制定目标

学校过去对师生的评价主要是结果性评价，这种评价方式虽然有其便利性，但在一定程度上会影响学生对学习的兴趣以及普通教师的积极性，引起实验班教师的紧迫感。课堂教学评价单一，课堂教学"满堂灌"的现象比较多，忽视了学生的学习体验和反馈。

为了改善这一状况，学校根据当年中考情况和学生入口成绩，划定各分数区间占重本和本科指标分；然后根据学生中考成绩，核算该生在重本和本科指标的指标值；根据班级学生的实际分数情况确定班级展望目标；根据各班重本和本科在年级目标中所占比例给各班确定原始积分。为了更科学地划定目标，2024 年开始将以初三适应性考试成绩为依据，以"从起点看变化""不比绝对比相对"的原则，鼓励师生关注自己的进步和成长，而不是成绩和排名。

二、细化过程评价，促进教师增值

（一）以展示促研究

为落实学校集体备课"三备"流程，学校每学期集中开展备课组全校展示活动；围绕"教学评一致"开展教研组汇报会；为促进新课程、新教材的研究，开展永安中学首届新课程、新教材解读展示活动；为提高课堂质量，开展示范课活动等。

（二）以比赛促研究

学校每学期开展基于"教学评一致"的学科建模大比武活动，促进教师开展不同课型建模研究。

（三）"三评"模式优课堂

对教师的课堂过程性评价，学校采取管理团队评、学生评、家长评的"三评"模式。

1. 管理团队评。管理团队常规听课每周不少于 3 节，听后及时和教师交流。调研听课由校长牵头，年级分管领导、教务主任、年级组组长、教研组长（或备课组长）、班主任组成听课团队，临时通知听课班级，从早自习开始到晚自习第一节，全程听课调研，形成调研报告，及时召开专题研讨会，通报情况，提出整改建议，提出"回头看"的时间。

2. 学生评。为了全面评估和提高教师的教学质量，学校实施了一项线上线下评价制度。学生被赋予了评价科任教师的权利，以确保他们的声音能够被充分听取。每学期教学结束后，学校都会进行线上和线下两次问卷评价。

线上评价方便快捷，学生可以在任何时间、任何地点通过手机或电脑完成问卷。评价内容包括教学方法、教学内容、课堂氛围、作业布置等多个方面，学生可以根据自己的真实感受进行打分和留言。这些数据会被自动汇总和分析，为管理团队提供客观、全面的评价依据。

线下评价则更加注重细节和深入交流。学校会在每个班级设置意见箱，鼓励学生将自己的意见和建议以书面形式提交。管理团队会定期收集并整理这些意见，及时与教师进行沟通和反馈。此外，学校还会定期组织座谈会、个别访谈等活动，与学生面对面交流，听取他们的真实想法和感受。对于表现较差的教师，管理团队会及时了解情况，主动做好帮扶工作，制定有针对性的改进措施。

3. 家长评。学校高度重视家长在教育过程中的作用，每周举行家长开放日，让家长进课堂。管理团队及时收集家长听课意见，整理成详细的反馈报告，向教师进行反馈。

过程性评价的完善，多元化评价的运用，强调教师、学生、家长的参与，注重及时反馈与指导，极大提升了教师的工作积极性和学生的学习动力。

三、落实全面育人，实现学生增值

在追求学生全面发展的道路上，学校始终坚持德、智、体、美、劳五育并举的教育理念，并通过一系列精心设计的活动和评价，确保每一个学生都能在学校找到自我，实现自我增值。

德育方面，学校坚持以社会主义核心价值观为引领，通过"永中之星"评选活动，表彰那些品德高尚、行为模范的学生。这个评选不仅是对学生优秀品质的认可，更是对其他学生的激励和示范。学校深入实施德育评价，关注学生的道德行为、社会责任感和公民意识，从而引导他们在日常生活中践行美德，实现德育增值。

智育方面，学校重视学生的学习成绩和综合素质的提升。通过定期表彰成绩优秀和进步显著的学生，激发学生在学业上不断挑战自我、勇攀高峰。同时，学校引入多元评价体系，不仅关注学生的学业成绩，还注重培养学生的创新思维、批判性思维和解决问题的能力。通过综合评价，学校帮助学生发现自己的潜力和特长，引导他们深入探索和发展，实现智育增值。

体育方面，学校深知健康的身体是学习的基石，因此，保证每天大课间30分钟的激情跑操和体育锻炼，让学生在紧张的学习之余得到充分的身体锻炼和放松。学校注重学生的体能、运动技能和体育精神的培养，并通过定期的体育测评和比赛来鼓励学生积极参与体育活动，评价学生的体育表现，提高学生的身体素质，实现体育增值。

美育方面，学校注重培养学生的审美情趣和创新能力。学校通过举办各类艺术比赛和展览，为学生提供展示自我才华的平台；引入艺术评价和创作指导，帮助学生发掘自己的艺术潜能，提升审美水平；通过美育评价，引导学生欣赏美、创造美，培养他们的艺术修养和人文素养，实现美育增值。

劳动教育方面，学校鼓励学生参与各类社会实践活动和志愿服务，让他们在劳动中体验生活、感悟成长。学校建立了劳动评价体系，关注学生的劳动态度、劳动技能和劳动成果。通过劳动评价，培养学生的劳动习惯和劳动精神，提高他们的实践能力和社会责任感，实现劳动教育增值。

在评价学生增值效果的过程中，学校坚持多元评价、过程评价和综合评价的原则，注重学生的个体差异和发展潜力，关注他们在各个方面的进步和成就，同时及时发现学生的问题并提供有针对性的指导，帮助他们制订个性化的发展计划，实现全面发展。

四、优化增值评价，达到学校增值

基于大数据量化学生、班级、教师的过程变化，为了让评价更准更优，学校将传统的"高考结果一次性考核"，转变为"过程性考核"与"高考结果考核"相结合的模式。具体而言，学校将高考质量奖的 10% 分配给一、二、三诊的过程性考核，并与高考结果考核进行有机结合。针对高一、高二年级，学校特别制定了《永安中学高中质量奖过程性考核实施方案》。在该方案中，学校引入了"班级得分"和"备课组得分"的概念，形成了对班级教师团队和备课组的捆绑考核。这种考核方式不仅有助于激发教师备考的积极性，还能更好地反映班级和备课组在教育教学方面的整体表现，从而推动学校整体教学质量的提升。

永安中学在过程性评价和增值性评价方面取得了一些成效。2023 年 5 月，经四川省教育厅审核并批准，永安中学成功创建为"四川省二级示范性普通高中"。同时，学校还连续六年荣获"成都市教育教学工作优秀学校"称号，多次荣获双流区教育局目标考核一等奖。2023 年高考，永安中学校 600 分以上的学生 3 人，最高分 613 分。

五、反思工作不足，明确改进方向

在领导的深切关怀、专家的精准引领、名校优质资源的支持，以及全校师生持续不懈的拼搏努力下，永安中学近年来已取得了显著且长足的发展，但在以下三方面还存在不足：特优生培养工作还需要加强；评价结果的使用还不够充分；五育并举评价还不够全面。展望未来，永安中学将以更加务实和敬业的工作态度，坚定不移地砥砺前行、锐意进取，不遗余力地推动学校的快速发

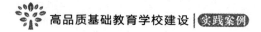

展。永安中学的目标是助力双流区高质量地践行新发展理念，建设航空经济之都，实现双流区老百姓对优质教育的期待。

执笔人：四川省双流永安中学　陈云飞

案例二

基于学生发展的学校自我诊断研究
——成都市石室联合中学学校诊断实践

一、学校诊断实践背景

2010 年发布的《国家中长期教育改革和发展规划纲要（2010—2020 年)》提出，要落实和扩大学校办学自主权，使中小学管理方面的制度更加完善。李凌艳等基于此纲要提出，学校自我诊断是走向质量提升的教育诊断，能够有效规避学校管理风险，切实解决学校存在的问题。[①]

2020 年 10 月，中共中央、国务院印发了《深化新时代教育评价改革总体方案》，明确指出要完善立德树人体制机制，扭转不科学的教育评价导向。2021 年，中共中央办公厅、国务院办公厅印发《关于进一步减轻义务教育阶段学生作业负担和校外培训负担的意见》，成都作为全国九个试点城市之一，理应发挥试点作用，对学校进行有理论依据的科学诊断调查分析，提升学校发展内驱力，进而促进学校高质量发展，这无论对政府主管部门还是对义务教育初中学校都具有重要意义。

学校诊断是一项着眼于学生全面发展，立足于学校发展过程常态下的持续诊断，是基于学校自身发展需求，以促进学生发展为最终目标，由学校利益相关者和专业促进者共同、持续、周期性地进行对学校功能的系统描述和判断，以推动自我反思、促进学校改进和决策的过程。[②] 学校诊断也是教育部基础教育质量监测中心李凌艳教授领衔的第三方团队长期支持的，建立在李凌艳教授"基于学生发展的学校诊断"模型、指标体系、工具套件和实施规范之上的科学诊断项目。"诊断"是对学校的健康体检，其发起者是学校自身，其目的不仅是获得外部认证，而且通过搜集、分析并运用来自学校各方面的信息，更好

---

① 李凌艳，陈慧娟，李希贵：《基于学生发展的学校自我诊断要素与指标》，《中国教育学刊》，2015 年第 2 期。

② 李凌艳，《学校诊断：引领学校走向治理的系统实践》，《教育学报》，2023 年第 4 期。

地发现学校自身的优势和问题，以实现下一步目标。

成都市石室联合中学（简称石室联中）进行学校诊断的目标愿景是与时俱进，将学校建设为学生快乐成长、有效学习和教师幸福工作的地方（图1）。

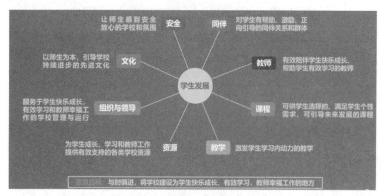

图 1 学校诊断的目标愿景

二、学校诊断的校本化实践

学校诊断要"诊"什么？李凌艳教授团队通过对国内外相关领域最新研究和实践进展的跟踪性分析，借鉴国际上发达国家和地区的学校自我评估的做法、发展现状与趋势，提出：我国现阶段基于学生发展的学校诊断应从五个侧面、八个核心要素上展开。五个侧面分别为：与学生密切相关的"关系"、课程与教学、资源与支持、组织与领导、氛围与文化。

学校诊断项目是根据学校内服务对象来确立的。目前，石室联中已历经七轮诊断，每轮诊断项目侧重点有所不同。例如，服务于学校整体管理决策的基础诊断、学校领导力诊断、文化专项诊断；服务于教师成长的教育教学诊断、班主任诊断；服务于中层组织建设的年级诊断、学科诊断、教研组织互动诊断、处室诊断、级部诊断；服务于师生在校生活质量的支持人员（含处室负责人）诊断，最喜爱的活动场所、资源定制诊断，安全专项诊断。

让诊断工具校本化，应遵循以下四条原则：工具应该具有"引领性"，"要什么"就"诊什么"，"诊什么"就是"倡导什么"；抓住核心倡导，题目不是越多越好，每类教学班最多添加两道题；题目是学生可感知、可判断的；题目是积极正向、具有激励性的。[①]

---

① 李凌艳：《学校"体检"：基于学生发展的学校自我诊断》，《中小学管理》，2017 年第 8 期。

以教育教学诊断工具为例。诊断对象为一般学科教学班，包括语数外、政史地、理化生。观测内容包含养成教育、个别化教育、学习效果、受学生喜爱程度、主观题，如"这位老师让我想点赞的地方有……"。每种观测内容所包含的题目指标可以参照第三方专业团队提供的模板进行校本化修订，修订围绕本校重要的文化理念：要让学校有人情味，教师有幸福感；坚持差异教育，扬长发展；以学生为本，以学术为魂。

（一）前期诊断准备工作

前期诊断准备工作需要学校每学期与第三方专业团队"E智慧"对接。

首先，对诊断工具进行修订、校内解读并公示。在启动会上，诊断小组共同商议，确定诊断时间，尤其是开网答题时间。对于该时间的选择，学校往往选择期中考试后的周末，彼时学生和教师的时间较为充裕，并且经过半学期的教与学，诊断效果也具有代表性。此外，诊断小组还会共同修订每学期要进行学校诊断的内容与工具，科学设置答题时长，做到精准高效。

在诊断启动会两周后，将相应的诊断项目面向相应的人员进行解读及公示。校长或相关诊断组组长、干部针对相应人员进行解读。例如，教育教学诊断建议校长解读，将诊断内容传递给每一位教师；班主任诊断建议主管德育的干部面向全体班主任，传递班主任工作导向；部门诊断建议相关主管干部向具体部门宣传介绍诊断项目，传递部门工作导向；资源定制诊断则建议资源主管干部将诊断内容传递给各项资源的服务提供者。

其次，做好诊断实施准备与数据采集。具体工作包括：认识、理解、整理并确认学校基础数据；开网前，核查学校数据及问卷的准确性；师生答题动员，发放诊断通知；及时查看答题进度并督促答题。

最后，动员学生及教职工进行诊断答题。学校主要通过视频方式进行动员宣传，在制作宣传视频过程中，会摘选第三方专业团队"E智慧"对于学校诊断保密性的解答。此外，视频拍摄也进行了校本化，以情景动画模拟、采访学生等方式进行创新。目的在于让答题者理解，"有第三方机构帮大家保密，学校任何人都无法看到答题者的原始填答数据，只能以一个班级为单位，得到一个整体得分，主观留言也只呈现内容，不呈现任何与个人有关的信息"。

（二）中后期诊断分析与结果反馈

在诊断数据的收集方面，以学生为主体的学校诊断采用量表测量、问卷调查、采访、座谈和观察等多种方法进行，从客观和主观两个方面，选取学校管理和教育教学中的多个维度对学生进行调查，对学校领导力进行诊断，从中发现动力和改进方向。

第三方专业团队"E智慧"会将收集到的诊断数据可视化，以表格、折线图、柱状图等形式呈现问卷客观评价结果，以云图方式呈现主观留言情况（图2）。同时，各教研组会拿到学科教学报告，每位教职工也会拿到个人报告。

图2 主观留言云图

接下来，学校则需根据第三方专业团队的诊断数据进行多主体、全方位的解读，并针对相关问题进行反馈与改进。起初，学校会邀请评估团队专家对诊断数据进行解读，在经历过前几轮诊断后，便动员各部门负责人、学科组/教研组组长及教师个人进行解读，进而逐步实现诊断数据解读效果的校本化和个性化。同时，学校在每次诊断后，都会保存好在诊断过程中收集到的相关信息，以便与以后的诊断情况做比较。

学校会引导学生及教职工客观看待诊断结果：相比前几轮诊断，各个诊断数据进步都很明显；看待数据，是消极还是积极，态度很重要；学校诊断是体检，挖掘不足背后的问题；具体数据是严格保密的，也不会高利害使用，请勿倒查、埋怨学生；学校重视每个教师、学生的留言建议，会努力从评价、资源、作业、课程、课堂着力，努力将学校建设为学生快乐成长、有效学习，教师幸福工作的地方。

此外，学校会针对诊断结果呈现的问题进行反馈并提出改进方案。例如，学校诊断小组会将学生主观留言进行归类并发给各部门/中心，学生发展中心、课程教学与服务中心以及后勤中心对相关留言进行回答并提出改进方案。诊断小组则进行反馈收集，并通过制作海报、展板或录制视频的方式对学生的主观留言内容的可行性进行针对性反馈，下一步则进行切实的改进。而判断改进方案是否有效的依据就是看学生是否发生了变化。通过采访等方式对学生进行持续的跟踪对比，学校可从学生的反馈中挖掘有用的信息，并形成动态的学校诊断模式。[①]

三、 学校诊断的实践成效

（一）诊断作为学生真实情感表达和建议反馈的渠道

第三方专业团队将问卷调查收集的数据可视化呈现，为学校提供了全面、客观且直观的信息，有助于学校准确了解各方面的情况。学校师生答题率高、留言率高、无效率低，师生都敢言、善言，愿意将诊断作为真实情感表达和建议反馈的渠道。

（二）诊断推动教学、学生活动、教学设施的改进

诊断小组不仅会通过数据解读学生的需求，还会将学生留言汇总分类，反馈给学校各个行政部门，由各部门针对诊断结果中呈现的问题提出改进方案，并通过海报、展板或视频等方式对学生主观留言内容进行回答并提出改进方案。这种方式增强了改进措施的针对性和可行性。诊断工作高效，师生参与积极，学校高度重视，及时调整，诊断项目结出了累累硕果。

【实践案例】
在作业方面，级部依据诊断结果对作业予以优化和调整，设置了作业公示栏来监督各班的作业量。为了积极响应"双减"政策和新课标，我们在作业形式上也进行了创新，增添了实践作业，以培养学生的动手能力，注重学生核心素养的提升。学校给学生提供了自习课，使学生拥有了更多自主学习的时间，切实减轻了学生的课业负担。
在学生活动方面，学生的研学活动可能根据反馈做出调整，变得更加丰富和贴合学生需求，针对学生反映的运动会"不过瘾"的情况，2024年度增加了运动会时间、比赛项目、参赛人数；针对学生反映的博雅课程没上够的问题，学校为八年级学生也开设了五彩缤纷的博雅课程。同时为了满足学生课间运动的需求，学校创建了体育器材自选区，培养了学生的运动习惯，让大家能够畅享运动乐趣。学校还开展了丰富多彩的校园活动，艺术节弦音切切、歌声悠悠，点燃了学生的青春激情，淋漓尽致地彰显了联中学子的蓬勃力量。

---

① 陆莎，楚江亭：《中小学如何进行学校发展自我诊断》，《中国教师》，2017年第12期。

在学校环境设施方面，后勤保障食堂饭菜品质等也因学生的建议而得到改善。针对图书资源少的问题，学校向全校学生征集书目，重新布置"聚慧廊"，开办四联书屋，让学生徜徉书海，让书香溢满校园！电梯的安装，为师生开启了便捷生活；中医文化长廊的修建，让传统文化浸润校园。

（三）诊断引领下的师生关系变化

第一，"95＋"教师增加。"95＋"代表的是良好的师生关系。亲其师，信其道，良好的师生关系是有效教学的有力保障。经过七轮的诊断，学校"95＋"的教师人数越来越多，从 18 名到 79 名，占比从 8.8% 上升至 38.7%。这反映出，诊断促使教师更有针对性地自我审视并及时调整教学行为。诊断也成为一种导向，教师们越来越重视良好师生关系的建立。

针对诊断结果优秀的教研组和教师个人，学校也积极搭建多样的分享平台，让更多教师在真实有效的分享中产生共鸣、获得借鉴。

学生留言内容从建议变成祝福。第一次诊断，学生在留言中提出了很多意见。到第七轮，可以清晰地看见学生的留言内容逐渐从建议变成了祝福，祝福学校越来越好。

学校诊断是一个持续的过程，需要学校全体师生的共同参与和努力。通过不断地诊断、反馈和改进，学校能够更好地了解自身的优势和不足，不断提升教育教学质量，为学生的成长和发展提供更好的支持和保障。希望全校师生继续努力，让学校成为一个学生快乐成长、有效学习和教师幸福工作的地方！

执笔人：成都市石室联合中学　王　勇　蒋红宇　严菲菲

案例三

构建德育多元评价机制，促进学生全面发展

一、背景呈现

党的十八大以来，党中央高度重视青少年成长。习近平总书记指出："青少年阶段是人生的'拔节孕穗期'，这一时期心智逐渐健全，思维进入最活跃状态，最需要精心引导和栽培。"① 学校德育工作要落实立德树人根本任务，培养德智体美劳全面发展的新时代好少年。

目前，大多数学校德育评价比较单一，侧重结果性评价，忽视了过程性评价，缺少对学生全方位的关注，激励性不够，针对性不强。成都市石室联合中学（简称石室联中）德育工作以党的教育方针为指引，坚持立德树人，做实五育并举。基于此，学校立足积极导向体系，构建多元评价机制，有效促进学生的全面发展，在多元评价机制探索与实施中走出了独具特色的道路。

二、实施策略

（一）坚持"过程记录"自省机制

关键词：过程评价，自主管理，习惯养成。

通过每日评价、每周评价、每月评价做好学生养成教育，提升学生自主管理能力，搭建学生完整的成长路径，为学生健康全面发展奠基。

学校通过《石室联中学生自主管理手册》来着眼于学生个体，着力于点滴细节，逐步培养学生自我管理的意识和能力。同时，通过制定学生日常行为规范和评定细则，量化学生的各项表现，评出每月操行分 A 等学生并进行公示和表彰，以及时的评价与反馈促进自主管理课程的落实推进。

借助自主管理手册和班级日志对学生的日常表现做好评价记录，班级每日

---

① 习近平：《思政课是落实立德树人根本任务的关键课程》，人民出版社，2020年版，第2页。

总结反馈，学生借助自主管理手册对自己每日每周的情况做好记录和总结。同时通过石室联中星级学生评价细则评选出每月星级学生并公示表彰。

（二）构建"星耀联中"评价机制

关键词：综合素养，责任担当，全面发展。

一是学生成长表彰序列。突出行为习惯养成、责任担当、个性发展、综合素质等方面。包括月度行为习惯标兵、学期行为习惯标兵、学期优秀学生干部、学期校内志愿服务明星、年度"星级学生"、学年度"四有优秀学生"。

二是"隽美"少年表彰序列。突出心灵美、语言美、行为美、实践美等方面。包括隽美文明少年、隽美才艺少年、隽美孝心少年、隽美善举少年。

三是班级发展表彰序列。突出班级文化，常规管理、全面发展、特色发展等方面。包括月度星级班级、学期星级班级、年度最美教室、年度优秀班级、年度特色创建班级。

（三）完善"少队推团"激励机制

关键词：政治引领，少队推团，成长激励。

培养听党话跟党走的青少年。党中央、共青团中央关于少先队建设和共青团改革的相关文件对青少年成长有明确要求，初中阶段是青少年成长的关键时期，学校更应加强思想政治教育。

为贯彻落实《中国少年先锋队组织工作条例》，在少先队建队纪念日，学校按照最新《中国少年先锋队标志礼仪基本规范》中初中建队仪式基本程序，规范举行"献礼新时代，争做好队员"七年级少先队建队仪式，进一步突出党的领导，突显少先队鲜明的政治属性，使进入初中阶段的少先队员能够持续增强作为队员的身份认同感和组织归属感。

为贯彻落实《全面构建新时代少先队社会化工作体系实施方案（2022—2025年）》，除校内辅导员外，学校还聘请了5名校外大队辅导员、32名中队校外辅导员，其中包括来自政府部门、医院、高校、派出所等的优秀党员，向队员们传递党的关怀，提供少先队社会化工作支持。同时学校充分利用校外活动场所，如组织本校队员参与成飞航空主题教育基地的少先队校外实践活动，为更好地构建少先队社会化工作体系奠定良好基础。

为贯彻落实《关于构建阶梯式成长激励体系增强少先队光荣感的指导意见》，学校通过调研学生、家长和级部等各方意见，结合本校实际情况，规范应用少先队特有的奖章、荣誉、服务岗位、实践体验、推优入团等多种激励载体，围绕德智体美劳全面发展的标准及爱党爱国、品德优秀、综合能力突出、热爱实践的条件，制定《石室联中"红领巾争章"评价标准》《石室联中"优秀少先队员"评比细则》，形成导向鲜明、交织贯通、阶段上升的阶梯式成长体系，持续激发少先队员光荣感的内生动力，引导队员在追求一个个小目标的过程中接受政治启蒙和价值观塑造，从而构建好推优入团机制。

学校从团课课程内容、团课学习手册研发、共青团员选拔考核制度、离队入团仪式、共青团员志愿服务几方面梳理出共青团建设的亮点做法，让推优标准有形化、推优过程丰富化、推优结果持续化，引导初中少先队员确立成长目标，把对共青团的热切向往转化为组织教育和自我教育的切实成果。

共青团建设方面，学校在原有的经验做法上补短强弱，做好少先队和共青团的衔接建设，打通评价壁垒，形成阶梯形评价。通过加强团课师资建设、规范少先队建队仪式提高青少年思想政治觉悟，搭建平台鼓励少先队员和共青团员积极参与建言献策，将少先队员和共青团员参与各项团队活动的情况做好过程记录，同时定期举行团员学生和入团积极分子评议会，做好自我总结，通过自我评价、同伴互评、学校少先队大队和团委评价完善评价过程。

在2024年秋季的团前课中，学校组建了以思政教师、历史教师、少先队辅导员、团委教师为核心的团课宣讲团，结合宣讲团教师的学科特点梳理了课程主要内容，颁发聘书，规范团课流程。

通过对原有评价制度的完善，坚持做到面向全体少先队员，面向共青团员、入团积极分子、团校学员，为表现突出的各学段优秀青少年搭建多元平台，激发青少年学生向上的动力，从而加强青少年思想政治教育，落实立德树人根本任务。

三、突出成效

（一）夯实学生习惯根基

学校的过程性评价侧重对学生行为习惯的培养，通过"每日一省"进行自我反思，借助日常操行反映日常规范，以自主管理调整自我行为，以自我行为促进自我良好习惯的形成，把一点一滴的习惯渗透到一举一动的评价中，让学生的习惯养成看得见、扎得稳、走得实。

（二）促进学生全面发展

学校的全方位评价立足学生本身，以生为本，以育为要，以卓越隽美少年的养成为目标，全方位、多角度、立体化地指引着每一位学生的成长，让"差异教育，扬长发展"的育人理念真正落实在日常生活中，体现在评价里，也深扎进每一个学生的灵魂里。

（三）引领学生快速成长

学校的阶梯式评价注重对学生长远发展的引领作用，坚信学生是发展中的人，是完善中的个体，从少队推团到优秀团员之路，从七年级到九年级到为未来素养的奠基，每一步都紧密关联，每一步都环环相扣，有效促进学生阶梯式成长、托举式飞越。

（四）成果显著全面辐射

1. 学校近几年来连续获得全国首届文明校园、全国篮球特色学校、四川省德育工作先进单位、四川省优秀少先队大队集体、成都市家庭教育先进集体、成都市校风示范校等荣誉，成为四川省优质教育品牌、成都市优质初中领跑者，受到社会各界广泛好评。

2. 九年级十五班团小组参加全国青少年模拟政协提案征集活动，凝聚青春智慧，积极建言献策。

3. 学校优秀学生代表冉若羽参加共青团成都市委组织的"全国青年发展型城市试点建设工作座谈会"，参加《全国少先队队报》"报中报"专栏策划活动。

4. 《规范化，让入团的路径更清晰》这一团队建设工作成果在2022年12月被共青团中央主管的全国少先队队报《中国中学生报》全文专版刊登，被《中国红领巾》全文转发。

四、努力方向

学校进一步完善优化评价激励细则，使表彰流程更加规范化仪式化、表彰活动常态化，惠及更多学生，一切为了学生，让每一个学生都能被看见，助力每一个学生的全面发展。

优化少先队共青团评价体系，梳理并制定"红领巾积分制""推优入团积分制"。继续完善和丰富少先队主题教育活动，发挥好榜样学生示范引领作用，组建以获评新时代好少年、四川省优秀少先队员、全国优秀少先队员的学生为主的学生宣讲团。做实团前教育课程，通过思政课、班会课、主题团课、行走的团课丰富课程内容，打通学段壁垒，拓展活动空间，扎实开展团建代队建工作，做好规范的过程性记录。

在新形势下，德育工作会面对很多新的挑战，既要守正传承，也要勇于破旧立新。古语云："太上有立德，其次有立功，其次有立言。"育才先立德，德育无小事。扎实做好学生成长激励评价，关注学生真实所需，面向全体学生，才能真正做到积尺寸之功、聚磅礴之力，也才能为党和国家的教育事业做出德育人的贡献。

执笔人：成都市石室联合中学　吕　青　黄　豪　苟　琰

案例四

构建"三色"安全教育及评价机制，提升学生安全素养
——成都市郫都区犀浦大田学校"安全教育评价"改革实践

成都市郫都区犀浦大田学校坐落于锦城绿道，有着得天独厚的自然教育资源。学校以"自然·致远"为办学理念，"遵循自然，教育致远"，用顺天承性的自然教育理念，引导学生走向未来。在此教育理念下，学校的安全教育工作一直以"生命·生活·生态"为主线展开，形成了有学校特色的"三色"安全教育体系。近年来，学校参与了成都市"构建区域学校安全教育体系研究"的子课题，立足于安全教育评价机制这一亟待攻破的难题，通过"教学评一致性"的安全教育策略，提高学生安全素养，提升学校安全教育的实效性。

一、"三色"安全教育理论支撑

借鉴学科素养的三项评价指标（图1），学生素养的评价首先应建立在知识的学习掌握上，然后在实践探索上形成学科能力，最后才能促成思维方法提升，形成核心认知品质。学校把安全教育纳入学科教学体系，构建安全素养三项指标评价体系，也是符合学科素养评价规律的。

图1 学科素养评价指标体系

二、"三色"安全教育体系

众所周知，安全素养包括安全知识、安全技能、安全意识。要理解了必备的安全知识、掌握了关键的安全技能，才能促成预防风险、识别风险、规避风险、化解风险的安全意识的提高。学校的"三色"安全教育体系，核心就是安全素养指标。学校以形象的红、黄、绿三色区分，把安全教育实施划分为三个类别。

第一，红色安全教育，指向学生必备知识的安全教育，具体包含地方课程"生命生态与安全"、安全教育平台专项课程、节前安全课程、安全微教育课程等四种类型。

第二，黄色安全活动，指向学生关键能力的安全教育活动，包含识别风险、防范风险、应对风险、处置风险的安全技能操作活动和演练活动。

第三，绿色安全评价，指向涉及安全素养指标的师生安全教育评价体系，评价要素包含教师安全教育的完成程度，学生安全知识的掌握程度、安全技能的掌握程度、安全意识的提升程度。评价形式有知识测试、调查问卷、观察和监测量表、长期追踪和评估成长台账、操作性评价和演练性评价等。

三、"三色"安全教育实践探索

（一）红色安全教育及评价机制

学校充分利用安全教育资源，形成了"四课制安全教育"。力争安全教育从地方课程、平台课程、校本课程、班本课程逐一落实落细。

1. 用好"生命生态与安全"地方课程。

"生命生态与安全"这门课程践行生命至上、安全第一的理念，是基于学生生活经验，密切联系社会生活，在生活和学习中培养学生关键能力和必备品格，使学生习得必备的生存技能和良好的生活习惯，促进学生健康成长的实践性课程。用好这门课程，可极大提升学生安全素养。学校对"生命生态与安全"这门课程采取与其他学科类课程同样的师生教学常规过程性评价，涉及课程准备、课堂表现、课后实践练习、课程成果展示等，也同样纳入学科综合能力测试的期末阶段性评价。

2. 借助安全教育平台专项课程资源。

成都市安全教育平台两周一课的安全教育内容形象而生动，与社会生活联系紧密，且呈现螺旋上升的教育梯度。依托平台资源，组织学生在班会课中集中学习，能有效提高学生的安全意识。在过程性考核中，以班主任教师的定时间、定主题、定内容的"三定"原则进行组织学习，并做过程性评价，期末以调查问卷的形式进行阶段性评价，对有价值的建议，再有针对性地运用改进，以促进平台专项课程的不断优化。

3. 落实节前安全课程的时效。

每到大假与节日前，安全办会提前录制安全课程视频，在放假前最后一节课时，让学生统一学习，并让学生带着学习收获，以"小手牵大手"的形式，向家长宣传，以激励性评价落实在德育"七色花"家庭会议的评价中。

4. 创生"班级安全微教育课程"特色。

学校利用"2+1"安全教育模式——即课前2分钟根据班级实际进行安全微教育提醒和课后1分钟进行课间安全提醒——使全员绷紧安全教育之弦，落实安全教育责任，形成有班级温度的全员安全德育评价机制。

纵观"四课制安全教育"，学校都是用教学评一致性的原则来对应教师和学生的评价，并把它定义为绿色安全评价。这样能更聚焦评价标准，更符合教育教学评价的规律。安全素养评价与学校自身评价相结合，沿用学校已有的评价体系，实现三个评价整合——过程性评价与阶段性评价相结合、知识性评价与综合能力评价相结合、行为外显性评价和思维养成性评价相结合，达到以评促学，提升学生安全素养的目标（表1）。

表1　红色安全教育及绿色对应评价机制

安全教育类别	教师安全教育实施	学生安全教育学习	学校安全教育评价	
			教师评价	学生评价
"生命生态与安全"地方课程（授课教师）	超前一周集体备课	根据课程要求提前收集相关资料	纳入教学常规过程性评价	纳入作业常规评价
	每周按时上课	认真听课，积极参与，完成课程学生活动内容	纳入教学常规过程性评价	纳入课堂常规评价
	课后实践一课一毕一检查	在课本上相应区域呈现学习记录	纳入教学常规过程性评价	纳入作业常规评价
	每学期进行一次学科综合能力测试	统一参与学科综合能力测试	纳入期末阶段性评价	纳入期末综合素质评价

续表

安全教育类别	教师安全教育实施	学生安全教育学习	学校安全教育评价	
			教师评价	学生评价
安全教育平台专项课程（班主任）	按两周一课的频率进行发布并组织学生观看	以班级为单位统一学习安全视频，并进行感受交流	纳入班主任过程性评价	纳入班会课课堂常规评价
	组织随机口答检测	共同完成视频课后的知识小测试	纳入班主任过程性评价	纳入课堂常规评价
	命制期末专题问卷调查	完成问卷调查	纳入班主任安全阶段性考核	纳入期末综合素质评价
节前安全课程（安全办、德育处、任课教师）	提前录制安全课程视频，建立节前安全教育课程库	集中观看交流感受	纳入部门过程性评价	纳入课堂常规评价
	向家庭分享安全课程视频和相关教育资料	"小手牵大手"，把安全教育相关要求在"家庭会议"中分享	纳入部门过程性考核	纳入德育"七色花"家庭评价
安全微教育课程（全体教师）	课前2分钟根据班级实际进行安全微教育提醒	倾听、交流感受，根据班级实际进行改进	纳入全员德育评价	纳入课堂常规评价
	课后1分钟进行课间安全提醒	倾听并执行	纳入全员德育评价	纳入德育课间管理评价

（二）黄色安全活动及绿色对应评价机制

黄色安全活动是指向学生关键能力的安全教育活动。怎么去识别风险，才不至于深陷危机？当危险来临，如何应对才能有效规避？我们怎样吸取经验教训去预防危机，防患于未然呢？破解这三个关键问题，就要以生活为课堂让学生形成识别风险、应对风险和预防风险的关键能力。

1. 抽象与形象相结合，识别风险是前提。

所谓安全意识，就是当我们看到不安全的因素时，能马上启动识别系统，调动警示系统，从而采取合适的处置方式。所以，让学生能识别危险源，是远离危险的前提。学校在每周一节安全课与两周一节的安全教育平台专项课程中，专门设置了危险标识标牌识记和寻找身边的不安全因素的环节，纳入学校安全课程教育中。通过专题展示、小组合作互评、安全达人评比等对学生该项能力做评价。

2. 学习与竞赛相结合，应对风险是关键。

应对风险的能力，首先应来源于间接经验。所以，学校充分利用安全教育平台的安全演练课程，对学生进行相关安全教育；再通过情景模拟让学生充分实践，形成肌肉记忆，学生能在危险来临时第一时间不假思索地去应对。就像汶川大地震中的桑枣中学，经过反复的地震逃生演练，使学生在关键时刻毫无迟疑地应对，创造了"零伤亡"奇迹。学校每期还会进行一次安全能力竞赛，以赛促学，以赛促思，不断提升学生的安全素养。

3. 封堵与传导相结合，预防风险是根本。

事故隐患可防可控，没有安全意识最可怕，需封堵侥幸心理、省事心理、从众心理等。学校采用禁令清单的形式，让班级与家庭对各类安全中的规纪法进行学习，从而增强学生的守规矩意识，让学生养成守规矩习惯、保持守规矩常态。在思想上拧紧安全底线，在行为上落实安全准则。在安全管理上，要把安全管理责任传导到每一位师生员工身上，一是要强化学校全员安全巡查责任制，在巡查中不断增强发现风险、整改隐患的能力；二是强化每月系统安全演练，把每一次演练当成实战，纳入学生综合素养评价。

表 2　黄色安全活动及绿色对应评价机制

安全技能类别	教师安全活动实施	学生安全活动参与	学校安全教育评价	
			教师评价	学生评价
识别风险	通过安全专项教育出示危险源标识	通过观察、分析、比较、联想能识记危险标识	纳入安全教学常规过程性评价	展示性、合作性、鼓励性班级评价
	通过情景创设让学生了解生活中的危险源	通过观察、分析、比较、联想真实的场景，进而识记危险源	纳入安全教学常规过程性评价	情境性能力评价

续表

安全技能类别	教师安全活动实施	学生安全活动参与	学校安全教育评价	
			教师评价	学生评价
应对风险	通过安全教育平台演练课程（一年 12课），让学生了解应对危险的方法	通过分析、交流、真实情景再现等学习应对危险的方法	纳入安全教学常规过程性评价	行为量表评价演练达标评价
	每期进行一次安全教育能力竞赛	统一参与安全教育能力竞赛	纳入安全教育常规过程性评价	纳入学生综合素质评价
预防风险	以安全专项教育为类别，形成禁令清单	以班级为单位，签署承诺，班级安全员分类监督	纳入德育常规过程性评价	纳入班级德育操行评价
	值班行政教师、值班教师每天进行专门安全排查和关键岗位的值守	值班班级的学生进行相应点位的巡查和值守，值日学生进行班级的巡查和值守	纳入学校值班值守过程性评价	纳入德育值班值守常规评价
	进行月主题全校安全演练	全体参与安全演练	纳入班主任安全阶段性评价	纳入期末综合素质评价

四、"三色"安全教育实践反思

安全教育评价改革实践的深入推进，让学校学生的安全意识有了显著的提升，对安全知识的理解和掌握更加系统和全面，安全应对能力得到了明显提升。在改革实践过程中，学校被评为郫都区安全工作先进单位。教师们的安全研究意识不断增强，能积极参加安全理论研究、实践研究和赛课活动。在成都市安全教育与管理学术论文评选中学校教师有 2 人荣获二等奖，4 人荣获三等奖；在郫都区安全教育赛课活动中 2 人荣获二等奖，1 人荣获三等奖。

通过两年的安全教育实践探索，学校也深刻认识到未来安全教育与评价改革纵深发展的方向。

（一）把安全教育作为一门重要课程是学校近年做出的有益尝试

将安全教育课程的实施者，融入学校对学科教师的一体化评价体系，开展课程计划评价、集体备课评价、课堂教学评价、成果反馈评价等过程性评价，以及问卷调查阶段性评价。

对安全教育课程的学习者，以学科素养的三要素指标来评价。学校对学生的成长素质评价，也给安全教育学科留了一席之地。目前，学校运用了课堂常规量表评价、学生德育常规评价、学生综合素养评价、家长学校辅助评价等，提高了学生对安全学习的重视，以及安全知识与技能的掌握量，但距离系统化和可视化的评价体系还有很大差距。

（二）让安全治理成为一种学校文化是学校未来要走向的新高度

安全文化带来一系列高度自觉的、潜意识的行为。当安全成了一种文化，安全的理念就深深扎根在头脑。学校未来的安全教育工作方向是：把安全的外在要求，变为师生职工的内在需要；把安全的硬性规定，变为大家内在自觉，从"要我安全"变成"我要安全"和"我会安全"，形成一种人人讲安全、事事讲安全的工作氛围，做到层层有人抓，事事有人管，真正实现全员、全过程、全方位、全天候的安全治理局面。

执笔人：成都市郫都区犀浦大田学校　吴雪娟　肖黄坪　胡　艳

案例五

基于小学生表现性评价的综合评价方式建构

一、评价诉求

近年来，国家相继出台多份评价改革的文件。2020 年 10 月中共中央、国务院印发了《深化新时代教育评价改革总体方案》。该方案指出改进结果评价，强化过程评价，探索增值评价，健全综合评价；完善综合素质评价体系，切实引导学生坚定理想信念、厚植爱国主义情怀、加强品德修养、增长知识见识、培养奋斗精神、增强综合素质。随后，各省、市、县（区）也纷纷响应，颁布相应的文件。由此可见，在新时代，国家相关文件的出台已从政策层面客观、清晰地明确了学校开展评价的底层逻辑，即要通过评价的深度实施来"倒逼"学校形成符合新时代要求的育人理念、模式、路径以及运行机制等，从而促进学校教育从"育分"到"育人"的转变。

成都市少城小学积极回应教育评价改革要求，针对学生核心素养难落地、教师评价指标不对标、评价主体和评价方式单一的问题，积极探索综合素质评价改革举措。学校结合"中国学生发展核心素养"制定了校本的《学生核心素养发展报告册》，构建了低段的核心素养评价"九色图"和中高段的"五育图谱"（简称"三维九度"）。学校以《学生核心素养发展报告册》为呈现载体，一方面，继续深入推进"学业综合表现评价"，开展了主题式作业评价、过程性的学习行为评价以及学习结果的表现性评价；另一方面，借助"青羊区学生综合素质评价平台"，如实记录学生的活动过程和典型事件，同时开展了"少先队员核心素养发展争章打卡"活动，以此促进综合素质评价的落地实施。

二、综合素质评价实施举措

（一）以"争章打卡"活动丰富评价内容

学校遵循教学评的一致性，将评价融入教学与活动的过程。学校在推出基于核心素养发展的综合评价方式后，积极搭建评价平台，进一步加强家校协同，指导家庭进行高质量陪伴，推出"少先队员核心素养发展争章打卡"活动，口号为"五育并举，打卡精彩生活"。"打卡"包含体育锻炼、家务劳动、视力保护三项，并从家长、教师两个方面进行评价。每周拍照发至班级 QQ 群相册，"晒一晒"家长评分。辅导员每月检查"争章打卡"手册，根据学生在体育、劳动、护眼打卡的记录情况，给学生相应的奖章（基础章、特色章）鼓励，以发挥榜样示范作用。

"争章打卡"是学校基于核心素养培养目标对新时代少先队员发展标准与内涵的丰富；是学生全面发展目标与少先队员争章夺星评价体系的结合。"争章打卡"活动融德、体、劳为一体，以过程性的活动体验为主。学校开展"争章打卡"活动以来，调动了学生参与实践的积极性，激发了学生争做优先的主动性，促进学生在劳动、运动、护眼习惯上取得了更大的进步。

（二）以"学业综合表现"落实评价策略

"学业综合表现"是指以多种形式呈现学习情况，表征学生个人学业质量。学校具体表现为从主题式作业、过程性学习行为、表现性学习结果等方面展开对学生综合素质的评价。

1. 开展主题式作业评价。

如何通过高品质的作业"提质增效"，既帮助学生巩固知识，提升学科素养，又能增强学生的学习兴趣，培养学生的创造力和实践能力。基于此，学校一年级教师设计出"亮眼睛"系列创意性作业等。

例如，"亮眼睛之看祖国"，厚植学生的爱国情怀；"亮眼睛之四季"，引导学生发现四季的美，感受大自然的变化；"亮眼睛之小鬼当家"，让学生体会生活中的语文数学之用；"亮眼睛之过新年"，让学生了解不同民族的风俗文化，体会不一样的"过新年"；"亮眼睛之端午节"，引导学生在童谣里、笔尖上去认识端午，在粽叶飘香中去品味端午。该系列创意性作业既能培养学生善于观察的习惯，又符合一年级学生的认知方式，且融合了多学科知识。学生通过切身的活动参与，增强了作业的表现性。

2. 重视表现性学习行为评价。

学校各学科组都基于大任务、大概念进行单元教学设计和单元教学评价，以表现性评价量表对学生完成学习的过程进行评价和指导。例如，以二年级《寻找身体上的数学"秘密"》为例，将该课时或该活动指向的学科核心素养以可操作和可量化的观测点呈现出来，制成评价量表（表1）。

表 1　《寻找身体上的数学"秘密"》表现性评价量表

评价目标	评价标准	自评分数	老师评分
数学理解	1. 我不能准确比出厘米和米的长度。 2. 我能比较准确比出厘米和米的长度，但是偶尔出错。 3. 我能准确比出厘米和米的长度。	3	3
量感体验	1. 我在活动中基本不参与。 2. 我在活动中比较主动参与。 3. 我很主动参与活动并认为很有趣。	2	2
	1. 我没有参与测量。 2. 我参与了 1－2 次测量。 3. 我每次都参与测量	3	3
数学表达	1. 我不能说出自己的测量过程。 2. 能说出自己的测量过程，但缺乏条理性。 3. 能有条理、准确、简明地表述自己的测量过程。	3	3
合作交流	1. 不参与同桌合作学习。 2. 会参与合作学习，会与同学交流但不积极。 3. 积极参与合作学习和同学交流，认真倾听同学发言并认真理解同学思路。	3	3
	1. 我不能看到别的小朋友的优点。 2. 我能看到小朋友的一些优点。 3. 我在和小朋友相处时总能看到他们的优点	2	2
	1. 和小朋友合作时，我一般只管自己。 2. 和小朋友合作时，偶尔帮助其他小朋友。 3. 和小朋友合作时，我能友好主动地帮助其他小朋友。	2	2
反思	1. 不能对《寻找身体上的数学的"秘密"》的学习过程进行反思，不知道自己做得不好的地方与好的地方。 2. 自己会对《寻找身体上的数学"秘密"》进行反思，但是说不清楚。 3. 自己主动对《寻找身体上的数学"秘密"》的学习过程进行反思，能看到自己的优点与不足。	3	3

　　表现性评价既关注学习者学习过程中所用到的知识、解决问题的结果，同时也关注学习者在解决问题过程中的方法、态度、价值观等，关注学习者在学习过程中所体现的思维品质与关键能力，能更好地评价批判性思维、有效沟通能力等，弥补传统纸笔测验主要关注知识和技能掌握情况的不足，有力地促进学生核心素养的培养。

3. 改进学习结果性评价。

一是创新单元评价。学校一、二年级教师设计了《单元学习清单》（表2）。该清单从学习内容、能力层级对学生的知识掌握情况进行评价，帮助家长清楚了解孩子学习情况，再通过学生评、家长评等多种形式帮助学生反思，及时查漏补缺。教师也会针对学生在学习习惯和知识掌握上存在的不足，有针对性地优化作业设计。

表2　单元学习清单（示例）

五单元《加与减（二）》学习清单			
所属板块	数与代数		
具体内容	小兔请客（整十数加减整十数） 采松果（两位数加减一位数） 青蛙吃虫子（两位数加减整十数） 拔萝卜（两位数加两位数） 收玉米（两位数减两位数） 回收废品（解决"求一个数多或少几"的问题）		
能力层级	学习内容与评价	过关情况	
基础知识 （记忆）	1. 掌握100以内的加减法（不进退位）口算，要求每分钟能正确计算3-4题。 【评价参考】题单：一大题，七大题计算全对即为过关。	未过关 （　　）	已过关 （　　）
	2. 认识加减算式中各部分的名称，能在具体情境中描述数的相对大小关系，按规律画图。 【评价参考】题单：六大题，七大题错2个以内即为过关。	未过关 （　　）	已过关 （　　）
基本技能 （掌握）	探索并掌握100以内数的不进位加法、不退位减法的计算道理和方法。能正确熟练计算整十数加减整十数、两位数加减一位数（不进位、不退位），两位数加减整十数和两位数 加减两位数（不进位、不退位）。 1. 会利用计数器和列竖式进行两位数加减两位数（不进退位）的计算。 【评价参考】题单：二大题，三大题（1小题），四大题，错2个以内即为过关。	未过关 （　　）	已过关 （　　）
	2. 比较大小的变式练习。 题单：五大题，错2个及以内即为过关。	未过关 （　　）	已过关 （　　）

续表

解决问题（思维）	能在具体情境中提出问题和解决问题，初步形成解决简单实际问题的意识和能力。根据信息，提出问题，能运用所学知识解决有关的实际问题。 【评价参考】题单：三大题（2小题），八大题，错2个及以内即为过关。	未过关 （　　）	已过关 （　　）
评价内容		自己评价	家长评价
我学习五单元知识时很认真。		☹ 😐 ☺	☹ 😐 ☺
五单元答题有错的我都及时改正了。		☹ 😐 ☺	☹ 😐 ☺
自我反思：			
爸爸妈妈的话：			

二是创新期末评价。学校将对原有的学生评价方式进行改革，小学一、二年级期末不进行纸笔测试，以量化测评与表现性评价相结合的方式开展期末评定。根据设定的场景，一二年级的学生以闯关游园的方式完成一个个挑战任务，在充满了童趣的活动中学以致用，培养应用意识和创新能力，将所学知识转化成能力和素养。表3是学校一年级学生语文闯关活动评价表。这是从各学科核心素养出发，设计出的表现性评价量表，对学生的活动表现情况给予评价。

表3　语文闯关活动评价表

标准		评价等级			评价人			综合评定
		☆☆☆	☆☆	☆	自评	同学评	老师评	
情感态度	兴趣热情	积极参与，始终保持浓厚兴趣与认真态度。	积极性一般，对活动有一定兴趣，完成任务比较认真。	对闯关任务没有兴趣，敷衍。				
	自主探究	闯关过程中能始终保持积极思考、主动探究的态度。	闯关过程中思考、探究比较积极，有一定主动性。	过程中很少主动思考，需要他人督促才能坚持。				
	反思改进	能自觉根据闯关细则、平时老师或家长对自己的评价，反思闯关过程，并主动改进方法或内容。	能根据闯关获得宝石细则、老师或家长的评价，反思闯关过程，并在督促下改进闯关方法和内容。	对闯关方法和内容基本不反思，无改进。				

标准		评价等级			评价人			综合评定
		☆☆☆	☆☆	☆	自评	同学评	老师评	
能力素养	语言表达能力	闯关过程中能流利说出思考过程，发音标准、逻辑清晰，富有条理性。	闯关过程中能比较流利说出思考过程，发音标准、逻辑比较清晰，有一定条理性。	闯关过程中能说出思考过程、有一点或欠缺逻辑。				
	信息处理能力	能有效、高效地获取闯关信息，对闯关信息进行有效组织。	能较顺利、较流利地获取闯关信息，能对闯关信息进行一定组织。	能辨别有效闯关信息，对相关闯关信息不能进行组织。				
	遵守规则	能很好遵守闯关规则，在闯关过程中积极思考、与人合作。	能遵守闯关规则，在闯关过程中不嬉戏打闹，能和他人合作。	不遵守闯关规则，不与他人合作，不积极思考。				
	倾听能力	能听明白闯关规则，同学、老师讲话时不打断，能做到专注认真。	比较清楚闯关规则，当老师、同学讲话时能比较专注认真。	大概了解规则，偶尔会打断同学、老师讲话，或出现走神情况。				
学习效果	综合知识运用	能灵活运用相关知识解决闯关问题，表达清楚。	基本能运用相关知识解决闯关问题，表达较清晰。	运用相关知识不能解决闯关问题，表达不够清晰。				

（三）以《学生核心素质发展报告册》呈现评价结果

学校针对低段和中高段学生的发展特点和发展现状，量身定制了核心素养评价"九色图"和核心素养"五育图谱"。低段学生的核心素养评价"九色图"（图1），以培养"全面发展的人"为目标，在"自主发展、社会参与、文化基础"三维下，针对低段学生的发展特点和发展现状，定制了九大评价项目，分别是遵守规则、分类整理、解决问题、团结合作、书写习惯、热爱阅读、兴趣特长、体质健康、学业表现，以此作为学生表现的基本特征，作出相应的评价。

图1　低段学生的核心素养评价"九色图"

对于低段学生《学生核心素养发展报告册》的填写情况，确定多元评价主体，关注"自我、教师、家长"三个角度的评价，形成"人人关注，人人参与"的评价氛围。第一，自评。在教师的指导下，学生对的九大评价项目作出自评，以涂色的方式将各评价项目对应的颜色填涂到"素养发展九色花"里。根据不同色块的占比，家长可以直观清晰地看到孩子现在的发展状况，可以对标孩子长远发展目标，分析出下一步需继续加强努力的方向。第二，教师评价。在完成本学期所有的教学内容之后，各个学科的教师根据学生的过程性表现和学业发展状况，制定了"量化＋表现性评价"的综合评价方案，将过程性评价、阶段性评价、活动性评价和终结性评价相结合，逐一开展评价，以递等的"优、优＋、优＋＋、优＋＋＋"为评价等级，将评价结果填写在报告册上，再由教师写上综合评语。第三，家长评价。孩子在每学期的最后一天带回自己的《学生核心素养发展报告册》，与家长共同总结本学期的成长收获，家长通过与孩子之间的对话，在"爸爸妈妈的话"这一对话框里写下对孩子的评价、鼓励以及期待。至此，通过三方主体评价，形成更好的教育合力，激励学生逐步形成学习自驱力和学习责任感。

中高段学生的核心素养评价"五育图谱"从五大素养进行综合画像。其中，"学业综合表现"一栏会从学科评价、活动评价、日常表现三个方面全面呈现学生的每学期发展状况（图2），以递等的"优、优＋、优＋＋、优＋＋＋"四个等级作为鼓励。语数英学科的学业表现中，除了递等的终结性评价以外，还以点赞的方式对学生的日常表现和活动表现给予反馈，学生最高可获三个赞。日常表现评价是指基于班级日常评比以及《学生核心素养发展报告册》争章夺星卡的月反馈进行点赞式评价。活动评价是指以学科活动的表现性评价结果作点赞式评价。

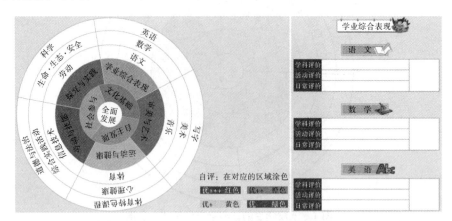

图 2　中高段学生的核心素养评价"五育图谱"及学生学业综合表现表

学校的整个综合素质评价以质性评价为主,学生登录"青羊区学生综合素质评价平台"将典型事件作为载体记录。以"终结性评价+过程性评价""量化+表现性评价"的方式让学生和家长更加清晰地了解学生的成长过程。

三、实施成效

(一)学生自主学习,获得可持续的学习力

学校积极探索学生学业的表现性评价。基于表现性评价的探究学习,学生需要经历问题提出、信息收集和解决问题等高阶思维活动来完成学习任务;同时,可以通过"实践→评价→反思改进→再实践→再评价→反思改进"这一深度学习过程,有效调动学习内驱力,产生持久的学习兴趣,提升自身的核心素养与解决现实问题的能力。学校在课题"表现性评价在探究性学习的应用研究"后测反馈中发现,90.15%的学生有兴趣进一步深入研究有难度的问题,相较于前测的 66.16% 有较大提升,学生更加乐意探索有挑战性的问题。在关于"学习方式"的后测中选择"动手操作"的学生从占比 45.24% 上升到73.80%;选择"创新活动"的学生从前测的 43.62% 上升到后测的 62.16%。由此可见,学生的学习方式正在逐步发生变化,学生学习更加具有内驱力,更加倾向于手脑并用的学习方式。其次,学生作为学习主体参与到学习评价中,

能在学习过程中根据评价规则更加有效地判断"自己要达到什么预定目标""现在已做到了什么程度",反思自己"怎么做才能更好地达到目标",通过内化评价规则,逐步明晰自己的优势与不足,改善自己的表现,发展自我评价的意识和能力,并运用评价结果来改进自己下一步的学习计划,体现高层次的思维。

（二）教师价值认同，行动研究能力明显提升

学校在开展评价改革以前,大多数教师的评价方式单一。随着学校评价改革研究的开展,教师们不断学习并尝试。现如今越来越多的教师在教学过程中运用表现性评价。从学校课题前测问卷可知,教师在课堂上"完全没有用过表现性评价"的达 20.44%,"基本不尝试"的达 12.33%;后测显示,教师在课堂上"经常尝试运用表现性评价"的达 71.88%。这说明越来越多的教师尝试将表现性评价应用于日常教学实践。理论与实践经验的结合提升了学校教师参与评价改革的主动性。

同时,教师以细化的标准对标自己的课堂,不再只关注学生知识内容的习得,而是更关注学生能力的培养。评价指标和方式的细化也促使教师在教学方式上不断优化和调整。教师成果意识也显著增强,形成了更多的教育教学成果。

（三）家长观念转变，注重学生全面发展

综合素质评价改革,体现出了评价主体的多元性。在学校开展实施的"争章打卡"活动中,家长在家陪同孩子参与体育、劳动等项目打卡;家长在"青羊区学生综合素质评价平台"如实记录学生的活动过程和典型事件,并参与事件的输入,了解孩子的成长大事件和成长关键事件。期末的《学生核心素质发展报告册》,让家长参与评价,了解孩子在"三维九度"上的行为表现。一方面,家长从原来的只关注孩子的成绩,转变为关注孩子的综合表现,能够主动了解孩子更多维度的成长,与孩子聊天的话题也更多维。

小学生综合评价改革是一个不断发现学生成长需求的过程,是挖掘学生潜力优势的过程,也是不断成就学生的过程。通过小学生综合评价改革工作,学校能进一步树立正确的办学方向,坚持科学成才观,从"育分"走向"育人",促进学生健康地成长,为学生的未来奠基。

执笔人：成都市少城小学　颜佳俊　冯　靖　黄　丹